高职高专市场营销类精品系列教材

商务沟通与礼仪

（修订版）

张海军　戚　牧　主　编

宋存霞　副主编

科学出版社

北　京

内 容 简 介

本书内容分两篇共9个单元,基本涵盖了商务活动与工作的主要环节。第一篇主要介绍商务沟通的基本理论与沟通实务,第二篇主要介绍商务礼仪的基本知识及形象礼仪、商务活动礼仪、职场礼仪实务。本书每个单元均结合实际案例进行讲解,力求理论与实践相结合;每节附二维码,扫二维码即可在线进行课后训练与实践,以巩固对理论知识和实务工作的理解及掌握。

本书既可作为高职高专院校沟通交际类课程教材,也可作为商务人员提升商务沟通能力和礼仪技能的自学用书,也可作为各类企业进行相关岗位培训的教材。

图书在版编目(CIP)数据

商务沟通与礼仪/张海军,戚牧主编. —北京:科学出版社,2020.5
(高职高专市场营销类精品系列教材)
ISBN 978-7-03-065006-1

Ⅰ. ①商… Ⅱ. ①张… ②戚… Ⅲ. ①商业管理-公共关系学-高等职业教育-教材 ②商务-礼仪-高等职业教育-教材 Ⅳ. ①F715 ②F718

中国版本图书馆 CIP 数据核字(2020)第 075283 号

责任编辑:薛飞丽 / 责任校对:陶丽荣
责任印制:吕春珉 / 封面设计:东方人华平面设计部

科 学 出 版 社 出版

北京东黄城根北街 16 号
邮政编码:100717
http://www.sciencep.com

三河市骏杰印刷有限公司 印刷

科学出版社发行 各地新华书店经销

*

2020 年 5 月第 一 版 开本:787×1092 1/16
2023 年 7 月修 订 版 印张:15
2023 年 9 月第五次印刷 字数:338 000

定价:48.00 元

(如有印装质量问题,我社负责调换〈骏杰〉)
销售部电话 010-62136230 编辑部电话 010-62135397-2039

前　言 »

　　商务沟通能力在从业人员的职业生涯中发挥着重要作用，特别是在瞬息万变的商务活动中，人们更需要依赖商务沟通能力帮助自己取得成功。商务沟通能力并不是人的基本能力，而是需要经过专业的训练才能培养成的职业技能。

　　商务礼仪是人们在长期的商务交往过程中，为了保证商务活动有序而友好地进行，结合不同国家和地区的习俗，并根据一些约定俗成的惯例，逐渐形成的适用于各种商务活动的礼仪规范。

　　商务沟通能帮助人们发现自我、认识他人，商务礼仪能帮助人们约束自己的言行举止，两者有着密切的联系。当代大学生如果具备了这两种技能，将会在商务工作中游刃有余，得到社会的普遍认可。

　　为了满足高职高专商科类教学需要，帮助学生学习、掌握和运用商务沟通和礼仪的理论与技巧，提升商务沟通和礼仪技能水平，编者编写了本书。本书的主要特点如下：

　　（1）适用性。本书可作为高职高专院校沟通交际类课程的教材，还可作为商务人员提高沟通能力和礼仪技巧的自我训练手册，也是各类企业进行相关岗位培训的创新型教材。

　　（2）实用性。本书内容涵盖了商务沟通和商务礼仪主流的研究成果，理论知识结构清晰，深入浅出、通俗易懂；案例研讨贴近实际，发人深省、启示性强。

　　（3）拓展性。每个小节之后的课后训练与实践（以二维码呈现），不但检验了学员对理论知识的理解程度，而且在一定程度上启发学员深入思考，根据教材内容继续拓展学习。

　　本书由张海军、戚牧任主编，宋存霞、胡雪芳任副主编，王玮、刘春香、冯炜雯参与了编写工作。具体编写分工如下：张海军确定商务沟通篇体系框架，并编写第一单元、第二单元；戚牧编写第三单元、第五单元（第一节、第四节）；刘春香编写第四单元、第五单元（第二节、第三节）；王玮编写第六单元和第七单元；宋存霞策划商务礼仪篇体系框架，并编写第八单元第一节～第五节和第九单元；冯炜雯编写第八单元第六节。

　　编者在编写本书的过程中，参考了大量书籍、报刊和网络资料，吸收了国内外学者最新的研究成果，在此向相关作者表示衷心的感谢。

　　由于编者的知识和能力水平有限，书中不足之处在所难免，敬请读者批评指正。

编　者

2019 年 6 月

前　言

目 录 ▶▶

商务沟通篇

商务沟通篇

商务沟通课程标准

◆◆ 第一单元　商务沟通概论

学习目标

1. 理解商务沟通的基本概念。
2. 掌握沟通过程的原理、要素及其特点。
3. 掌握沟通主体的内涵，合理运用主体沟通技巧。
4. 掌握沟通障碍的内涵，灵活运用解决沟通障碍的原则与技巧。

第一节　商务沟通概述

导入案例

一位教授正在精心准备一个重要会议上的演讲。此次会议的规格之高、规模之大都是他平生第一次遇到的。全家都为教授的这次演讲而激动，为此，妻子还专门为他选购了一身西装。

晚饭时，妻子问教授西装合不合身，他说："上衣很合身，裤腿长了两厘米，倒是能穿，影响不大。"

晚上，教授早早就睡了。他的母亲却睡不着，琢磨着儿子参加这么隆重的会议，西裤长了怎么能行。于是她翻身下床，把西裤的裤腿剪掉两厘米，缝好熨平，然后安心入睡了。

清晨五点半，教授的妻子睡醒了。想起西裤的事，她心想时间还来得及，便拿来西裤又剪掉两厘米，缝好熨平，惬意地去做早餐了。

过了一会儿，教授的女儿也起床了。看到妈妈还没有做好早餐，就想起爸爸西裤的事情，她寻思着自己也能为爸爸做点事情了，便拿来西裤再剪短两厘米，缝好熨平……教授的这条裤子还能不能穿？

思考： 教授的西裤为什么会被连续裁剪三次呢？

一、商务沟通的含义、类型及作用

（一）沟通与商务沟通的含义

1. 沟通的含义

沟通是人类最基本、最富有人性化，也是最重要的生存技能，它渗透于人们的生活中。如果缺少沟通，人们的生活、工作甚至生存都很难保证。例如，在本节"导入案例"

中，三位女性因为沟通不到位，重复做了一件事，得到的却是一条不合身的裤子。

关于沟通，学术界有多种定义。例如，《大英百科全书》定义沟通就是用任何方法彼此交换信息，即指一个人与另一个人用视觉、符号、电话、收音机、电视或其他工具为媒介，交换信息的过程。又如，管理学大师赫伯特·西蒙指出："沟通可视为任何一种程序，借此程序，组织的每一员将其所决定的意见或前提，传送给其他有关成员。"尽管不同的人对沟通的表述有差异，但是有一些观点是相似的：第一，沟通要传递信息（如思想、观念、知识、意见、情感等）；第二，沟通需要双方或多方的互动才能实现；第三，沟通是通过一定的手段和方式来实现的；第四，沟通是动态变化的过程。

简单来说，沟通就是为达到一定的目的，通过一定的通道形式，将多元信息在参与者之间进行传递、交流与理解的过程。

2. 商务沟通的含义

商务沟通在每个人的职业生涯中发挥着重要作用，人们需要商务沟通在纷繁复杂的商务活动中取得成功。它是人的基本沟通技能在商务活动中的具体运用。

本节"导入案例"反映出的问题，在商务活动中很常见。例如，由于缺乏沟通，两个工作小组同时对一个版本的产品进行升级，结果两个版本整合不到一起；由于缺乏沟通，商务人员的行动和客户的需求发生偏差，造成返工和浪费；由于缺乏沟通，冲突不断出现，项目组与客户矛盾重重，项目组内部凝聚力下降，甚至导致关键人物离职。有的商务人员希望通过多干活来弥补自己拙于沟通的缺陷，殊不知在商务活动中用蛮干的方式是很难解决问题的，而有效沟通往往能起到事半功倍的效果。

综上所述，商务沟通就是商务活动的参与者为了顺利实现商务经营的成果，谋求商务组织长期的生存与发展，将商务经营的各种信息，利用一定的渠道在商务个体、组织之间，以及组织内外部传递，并寻求商务活动参与者的反馈，以得到理解、支持与合作。

（二）商务沟通的类型

要深刻理解商务沟通，就要从不同的角度来分析。例如，按沟通程度的深浅，即信息涉及人的情感、态度、价值的不同，商务沟通可分为浅层沟通和深层沟通。前者是指商务活动中必要的信息传递和交换行为，而后者则指为了更深入地了解对方而进行的深层次的交流。理解不同的沟通类型，商务人员能更加全面地把握商务沟通的本质和外延。表1-1为常见的商务沟通类型。

表1-1　常见的商务沟通类型

划分标准	主要类型	基本内涵
沟通途径	正式沟通和非正式沟通	前者是指根据商务活动，要求通过正式途径进行的信息交流；后者是指正式途径以外的信息交流
沟通组织	内部沟通和外部沟通	前者是指商务组织内部的沟通；后者是商务组织外部或不同商务组织之间的沟通
信息流向	上行沟通、平行沟通和下行沟通	指不同身份、地位的沟通者之间的沟通，即与上级、平级、下属之间的沟通

续表

划分标准	主要类型	基本内涵
信息反馈	单向沟通和双向沟通	前者是一种无反馈的沟通，如电话通知、书面指示；后者是一种有反馈的沟通，如讨论、面谈
信息媒体	语言沟通和非语言沟通	前者是指借助语言、文字、图片等载体进行沟通；后者是指使用表情、手势、姿态等肢体语言进行的沟通

（三）商务沟通的作用

商务沟通对商务人员的工作、生活等具有至关重要的作用，它能提高商务人员的工作效率、促进人际关系和谐，使商务人员得到长足发展。

对于商务活动的基本单位——商务组织来说，商务沟通是组织实现有效管理的基本保证。它可以将组织与外部环境联系起来，实现组织的经营目标；它是商务组织管理创新的必要途径和重要来源，既有利于信息的充分流动和共享，又能增强组织决策的科学性，也是实施有效激励的基本途径。

二、商务沟通的要素

1. 目标

无论是谁，在沟通之前一定要有明确的目标，即希望通过沟通达到何种目的，是传递信息、建立情感，还是分享观点、获得支持等。商务沟通的目标如表 1-2 所示。毫无目标的沟通只是闲聊，不是有效的商务沟通方式。

表 1-2　商务沟通的目标

沟通功能	目标表现
信息传递	告知、表达、学习、控制……
情感交流	激励、分享、爱恨、满足……
工作实施	顺从、理解、决策、谈判……
人际关系	关系、权力、地位、角色……

2. 发送者

发送者是指利用生理或机械手段向预定对象发送信息的一方，其主要任务是信息的产生、收集、加工、传递和反馈。其本质是沟通主体（或沟通信息源），即沟通活动的初始者，在沟通过程中处于相对主动的地位。因此，商务沟通的信息发送者要时刻考虑这样几个核心问题：我是谁？我在哪儿？我能发送什么？

3. 信息

信息即发送者直接或间接发送的内容，是发送者要与接收者分享的思想和情感。它由语言符号和非语言符号构成，思想和情感只有转化为一定的符号才能实现沟通。语言符号是表达一定事物和情感的具体或抽象的词语符号。非语言符号是以表情、手势、姿势、语调、外表等外在方式表现的复合体系。

在沟通过程中，沟通双方只有通过"符号—信息"的联系才能理解信息的真正含义。信息发送者传递的信息是原始信息，是反映发送者意图的信息，其沟通过程即编码工作。在沟通过程中，信息发送者要解决的关键问题是怎样强调信息、如何组织信息。

4. 沟通渠道

沟通渠道又称为沟通通道、沟通途径、沟通媒介，是信息经过的路线，是连接信息发送者和接收者的有效途径，即发送者把信息传递给接收者所借助的媒介物。例如，沟通既可以通过口头语言、肢体动作等手段来实现，也可以借助内部或外部的大众媒介、小众媒介来传递信息。沟通渠道在沟通过程中主要承担保证发送者和接收者之间信息传递过程通畅的任务。

5. 接收者

接收者是发送者传递信息的对象，是被告知信息、观点的一方，一般在沟通过程中处于被动地位。在多数情况下，发送者和接收者同时承担发送和接收信息的工作，其主要任务是接收对方的信息和情感，并及时反馈自己的思想和反应。因此，发送者和接收者的身份在沟通过程中可能随时发生转换。

接收者接收信息的过程即解码，他会按自己的认识来接收发送者的原始信息，并将其解码。为了确保解码过程的准确，即与编码过程的对称，接收者务必采用换位思考与建设性沟通策略。

6. 反馈

反馈是指接收者对原始信息的反应，可以让发送者核实思想和情感是否按预定方式被接收和理解。只有通过反馈，沟通过程才能成为一个完整的、双向的、动态的过程。反馈可以通过语言的或非语言的方式有意或无意地进行，其效果与沟通参与者的数量具有一定的相关关系。

7. 噪声与障碍

噪声是沟通过程中妨碍信息传递的干扰因素或干扰物；障碍是阻止接收者准确解码信息的阻碍因素或阻碍物。噪声与障碍发生在沟通的各个环节中，表现为不同的形式。

三、商务沟通过程的特点

1. 动态的过程

简单来说，商务沟通就是传递和接收商务信息、交流情感和增进了解的过程，如图 1-1 所示。这个过程显然是动态的，不是静止不动的。一方面，信息传播是流动的，而且会随着沟通过程的变化而变化。另一方面，情感交流是相互的，且需明确地表达出来，否则就会像本节"导入案例"暴露的问题；每个人都只按照自己的想法去做，没有和其他人进行工作交接。

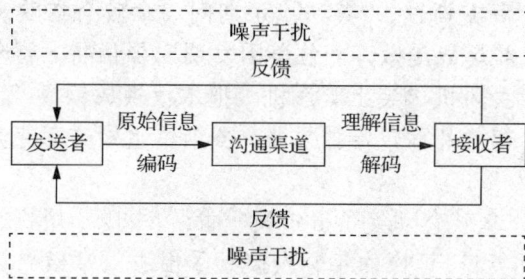

图 1-1　沟通过程简图

2. 反复的过程

现代商务活动要求商务人员、商务组织必须与客户、政府、媒体等建立并保持长期的关系，不能只顾眼前利益。因此，商务沟通必须长期、反复地进行，沟通活动后进行总结与反馈。商务人员只有在反复的沟通过程中不断分析，掌握规律，寻找合适、有效的沟通渠道、沟通手段，才能使商务沟通更加顺畅。

3. 5W 过程

一般认为，商务沟通是明确 5W 的关键过程。5W 即 who（谁说）、what（说什么）、whom（对谁说）、how（怎么说）、how（说得如何）。商务人员必须清晰认识到这些关键环节的作用与意义，唯有采用合理的沟通对策方能事半功倍。在本节"导入案例"中，裤腿要不要剪、由谁来剪、要不要征询家人的意见等关键环节，都没有明确，最终造成了"好心办错事"的结果。

课后训练与实践

第二节　商务沟通主体

导入案例

1939 年 10 月 11 日，美国经济学家兼罗斯福总统的私人顾问亚历山大·萨克斯受爱因斯坦的委托，在白宫同罗斯福进行了一次具有历史意义的会谈。

萨克斯的目的是说服总统重视原子弹研究，抢在纳粹德国前面研制出原子弹。他先向罗斯福面呈了爱因斯坦的长信，继而又读了科学家们关于核裂变的备忘录。但罗斯福听不懂深奥的科学论述，反应冷淡。

罗斯福说："这些都很有趣，但政府现在干预此事还为时过早。"萨克斯讲得口干舌燥，只好告辞。罗斯福为了表示歉意，邀请他第二天共进早餐。

鉴于事态重大，未能说服罗斯福的萨克斯整夜在公园里徘徊，苦思冥想说服罗斯福的良策。

第二天，萨克斯与罗斯福共进早餐。萨克斯尚未开口，罗斯福就说："今天不许再谈爱因斯坦的信，一句也不许说，明白吗？"

"我想谈点历史，"萨克斯说，"英法战争期间，拿破仑在欧洲大陆上耀武扬威，不可一世，但在海上作战却屡战屡败。一位美国发明家罗伯特·富尔顿向他建议，把法国战舰上的桅杆砍掉，撤去风帆，装上蒸汽机，把木板换成钢板。"

萨克斯很悠闲地拿起一片面包涂抹果酱，罗斯福也知道萨克斯是在吊自己胃口。罗斯福追问道："后来呢？"

萨克斯说："后来，拿破仑嘲笑了富尔顿一番：'军舰不用帆？靠你发明的蒸汽机？哈哈，简直是天大的玩笑！'可怜的年轻人被轰了出去。拿破仑认为船没有帆不可能航行，木板换成钢板船就会沉。历史学家在评论这段历史时认为，如果拿破仑采纳富尔顿的建议，那么，19世纪的历史就得重写。"

罗斯福沉思了几分钟，然后取出一瓶拿破仑时代的白兰地酒，斟满，把酒杯递给萨克斯，说："你赢了！"

思考： 萨克斯与罗斯福两天不同的会谈对你有什么启发？

一、商务沟通主体的基本内涵

（一）商务沟通主体的概念

商务沟通主体是指在商务沟通中，主动承担信息传递或反馈工作，能对沟通过程起到关键作用的个体或群体。理论上说，商务沟通主体可以是信息发送者，也可以是信息接收者。实际上，商务信息以什么样的方式传送给接收者，接收者如何解码信息，都与发送者的行为方式息息相关。一般来说，在商务沟通中，每个人都会变换身份承担起信息发送者的角色。本节"导入案例"中，经济学家萨克斯的沟通目标是说服罗斯福，希望美国政府支持研制原子弹，但在第一天的会谈中，萨克斯显然没准确认识到自己需要更主动积极地扮演沟通主体的角色。

（二）自我沟通的过程与特征

1. 自我沟通的过程

沟通主体认识自我、定位自我的过程就是一个完整的自我沟通过程。因此，自我沟通也称为内向沟通，即信息发送者和信息接收者为同一个行为主体，自行发出信息、自行传递、自我接收和理解的沟通过程，如图1-2所示。这是一个自我认识、自我提升和自我超越的过程。

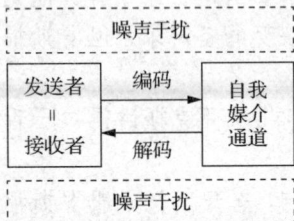

自我认识是一个深度反省自己的过程，我们要学会在与别人的比较中和从他人的态度中了解自我。例如，从事销售工作，要学会在与销售明星的比较中认识自己与对方的差距。评价自己的工作绩效，还要与过去自己的工作比较。

自我提升首先要接纳自我，增强对自己的觉察，从内心深处接受自己的缺点和优点，使自己达到一种和谐状态，只有这样，才有可能接纳他人。其次，要走出去，从"小我"中走出

图1-2　自我沟通的过程

去，去关心他人、关心社会，走向"大我"，增加成功的机会，只有这样身心才会得到真正的提升。最后，要保持自信，以积极的态度对待自己，不要动辄自我贬低、妄自菲薄，让机会白白丢失。

自我超越，一方面要拓展自我比较和交际的范围，不仅要与自己所属小群体中的人进行比较，还要与不同水平的跨群体的人进行比较。另一方面，要敢于挑战自我，为自我潜能的开发创造条件。另外，还要具有毅力和决心，不要以"我不擅长"或"我不行"作借口，要大胆尝试，哪怕失败了也要坚信有成功的一天。

2. 自我沟通的特征

自我沟通的过程处处体现了自我性的特征：主体和客体是同一的，同时承担信息编码和解码的工作；目的在于说服自我，尤其在自我认识和现实需求发生冲突时表现得更明显；反馈来自自身，信息的传递、接收、反馈同时发生；自我心理暗示成为媒介通道。

在这个特殊的沟通环节中，追求一致、避免偏差是自我沟通的优势，但理想和现实之间总是存在冲突，每个沟通主体都有一些思维定式，它们束缚了沟通主体的思想和行为，阻碍了沟通活动的顺畅进行，从而产生许多错误、迷惑和苦恼。沟通主体的自我沟通就是要突破束缚，认清事实，转换观念，进行成功的信息传递与接收。

📢 沟通案例

一艘参加演习的战舰在阴沉的天气中航行了数日。某天傍晚，雾气浓重，能见度极差，舰长守在船桥上指挥行动。

入夜后不久，船桥一侧的瞭望员忽然报告："右舷有灯光。"舰长询问灯光是正在逼近还是远离，瞭望员告知是在逼近。

舰长认为，这意味着对方有可能会撞上战舰，后果不堪设想。舰长命令信号兵通知对方："我们正迎面驶来，建议你方转向20°。"

对方回答："建议贵船转向20°。"

舰长下令："告诉他，我是舰长，转向20°。"

对方说："我是二等水手，贵船最好转向20°。"

这时舰长已勃然大怒，他大叫："告诉他，这里是战舰，转向20°。"

不一会儿，对方的信号传来："这里是灯塔。"

结果，战舰改变了航向。

（三）商务沟通主体分析

如本单元第一节所述，商务沟通主体（发送者）有几个核心问题必须明确。

1. 自我认识——我是谁

一般来说，自我认识是觉察到自己的情绪，以及对这种情绪的看法。商务沟通主体的自我认识是在商务沟通活动中，沟通主体对自我存在状况的一种认知。一方面，这种认知体现为沟通主体对自我沟通动机的认知，即发送商务信息是由沟通主体自身行为需要引起的，还是由外部环境而产生的；另一方面，这种认知表现为沟通主体对自我沟通可信度的认知，即要认清沟通对象对沟通主体的信任、信心和依赖程度。

良好的自我认知能力对于商务活动的成功具有关键性的作用。你认为自己是怎样的人，就会怎样去表现。你认为商务活动有意义，就会把这个工作做得有价值。因此，良好的自我认识是产生良好动机、设定准确目标、提高沟通效果的前提条件之一，是商务活动取得成功的起点。

2. 自我定位——我在哪儿

一个人获得事业成功的关键因素，不仅在于他拥有多少资源，还在于他如何评价自己，即准确的自我定位。准确的自我定位，也决定了他人对自己的评价和定位。

商务沟通主体的自我定位，是指在商务沟通过程中，沟通主体对自身的地位、能力、个性特点、价值观、形象等方面的客观定位和评价。以下是商务沟通主体必须明确了解的要点：清楚自己在组织中的地位；清楚自己扮演的角色；清楚自己的实际能力；清楚自己的行为要与组织利益统一；清楚他人对自己道德水平的评判；自己从社会伦理的角度审视自己的动机。

要准确自我定位，商务沟通主体必须学会自我分析，对自己进行全方位的解析和评价。SWOT 分析方法是一种行之有效的分析手段。一方面，商务沟通主体要能准确分析自己的优势（strength）和劣势（weakness），即自己的长处和短处；另一方面，商务沟通主体要能在商务活动中，准确识别面对的机会（opportunity）和威胁（threat）。然后将以上四个方面依照一定次序按矩阵形式排列起来，运用系统分析的方法，把各种因素匹配起来加以分析，从中得出一系列相应的结论或对策，如表 1-3 所示。

表 1-3　商务沟通主体 SWOT 分析

外部分析	内部分析	
	自身优势（strength）	自身劣势（weakness）
机会（opportunity）	利用优势和机会	克服劣势，利用机会
威胁（threat）	利用优势，消除威胁	克服劣势，消除威胁

3. 自我目标——我要做什么

如前所述，任何商务沟通活动都是有目的的，毫无目的的沟通只能是闲聊，而不是有效的商务沟通。商务沟通主体必须是目标明确的沟通参与者。

通常商务沟通主体的自我目标由以下几个层次组成：①沟通总体目标，即商务沟通主体期望实现的根本目标；②沟通行动目标，即指导商务沟通主体实现总体目标的行动计划，它应是具体的、可度量的、有时限的；③沟通反馈目标，即商务沟通主体对受众作出何种反应的期望，也就是每次沟通希望达到的效果。

沟通案例

一个男孩打电话给一位太太，问："您需不需要割草的工人？"

太太回答："不需要了，我已经有割草工了。"

男孩说："我可以帮您拔掉花丛中的杂草。"

太太回答："我的割草工已经做了。"

男孩说："我可以帮您把草与步道的四周割齐。"

太太说："我请的割草工也已经做了，他做得很好。谢谢你，我不需要新的割草工。"

男孩挂了电话。此时，男孩的室友问他："你不是就在这位太太家做割草工吗？为什么还要打这个电话？"

男孩说："我只是想知道我做得有多好！"

二、商务沟通主体的沟通原则和策略

（一）PASS 原则

PASS 原则是明确目的（purpose）、明确受众（audience）、安排结构（structure）、掌握风格（style）四个原则的合称，以其英文单词的首字母命名。

1. 明确目的

在商务活动中沟通主体会出于多种原因进行沟通。一般来说，在内部沟通过程中，沟通主体要就某事通知同事、部门经理或下属，对前次沟通作出回应，获得一个决定或要求采取一个行动。在外部沟通过程中，沟通主体可能会争取利用媒体提高知名度，劝说客户购买产品或者激发客户的回应，如索取目录或更多的交易信息。

2. 明确受众

沟通主体需要明确沟通对象的职位、对其了解程度、决定采取的沟通风格，包括细节、复杂程度和用词。例如，在为客户设计广告方案时，需要考虑目标受众的特性，包括他们的年龄、性别、教育程度、社会背景和生活方式，并在此基础上选择用词、视频材料和发布媒介。

3. 安排结构

在明确了为什么沟通和与谁沟通后，就要考虑如何沟通和如何编码信息。商务沟通应该是简洁的，所以沟通的内容应该具有选择性。选择了信息材料后，就要决定如何编码信息。组合和排列材料的方式、逻辑性、标题都决定了信息的形态，最重要的信息点和补充信息对组织、阅读、理解信息可能有所帮助。

4. 掌握风格

风格是由使用的词汇、组织句子的方法和语气共同决定的。词汇的使用虽然是个人的选择，但应该考虑到受众对这些词汇的熟悉程度。通过改变句子结构可以强调某些词语，而通过调换词语的顺序可以使句子更连贯、更通顺。沟通的语气决定着沟通的整体效果，通过强调要点、调动接收者的情绪、反复传达促销信息、使用保证性语言和提出可使接收者获益的问题等沟通方式，能够更好地传达沟通主体想要表达的信息。

（二）沟通策略

1. 指导性沟通

指导性沟通是指沟通主体通过信息传递活动，明确地建议沟通对象如何做或不做什么，指导对方解决商务活动中存在的问题。其主要包括告知沟通与说服沟通两种形式。前者重点是向沟通对象叙述或解释信息内容，要求对方了解和接受沟通主体的要求；后者则侧重于向沟通对象说明做或不做的利弊，但对方有最终决策权，因此沟通的目的是提供信息供对方参考。

沟通案例

陶行知是著名的教育家，他创办晓庄学院，培养了无数英才，开创了现代教育的新理念和新模式。

一次，某个学生拿泥块砸了其他同学。陶行知看到后，让这个学生放学后去校长室。

放学后，学生早早地来到校长室门口，陶行知过了一会才出现。他把学生叫到面前，递给他一块糖说："这是奖励你的，因为你来得早。"

学生惊讶地看着陶行知，不知道说什么好。

陶行知接着又拿出一块糖，说："我还要奖励你，因为我让你不要砸同学的时候，你马上停下来了。"

这下，学生的脸红了起来。

"最后我还要给你一块糖。"陶行知说，"因为你是为了不让那些同学欺负女同学，才用泥块砸他们的，对不对？"

这下，该学生的眼泪流了下来，他边哭边说："校长，你批评我吧，我认识到自己的错误了。"

指导性沟通是为沟通对象提供建议或制定标准的方式，帮助对方提高商务工作技巧，提高工作能力。一般情况下，运用此沟通策略的沟通主体较有权威性或在信息控制方面处于主导地位，尤其是沟通主体掌握了足够的信息、不需要他人的意见或建议、需要或试图控制信息内容时，可凭借身份优势去指导对方。例如，领导向下属下达某项已确定的任务或销售员向客户推销产品，都可以考虑采用此沟通策略。

2. 咨询性沟通

咨询性沟通是指沟通主体通过信息传递活动，为沟通对象提供咨询意见，采取讨论与协商的方式，使其认识到商务活动中存在的问题，并找到解决方案。咨询性沟通主要包括征询沟通和参与沟通两类。征询沟通主要通过商议来达到沟通目的，使解决方案得到对方认同；在参与沟通中，沟通主体与对方共同工作，使沟通对象在实践中接收信息并准确反馈。

🖼 沟通案例

古时候，一位妇人经常因为一些琐碎小事而生气。她知道自己这样不好，便去求一位高僧为自己谈禅说道，以开阔心胸。

高僧听了她的讲述，一言不发地把她领到一座禅房中，关门落锁而去。妇人气得跳脚大骂，骂了许久，高僧也不理会。妇人便开始哀求，高僧仍置若罔闻。妇人终于沉默了。

高僧来到门外，问她："你还生气吗？"

妇人说："我只为我自己生气，我怎么会到这地方来受这份罪。"

"连自己都不原谅的人怎么能心如止水？"高僧拂袖而去。

过了一会儿，高僧又问她："还生气吗？"

"不生气了。"妇人说。

"为什么？"

"气也没有办法呀。"

"你的气并未消失，还压在心里，爆发后将会更加强烈。"高僧又离开了。

高僧第三次来到门前，妇人告诉他："我不生气了，因为不值得生气。"

"还知道值不值得，可见心中还有衡量，还是有气根。"高僧笑着离开了。

当高僧的身影迎着夕阳立在门外时，妇人问高僧："大师，什么是气？"

高僧将手中的茶水倾洒于地，妇人见状顿悟，叩谢而去。

咨询性沟通的目标在于帮助沟通对象认识自己的思想情感和个性问题，进而转变态度。通常运用此策略的沟通主体并非权威，且试图与沟通对象对某一行动达成共识，尤其是没有足够的信息、需要他人的意见或建议、需要对方提供或完善信息内容时，可通过调动沟通对象的参与度，共同商议来获取沟通对象的准确反馈。例如，希望同事支持自己向公司总部提出的某项建议，可采用此沟通策略。

以上几种沟通策略存在着一定的关联性（图1-3），商务沟通主体必须理解它们的区别，并灵活运用。

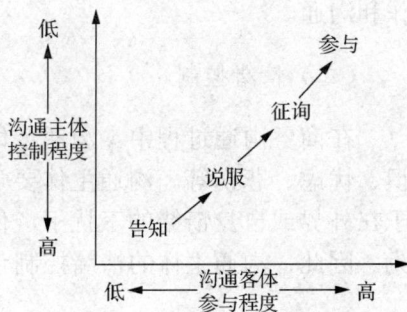

图1-3 沟通策略简图

三、商务沟通主体的沟通建议

（一）沟通心态

一个人现在怎么生活、将来怎么发展，是由他的人生态度决定的。同理，沟通的效果，也是由沟通主体的心态决定的。你怎样与沟通客体交流，对方就会怎样与你交流，这就是"种瓜得瓜，种豆得豆"的道理。许多人遇到不顺心的事情，就会抱怨他人、环境和生活，这是无能的表现，不仅毫无用处，还浪费了自己的时间和精力，助长了自己的消极情绪。

📖 沟通案例

一位哲人单身时，和几个朋友住在一间只有七八平方米的小房子里。他整天都是乐呵呵的。有人问他："那么多人挤在一起，有什么可高兴的？"哲人说："朋友们住在一起，随时可以交流思想和感情，这难道不是值得高兴的事吗？"

过了一段时间，朋友们都成了家，先后搬了出去，屋内只剩下他一个人，但他每天仍然很高兴。又有人问他："你一个人孤孤单单的，有什么好高兴的？"他说："我有很多书啊，每本书都是一位老师。和这些老师在一起，随时请教，怎么不令人高兴？"

几年后，哲人成了家，搬进楼房，住在一层，仍是一副其乐融融的样子。有人问："你住这样的房子还能快乐吗？"哲人说："住一层有多好啊！进门就是家，搬东西很方便，朋友来访很方便……特别让我满意的是，可以在空地上养花、种草，这些乐趣真的很好呀！"

过了一年，哲人把一层让给一位家里有偏瘫老人的朋友，自己搬到楼房的最高层，而他仍是每天快快乐乐的。朋友问他："住顶楼有哪些好处？"他说："好处多着呢！每天上下楼几次，有利于身体健康；看书、写文章光线好；没有人在头顶上干扰，白天黑夜都安静。"

积极的人生态度、健康的个人心理，可以改变人生。商务沟通主体必须学会自我激励，并树立目标、排除干扰，尤其要避免产生自卑、怯懦和猜疑的心理，拥有饱满的精神状态和强大的社会适应能力，保持心理平衡。只有如此才能够愉快而积极地工作和沟通。

（二）情绪控制

在商务沟通过程中，沟通主体会产生各种情绪，如快乐、愤怒、嫉妒、烦恼、恐惧、忧虑、悲伤等。沟通主体要学会真实了解、充分感受和恰当反应情绪，尤其要善于在外界或自身情绪的干扰下，保持注意力的集中，不因情绪的变化而改变自己的行为。因此，沟通主体的情绪控制包括对自我身心状态的认知、体察和监控等环节。

📖 沟通案例

大文豪萧伯纳的作品《武装与人》首次公演时获得很大成功。观众在剧终时要求萧伯纳上台，接受大家的祝贺。

可是，当萧伯纳走上舞台，准备向观众致意时，突然有一个人对他大声喊道："萧伯纳，你的剧本糟透了，谁要看！收回去，停演吧！"

观众们大吃一惊，很多人都想，萧伯纳这回一定会气得浑身发抖，并高声地抗议、回击那个人的挑衅。

谁知萧伯纳不但没有生气，反而笑容满面地向那个人深深鞠了一躬，彬彬有礼地说："我的朋友，你说得很好，我完全同意你的意见。但遗憾的是，我们两个人反对这么多观众有什么用呢？就算我和你意见一致，可我俩能禁止这场演出吗？"几句话引起全场一阵雷鸣般的掌声。

在观众的掌声中那个故意寻衅的家伙灰溜溜地走了。

商务人员要能像大文豪萧伯纳那样，善于调解自己的情绪，任何时候都要保持冷静的头脑和良好的心境。兴奋时要平复心情，不能乐极生悲；愤怒时要冷静克制，不能恶语伤人；冲动时要三思后行，不能无所顾忌；嫉妒时要豁达大度，不能滋生邪念；争论时要谦虚谨慎，不能得理不饶人。所以，商务人员遇事要豁达，不要被负面情绪所左右。

课后训练与实践

第三节　商务沟通客体

导入案例

PD 国家公园是某国著名的风景区。公园具有得天独厚的森林和冰雪资源，拥有近千种动植物，设有多处保护区。公园内有河流 20 余条，TW 河为最长河流，全长 509 千米。从印支期的花岗岩石林到第三纪珍稀的孑遗森林生态系统红松原始林，从风灾遗迹、火烧迹地到笃斯越橘观赏园、草莓采摘园、植物园、湿地公园，PD 国家公园到处都有无可比拟的优美景色、自然天成的奇观。

PD 国家公园每年都吸引着数十万游客来观光游览。近日，PD 国家公园的某些设施由于老化、不安全等问题，将进行维修和保养工作。公园管理层决定通过公共宣传，告知并引导游客不要进入某些区域。

思考：公园管理层需要告知哪些人？

一、商务沟通客体的内涵

（一）商务沟通客体的含义

在本节"导入案例"中，公园管理层首先要做的关键决策就是确定合适的宣传对象。是公园内部的人员，还是公园外部的人员？高效商务沟通的第一步就是选择正确的沟通对象，这是商务沟通的出发点和落脚点。

简而言之，沟通对象就是所谓的沟通客体。商务沟通客体是指在商务活动中，所有与沟通主体沟通的人或组织，而不仅仅是发生利益关系的人或组织。在本节"导入案例"中，公园管理层的沟通客体是所有与之发生沟通行为的人或组织。

在沟通过程中，识别沟通客体可以使沟通策略的应用效果事半功倍。由于沟通客体通常具有数量和规模不确定、分布广泛分散、社会属性差异大等特点，准确分辨沟通客体并不是件轻松容易的事情。

（二）商务沟通客体的分类

在商务活动中，多数商务人员认为沟通客体只有两种：一是当事人，即发生冲突和矛盾时，处理问题的基本原则是与当事人沟通。例如，市场部门与生产部门发生冲突，就需要由两个部门的管理人员直接进行沟通。二是沟通链上的上下级，即发生冲突后，除了当事人进行直接沟通以外，还可以由上级管理者协助解决。

一般来说，沟通客体的分类有多种形式：按沟通人员数量，可分为个别客体和群体客体；按沟通活动性质，可分为正式沟通客体和非正式沟通客体；按所属组织类别，可分为内部沟通客体和外部沟通客体；按沟通信息接收程度，可分为主要沟通客体和间接沟通客体等。如前所述，沟通客体是沟通工作涉及的人或组织，因此可以将其区分为个别沟通客体和群体沟通客体。

除了以上的沟通客体分类方式外，以沟通链中沟通客体的角色和地位为标准进行分类与识别，具有更强的现实意义。那么，以下几种沟通客体需要我们予以重视。

1. 一般受众

简而言之，一般受众是指信息传播的接收者。根据传播学的原理，沟通受众是由以下几个部分构成的，可以是其中某个部分，也可以是多个部分的综合体。

1）最初客体，即最先接收信息的沟通客体。例如，企业要开发新产品，最早获悉信息的可能不是研发人员，而是企业决策层或市场调研人员。这类沟通客体能比其他客体更早地知悉沟通信息，也是原始信息的获取对象，他们在一定程度上决定了信息的流向和取舍。

2）守门人，也称为桥梁受众，是指有权决定信息是否需要传递的对象。例如，当你要约见某企业领导时，秘书往往成为你能否见到领导的关键人物。这类沟通客体的职务、地位也许不高，但是在沟通链上占据了关键节点，因而不能忽视。

3）主要受众，即直接受众，是指沟通信息发生作用最直接的对象。例如，企业要开发新产品，确定新产品规格、型号、款式等方面的可能是包括研发人员、市场人员、财务人员在内的研发团队。显然，该类客体是沟通的主要对象，必须重点分析受众构成，了解他们在沟通过程中的影响。

4）次要受众，即间接受众，是指沟通信息间接涉及或反馈的次要对象。例如，某款婴儿产品的推销员在销售产品时不仅要大力向主要受众——婴儿家长介绍，还要兼顾那些潜在的顾客（如未婚未孕的女士），这些人就是次要受众。这类受众虽然不是直接的沟通客体，但他们在一定程度上会影响主要受众，甚至可能转化为主要受众。

5）意见领袖，这是传播学中的概念，是指对信息接收者作出决策有强大影响力的非正式的对象。例如，顾客在购买产品时，往往会听取其他重要顾客、推销员甚至陌生人的意见。这些人不一定是组织中的领导者，但其他受众往往会在非正式场合中受其影响。

6）关键决策者，一般是指主要受众中能影响沟通结果的重要对象，即能作出最终决定的人员。例如，企业是否要开发新产品，能对各类信息进行综合处理并作出决策的是企业的董事长、主要股东等。该类沟通客体地位、职务高，拥有较大的决定权，是沟通客体中的关键角色。

沟通案例

某媒体组织了一场由多人参加的看房活动。看房人多以家庭为单位，一家老小都来参加。

看房团来到某楼盘的售楼处，销售人员为了吸引人气，在大力宣传的同时，还不遗余力地为看房人群发放方便袋、钥匙扣等礼品，以及大量的宣传材料。

一个淘气的小男孩也从销售人员手上拿到了一份礼品。几分钟后，小男孩又来到销售人员身边索要礼品。销售人员又发了一遍礼品。如此反复，小朋友找销售人员索要了四五次礼品。销售人员终于不耐烦了，他大声喊："你这个小孩真调皮，不给了！"

小男孩受了委屈，跑去向家长哭诉。碍于面子，家长批评了小男孩，随后带着小男孩离开了售楼处。令人想不到的是，其他看房人也陆续离开了售楼处。

销售人员很纳闷："看房的客户为什么都走了呢？"

究竟谁才是客户？按照沟通客体原理，所有与商务人员沟通的人都可以成为客户。案例中，销售人员并没意识到：一个调皮的小男孩也属于沟通客体，当然也是客户。那么，在本节开头的"案例导入"中，究竟哪些人是沟通对象呢？我们可以参照上述沟通客体类型来进行分析。

2. 相关受众

就商务组织而言，沟通客体可以分为内部对象和外部对象，内部对象主要有董事会成员、股东、公司普通员工、管理层等直接沟通客体，外部对象则包括公众、沟通媒体与中介、上下游组织、政府部门、行业协会等间接沟通客体。

一般受众是基于内部对象而言的，相关受众则是基于外部对象而言的。对于大多数商务人员来说，识别内部的直接沟通客体相对较容易，也较直观；而外部沟通客体则较易被忽视，也很难准确识别，因为他们不直接参与商务活动。

相关受众是沟通过程中环环相扣的统一体，既相互独立又彼此关联。在商务活动中，稍有疏忽就可能导致沟通工作前功尽弃，因此，重视并积极与媒介、政府、协会、其他公众等相关受众进行沟通，也是商务活动的重要内容。

沟通案例

2007年6月，北京电视台生活频道新闻专题节目《透明度》接到一马姓人员举报，指称北京市很多流动摊贩卖的包子都是"纸馅包子"。

6月15日8时，依据马先生提供的线索，北京电视台生活节目中心临时记者訾北佳在北京市朝阳区东四环附近找到这家"纸馅包子"工厂。该记者偷拍到的"纸馅包子"生产过程如下：该厂工作人员先在一个大铁盆内装满火碱（氢氧化钠）溶液，把废纸放进去泡烂，再用菜刀将泡烂的废纸剁碎，随后放入大量猪肉香精调味，将废纸与肥猪肉以 6∶4 的比例搅拌均匀，并加入大量食盐掩盖异味。工作人员把用这些"馅"包好的包子，放在破旧的蒸笼里蒸熟，然后批发给流动摊贩贩卖，每天至少卖出 2000 个。

7 月 3 日 14 时，在北京电视台生活节目中心记者的指引下，北京市工商局朝阳分局左家庄工商所的执法人员突击检查"纸馅包子"工厂，当场查获"纸馅包子"的生产工具，并查出该工厂没有营业执照也没有卫生许可证，于是当场取缔该工厂。7 月 8 日 19 时 20 分，《透明度》播出《纸做的包子》专题，揭发"纸馅包子"事件，节目播出后轰动全市。该节目中，北京市海淀区卫生局卫生监督所综合执法队周队长提醒消费者最好不要去流动摊买包子，"纸馅包子"通常气味刺鼻、口味咸重、外观有露馅。

之后，中央电视台也在其新闻类节目中转播了以上新闻。一时间，社会哗然，公众纷纷指责生产"纸馅包子"的黑心商贩。受此影响，多家销售包子的摊贩生意受到严重冲击。但是没过多久，事情发生了戏剧性的变化。

北京市公安局组成专案组调查此案，2007 年 7 月 16 日公布调查结果：《透明度》栏目组临时工作人员訾北佳，化名"胡月"，用欺骗手段要求从陕西省来北京做早点生意的卫全峰等四人按其要求为其制作"纸馅包子"。然后，他用自己的家用数码摄像机拍摄了制作过程，并在《透明度》中播出。为此，訾北佳被刑事拘留。2007 年 7 月 18 日，北京电视台生活频道公开道歉。北京电视台生活节目中心有三人遭撤职。中央电视台也在随后的节目中公开道歉。2007 年 8 月 12 日，北京市第二中级人民法院开庭，訾北佳一审被判处有期徒刑一年并处罚金人民币 1000 元。

以上就是轰动一时的"纸馅包子"虚假新闻事件。事情发生后，社会各界都在反思：捏造新闻的个人受到了惩处，但是推动此新闻传播的媒体呢，它们受到了什么处罚？遭受虚假新闻冲击的商贩们，他们的合法权益向谁诉求？

二、商务沟通客体沟通的原理

客体沟通就是商务人员与沟通客体之间进行的有目的、有反馈的沟通过程，也就是受众沟通。这里的沟通客体包括一般受众和相关受众。在沟通过程中，针对不同的沟通客体，沟通主体（即信息发送者）要密切关注以下几个方面。

（一）沟通的关键

1. 客体是谁

客体沟通的第一步就是确定哪些人属于受众，即哪些客体是一般受众，哪些客体是决策单元，哪些客体是沟通相关者。只有明确了沟通客体，才能进行下一步的沟通活动。在本节"导入案例"中，哪些是一般受众，哪些是相关受众，都是需要深入识别的。

因此，商务沟通主体必须掌握了解受众、分析受众的方法和技巧，即全面分析每一个受众的教育层次、职业、年龄、性别、兴趣爱好等，同时要对受众做整体分析，如可以通过分组的方式分析群体特征、共同规范、价值观等。

2. 客体了解什么

判明了沟通客体，接下来需要明确的是，在特定的沟通过程中，客体已经了解了哪些信息，还需要了解什么信息等。对于客体已经掌握的信息，直接重复是没有意义的；对于客体还想了解的信息，哪些是重要的、哪些是有价值的，都是亟须商务沟通主体明确的。

为了更准确地把握沟通客体可能需要的信息，商务沟通主体必须注意三个问题：客体对信息的了解情况如何？客体对新信息的需求程度如何？客体对信息的期望和偏好如何？尤其是后两个问题，沟通主体既要事前做好准备，又要善于引导客体释放真实意图。

3. 客体感觉如何

这里的感觉是指客体在沟通过程中可能产生的信息反馈或情感反应。商务沟通主体一般应注意两个问题：客体对信息感兴趣的程度如何？主体要求的行动对客体来说是否容易做到？

针对第一个问题，商务沟通主体可以将预期的反对意见在沟通伊始就提出来，并作出反应；或者先列出客体可能同意的几个观点，让其同意问题确实存在，然后解决该问题。面对第二个问题，商务沟通主体必须将行动细化为更小的要求，尽可能简化步骤，或者提供可供参考的行动清单和问题检核表。

4. 如何激发客体

激发沟通客体的兴趣和给予沟通客体的利益对于商务活动来说意义重大。利益一般包括事物的价值、重要性、具体好处，以及事业发展和完成过程中的利益。一方面，沟通主体可以通过信息的可信度来激发客体。例如，通过确立共同价值观的可信度激发客体兴趣，以传递良好意愿与互惠技巧激发客体，或者运用地位可信度与惩罚技巧激发客体等。另一方面，沟通主体可以通过信息结构激发客体。例如，充分利用信息内容的开场白、主体和结尾等结构安排，实现循序渐进、开门见山、双向比较的沟通效果。

📖 沟通案例

小王是一家科教设备公司的推销员。一天，他急匆匆地走进一家公司找到公司经理，于是就有了如下一段对话。

小王：您好，李先生。我叫王×，是××科教设备公司的推销员。

经理：哦，对不起，这里没有李先生。

小王：你是这家公司的经理吧？我找的就是你。

经理：我姓于，不姓李。

小王：对不起，我没听清你的秘书说你是姓李还是姓于，我想向你介绍一下我们公司的彩色复印机……

经理：我们现在还用不着彩色复印机。

小王：噢，是这样。不过，我们还有别的型号的复印机，这是产品目录，请过目。（接着，掏出香烟和打火机）你来一支？

经理：我不吸烟，我讨厌烟味，而且我们公司禁止吸烟。

小王：……

（二）沟通原则

1. AIDAS 原则

1）引起注意（attention）。这是商务沟通最直接、最基本的原则。面对海量的商务信息，如果沟通客体不能注意到沟通主体发出的信息，又如何与之进行沟通呢？为此，沟通主体必须全面分析引起沟通客体高度注意的主客观需求，以及产生这些需求的原因、环境等因素，然后充分利用能使人印象深刻的信息、手段、方式等来引起沟通客体的注意。

2）激发兴趣（interest）。兴趣是人类积极学习的动力源泉，也是促使沟通客体主动接收信息的关键因素。沟通主体不仅要分析对方产生兴趣的原因、层次和信息源，还要综合运用激发兴趣的手段。例如，沟通主体可以通过沟通客体的利益期望、信源信度、信息结构来激发对方的兴趣，也可以通过对象地位、互惠技巧来激发对方的兴趣。

3）刺激欲望（desire）。欲望是人对具体物品的需要，也是商务活动从构想变为实践的中间节点。若不能使沟通客体产生进一步获取信息的欲望，那么沟通过程或许就此结束了。与前面几个原则相似，也需要经历分析欲望起源、评价欲望构成、形成态度等环节，以刺激沟通客体对商务信息形成应有的、正面的评价和认知。

4）产生行动（action）。使沟通客体按照其接触的商务信息来产生应有的行为与反馈，这是商务沟通活动的价值所在。例如，顾客看了某产品的广告之后去购买该产品，那么该广告就达到了其传播的效果。沟通主体尤其要关注沟通客体在行动时可能会遇到的限制因素。例如，如果商场不支持手机支付，顾客很可能放弃购买行为。

5）创造满足（satisfaction）。富有经验的商务人员都清楚，只有与顾客建立长期牢固的合作伙伴关系才是商务组织得以生存的法宝。同理，商务沟通是一个循环往复的过程，沟通主体需要不断地联系沟通客体，使其真正满足。因此，分析不同信息的反馈效果，采取合适的反馈行动很有必要。

2. 其他重要原则

（1）尊重原则

每个人都有自尊心，都有受人尊重的需要，都期望得到别人的认可、注意和欣赏。这种需要的满足会增强人的自信心和上进心；反之，则会使人失去自信，甚至产生自卑心理，影响人际交往。因此，在商务沟通中首先要遵循相互尊重的原则。这就要求沟通者讲究言行举止的礼貌，尊重对方的人格和自尊心，尊重对方的思想感情和言行方式。对对方的尊重不应仅仅表现在沟通形式上，更应表现在交流的信息和思想观念上，以诚相待，摒弃偏见，讲真话。

（2）理解原则

理解原则要求沟通主体要善于换位思考，要站在对方的立场上体会对方的心理状态与感受，这样才能产生与对方趋向一致的共同语言。同时，沟通主体还要耐心、仔细地倾听对方的意见，准确领会对方的观点、依据、意图和要求，这既可以表现出对对方的尊重和重视，也可更加深入地理解对方。

（3）宽容原则

沟通主体要心胸开阔、宽宏大量，把原则性和灵活性结合起来，只要不是原则性的重大问题，应以谦恭容忍、豁达超然的风度来对待各种分歧、误会和矛盾，以诙谐幽默、委婉劝导等与人为善的方式来缓解紧张气氛、消除隔阂。事实证明，沟通中态度宽容、谦让得体、诱导得法，会使沟通更加顺畅并赢得对方的配合与尊重。

（4）坦诚原则

坦诚就是以诚相待。"诚"的核心是为人处世讲究忠诚老实、光明磊落，力求做到说话办事要实事求是，胸怀要坦荡，不隐瞒自己的观点，是非分明；在与人相处中敢于坚持真理、主持公正、言而有信、遵守诺言、说到做到。

（5）渐进原则

人际交往、商务沟通一般有一个逐步发展的过程，即可分为初交、常交和深交三个阶段。在三个不同的交往阶段，应该把握不同的交往沟通尺度。在初交阶段，常常有些拘谨、别扭等不自然的感觉，此时要注意消除不安、紧张和胆怯情绪，也要注意不能喋喋不休，防止初次交往就给对方留下不好的印象。进入常交阶段后，随着交往的增多和友谊的加深，应注意观察和了解对方的情况，特别是性格、兴趣和爱好方面的情况，寻找和发现双方的共同点、共鸣点，巩固友谊的基础。到了深交阶段，双方感情在长期接触中深化发展，双方有了深厚的友谊。一旦有了这种友谊，沟通者应该倍加珍惜。

（6）互动原则

沟通是互动的，需要双方共同参与。有传递有反馈，有说有听，才有双方意见的交流，在来来回回的互动中达成共识。共享说话权利是互动的前提。在与人交谈时口齿伶俐固然是件好事，但是独自一人滔滔不绝地大发议论可就不识趣了。交谈不是一个人唱独角戏，每个人都有表现的本能欲望，所以共同支配时间对沟通尤为重要。沟通时，尽可能长话短说、言简意赅，给对方时间，聆听对方的高见，这既是对对方的尊重，也会让自己有所收获。在交流时，不宜只谈论你自己，更不可自我吹嘘，这会影响你的形象，必要的神秘感反倒会提升你的魅力。

（三）基本策略

1. 换位思考策略

成功的商务沟通的本质是沟通主体能站在沟通对象的立场上思考问题，能够根据客体的需求和特点组织信息、传递信息，实现沟通目的，也就是做到换位思考。换位思考是人对人的一种心理体验过程。将心比心、设身处地是达成理解不可缺少的心理机制。

沟通案例

　　小公主病了，她娇憨地告诉国王，如果她能拥有月亮，病就会好。国王立刻召集全国的智者，要他们想办法拿到月亮。

　　总理大臣说："它远在三万五千里外，比公主的房间还大，而且是由熔化的铜所做成的。"

　　魔法师说："它有十五万里远，用绿奶酪做的，而且整整是皇宫的两倍大。"

　　数学家说："月亮远在三万里外，又圆又平像个钱币，有半个王国大，还被粘在天上，不可能有人能拿下它。"

　　国王又烦又气，叫来宫廷小丑弹琴给他解闷。小丑问明一切后，得到了一个结论：如果这些有学问的人说得都对，那么月亮的大小一定和每个人想的一样大、一样远。所以当务之急便是要弄清楚小公主心目中的月亮到底有多大、有多远。

　　于是，小丑到公主房里探望公主，并问公主："月亮有多大？"

　　"大概比我拇指的指甲小一点吧！因为我只要把拇指的指甲对着月亮就可以把它遮住了。"公主说。

　　"那么有多高呢？"

　　"不会比窗外的那棵大树高！因为有时候它会卡在树梢间。"

　　"用什么做的呢？"

　　"当然是金子！"公主斩钉截铁地回答。

　　比拇指指甲还要小、比树还要矮，用金子做的月亮当然容易拿啦！小丑立刻找金匠打了个小月亮，穿上金链子，给公主当项链。公主很高兴，第二天病就好了。

　　换位思考策略要求沟通主体将自己的内心感受，如情感体验、思维方式等与沟通客体联系起来，站在对方的立场上思考问题，与对方在情感上形成共鸣，为增进理解、实现信息双向流动奠定基础。换位思考是一种关爱，是人与人交往的基础。多尝试站在对方的立场上思考，互相宽容理解，做到对人对己同一标准，甚至宽人严己，这是商务人员所应遵循的处世之道。

知识拓展

书面沟通中的六个换位思考技巧

　　技巧1：不强调你为对方做了什么，而强调对方能获得什么或能做什么。

　　技巧2：参考对方的具体要求或指令。

　　技巧3：尽量少谈自己的感受。

　　技巧4：不要告诉对方他们应产生什么样的感受或作出什么样的反应。

　　技巧5：涉及褒奖内容时，多用"你"，少用"我"，多用"我们"。

　　技巧6：涉及贬抑内容时，避免用"你"作为主语。

2. 建设性沟通策略

建设性沟通是指在不损害，甚至在改善和巩固人际关系的前提下，帮助沟通客体进行的确切、诚实的人际沟通方式。其本质还是换位思考，但需要在此基础上建立与沟通客体良好的人际关系，即所谓的"建设性"。该策略将沟通客体作为重要的人际角色，因此具有沟通目标明确、信息传递准确、改善或巩固人际关系等特征。该策略的沟通问题有三个：第一，受众定位，即受众是谁，需要什么等；第二，自我定位，即信息发送者是谁，能给受众什么等；第三，沟通策略，即受众与信息发送者有什么关系，如何把双方联结为一体等。

沟通案例

一位客户打电话过来，说想签一份订单。市场部把相关报告交到总经理助理小刘的手上。刘助理看了看报告，原来是一家以前与本公司有过业务来往但最后关系破裂的客户。刘助理知道，总经理比较情绪化，他很可能由于双方以前的关系而拒绝这项业务。

于是，刘助理没有立刻向总经理汇报，而是等到总经理心情不错的时候，来到他的办公室。

总经理看见刘助理进来，问："有事吗？"

刘助理说："不是公司的事情，只是自己有点私事，没地方说。"

总经理说："怎么？跟我商量？"

刘助理回答说："是啊。前段时间，上学时候一个关系不怎么样的同学突然说想跟我合伙进行一项投资。我已经计算过了，没啥风险还能赚钱，的确不错。我现在就是在犹豫要不要跟他合伙。"

"这还用想？"总经理哈哈一笑，"以前的事情过去就过去了，赚钱是投资的目的！"

"嗯，总经理你说得是。对了，这里有一份市场部交来的报告。"刘助理说。

结果，总经理顺利地同意了客户的要求。

该案例中，刘助理充分运用了理解尊重对方、弱化紧张气氛、启发对方想象等建设性沟通策略。一般来说，建设性沟通策略包括：第一，以完全性、清晰性、具体性、描述性、逻辑性为要求的基于客观信息的策略；第二，以自我显性、积极倾听为技巧的基于主体定位的策略；第三，以认同性、一致性、周到性为主要特征的基于对象情感的策略。

课后训练与实践

第四节　商务沟通障碍

导入案例

1910年，美军某部传递了一条命令。

少校对值班军官说："明晚8点左右，哈雷彗星将可能在这个地区的天空出现，这颗彗星每隔 76 年才能看见一次。命令所有士兵穿着野战服在操场上集合，我将向他们解释这一罕见的现象。如果下雨，就在礼堂集合，我为他们放一部有关彗星的影片。"

值班军官对上尉说："根据少校的命令，明晚 8 点，76 年出现一次的哈雷彗星将在操场上空出现。如果下雨，就让士兵穿着野战服列队前往礼堂，这一罕见的现象将在那里出现。"

上尉对中尉说："根据少校的命令，明晚 8 点，非凡的哈雷彗星将身穿野战服在礼堂中出现。如果操场上下雨，少校将下达另一个命令，这种命令每隔 76 年才会出现一次。"

中尉对上士说："明晚 8 点，少校将带着哈雷彗星在礼堂中出现，这是每隔 76 年才有的事。如果下雨，少校将命令彗星穿上野战服到操场上去。"

上士对士兵说："在明晚 8 点下雨的时候，著名的 76 岁哈雷将军会在少校的陪同下，身着野战服，开着他那辆'彗星'牌汽车，经过操场前往礼堂。"

思考： 为什么会出现信息误传的情况？

一、沟通障碍的基本内涵

（一）沟通障碍普遍存在

商务沟通的目标是使信息在发送者和接收者之间保持高度的一致，即发送者传递什么内容的信息，接收者就一定能接收到什么内容的信息，且能准确反馈发送者的要求。但是这样的一致性是很难真正实现的：家长告诉孩子要听话，孩子总是会淘气惹麻烦；教师教育学生不懂就问，学生总是一知半解或者不懂装懂；上级告诫员工要努力工作，员工总是不愿每天辛苦加班……大多数人习惯于从自己的角度、按自己的方式与别人沟通，希望对方按自己的要求去做，但结果往往是沟通无效，发生变故。总之，商务沟通过程不可避免地普遍存在着各种障碍。

商务人员要正确对待沟通障碍的特殊性：一方面，要经常提醒自己，每次商务沟通活动都会或多或少的存在着不同的沟通障碍，不要轻视商务沟通的细节，哪怕是看似简单的重复性工作，要深刻分析沟通障碍为什么会产生，有哪些表现特征。另一方面，不能因为商务沟通有障碍就因噎废食、望而却步，或者忽视沟通障碍的存在，片面认为反正不能有效沟通，不如放弃沟通。商务人员要针对不同形式的沟通障碍，采取行之有效的沟通策略，尽量将因沟通障碍造成的损失降到最低，避免类似的沟通障碍反复出现。

（二）沟通障碍的产生原因

1. 沟通过程的复杂性

商务沟通的过程有时很简单，几分钟内几句话就结束了；有时很复杂，需要几天通过各种方式、综合多方信息才能实现。无论沟通过程长短，有效沟通都需经历准确编码＋精确解码的信息传递过程。这个过程的任何一个环节出现异常，都会不同程度地影响沟通效果。

2. 沟通目标的特殊性

商务活动的目标不同，商务沟通的目标也会有所差异。例如，在一次沟通活动中，沟通主体需要实现多个目标，而沟通客体只能达成少数沟通目标；在不同的沟通活动中，沟通主体需要实现相同的目标，但沟通客体因为沟通渠道的多样性而理解为不同的目标。商务沟通目标的特殊性成为产生沟通障碍的主要原因。

3. 沟通参与者的需要度

沟通主体和客体在商务活动中各自扮演着不同的角色，都会根据自己的认知和理解来参与商务活动，这也会造成沟通障碍。例如，某些商家出于提升销售业绩的需要，经常主观营造产品紧缺、流行趋势、购买优惠等信息诉求，故意造成客户的购买紧迫度。

4. 沟通噪声的干扰度

商务活动处处有不可控制的、意想不到的事件发生，并产生影响。商务沟通活动必然受到不同外部因素的制约，沟通障碍的产生也就不可避免了。例如，某次商务谈判进行得很顺利，但是对方突然发生了重大人事变动，这次谈判就可能不是对方的主要工作了。

二、沟通障碍的产生及表现形式

（一）沟通障碍的产生方式

1. 信息发送者：主观性发送

信息发送者的情绪、感受、倾向、判断力、表达力等都会影响信息的传递效果。在商务沟通中，信息发送者发送信息的目的、方式、能力，以及时间、经验局限、信息过滤等环节都体现出主观性发送的特征，尤其表现在以下几个方面。

1）信息发送者根据不正确或不充分的信息形成了对他人的片面甚至错误的看法与认识，即沟通偏见。

2）信息发送者为了达到某种目的，会有意或无意地传递大量的、超出接收者承载能力的信息，即沟通超载。例如，商家为了充分强调产品优点，会在商业广告中传递很多产品的诉求，而消费者却记不住那么多。

📖 沟通案例

A公司是一家化工产品生产企业。公司明文规定不能在生产车间吸烟。

某天，生产主管去生产车间检查，发现有位员工正在抽烟。该员工一看生产主管过来了，赶紧把烟掐灭，并表示歉意。

生产主管说："你这是违反规定的。"

"对，这事是我错了。"员工诚恳道歉。

生产主管说："你得接受处分。"

"我接受批评，我接受处分，下次不抽了。"员工不住地点头。

生产主管又说了一句："你还是先进分子呢。"

员工开始不高兴了，说："先进分子就不能抽烟了？"

生产主管说："你还敢顶嘴？"

"顶嘴？你又不是我什么人，我跟你说话不能顶嘴吗？"

生产主管非常气愤，说："你等着，我饶不了你！"

结果员工干脆又把烟点上了，还把烟圈吐在生产主管脸上，双方冲突不断升级。

3）信息发送者传递了某种倾向的信息，但其自身的行为活动却与之相悖，造成对方接收的信息比较混乱，由此产生了沟通障碍。例如，一个人穿着休闲服来参加商贸公司的正式面试，虽然他一再强调自己适合商务工作，但其着装却向面试考官传递了不适合从事商务工作的信息。又如，某电视台在前一分钟的法制节目中振振有词地宣传"任何与金钱有关的博弈行为都是赌博，应该制止"，但是在下一分钟的广告中又大力鼓吹"欢迎拨打电话、发送短信，参与本台的××有奖竞猜活动"。该电视台两个广告用语自相矛盾，大大降低了其可信度。

4）信息发送者主观上存在着夸大信息内容、渲染沟通氛围的行为，使沟通对象不能真正接收原始信息，即沟通诱导。这也是基于某种沟通目标的需要。

2. 信息接收者：理解性接收

在信息传递的另一端，信息接收者的兴奋点、共鸣性、判断力、记忆力等因素，也会影响信息传达的效果。尤其是在商务活动中，信息接收者表现出来的不良情绪、心理障碍、承受力有限、不当习惯、理解力偏差等特征，都能使信息发送者的原始信息发生很大的变化，主要表现为以下几个方面。

1）信息接收者在解码时由于主观或客观原因，扭曲了信息而按照自己的意图去理解，即沟通曲解。这种曲解有时是无意的，有时是故意的，特别是面对信息发送者的行话、专业术语、方言、外语、有歧义的词语、图像等信息时，发生曲解的概率很高。例如，某著名汽油产品的广告语是"为你的战车增加一只猛虎"。该广告在某些宗教地区播出时产生了麻烦，因为某些宗教的教义中猛虎是崇高的，其他事物都不能与之相提并论。

2）信息接收者在较为专业、强势、有利的情况下，发现了对方的不足、遗漏、缺陷，从而对原始信息、信息发送者都产生怀疑和否定，即沟通置疑。信息发送者有时会对原始信息提出疑问，有时会直接否定原始信息而按自己意图反馈。例如，某产品号称是"本地区最权威、最专业、销售最好的产品"，而某些大客户、业内人士可能会怀疑该产品诉求的动机。

3）信息接收者在不了解、不理智、无耐心、缺少思考、感情冲动、未能体谅对方的情况下，会使信息严重失真，甚至误会对方，即沟通误解。在商务沟通过程中，误解一旦产生，信息接收者就会一直想着对方的各种过错，误会越来越深，以致造成冲突，甚至发展到不可收拾的地步。

沟通案例

在美国的阿拉斯加，流传着这样一个故事：

有一位年轻人，他的妻子因难产而死，遗下一个婴儿。他既忙于工作，又忙于料理家务，没有时间照顾孩子，便训练了一只狗。那只狗聪明听话，能照顾小孩，会咬着奶瓶喂奶给孩子喝。

有一天，年轻人出门去了，留下狗独自照顾孩子。他在归途中突遇大雪，直到第二天才赶回家。到家后，狗闻声出来迎接主人。

年轻人打开房门一看，地上到处是血，床上也有很多血，孩子不见了。狗在身边，满口是血。年轻人发现这种情形，以为狗凶性发作，把孩子吃掉了。大怒之下，他拿起刀把狗杀死了。

之后，年轻人忽然听到孩子的声音，只见孩子从床下爬了出来。他抱起孩子一看，虽然孩子身上有血，但并未受伤。

年轻人很奇怪，不知道究竟是怎么回事，再看看狗身上、腿上的肉没有了。再仔细一看，他发现墙角里躺着一只死狼，嘴里还咬着狗的肉。

年轻人明白了：是他的狗咬死了狼救了小主人，自己却把狗误杀了。

3. 沟通媒介：累积性影响

沟通媒介由于各自的功能和特点，分别扮演着不同的信息载体角色。媒介虽然可分为大众媒介和小众媒介，但是其本身并没有好坏之分。在商务活动中，因为沟通主体的选择使用，以及沟通客体的接受程度，媒介会不断产生信息障碍，甚至会累积性扩张并加深影响。

沟通媒介选择不当是造成沟通障碍的直接原因。例如，对于重要事件而言，口头传达效果较差，因为信息接收者会认为"口说无凭""随便说说"而不加重视。

沟通案例

周五下午，景辉正在忙着杂务，主管过来交代说："下周总经理讲话，让我们部门提供一份发言稿。你今晚辛苦一点，把它做出来。"景辉点点头，心里想："今晚本来预定的游戏又泡汤了。"

17 时 30 分，主管收拾了东西，迈着轻松的步伐下班了。景辉恨不得自己能插上双翼飞走，可是想到要交的发言稿，又是一阵烦恼。他打开电脑，开始写提供给总经理的发言稿。

刚写了没两行，QQ 头像就闪了起来。"周五在哪儿开心呢？"发信息的是景辉的好朋友。

"哪有开心，在公司加班呢！"

"真可怜。我出去玩了，你忙吧。"说完对方便下线了。

景辉越想越气，顺手把 QQ 签名改成了"周五加班的人你伤不起"。

写到 22 时，发言稿总算完成了，景辉拖着疲惫的身体回了家。

没想到，周一迎接他的不是表扬，而是主管冷冷的嘲讽："你 QQ 签名改得不错啊，总经理都关心你的加班情况了……"

多种媒介的信息相互交错有时会导致沟通障碍。当信息通过几种形式传送时，如果相互之间不协调，就会使接收者难以理解信息的真实内容。

📖 沟通案例

前几年，国内某媒体刊登了《高露洁牙膏可能含致癌成分》的报道。内容大意是根据美国最新研究显示，数十种牙膏、洗手液等抗菌清洁品，包括高露洁等品牌的产品，含有化学物质三氯生，这种物质与经氯消毒的自来水接触后会产生三氯甲烷（俗名氯仿或哥罗芳），而三氯甲烷是一种致癌的物质。

随着这则消息的扩散，高露洁在中国消费者心目中的品牌信任度极速下降。新浪网的网上调查表明，88%以上的消费者原来信任高露洁品牌，截止调查时继续使用该品牌牙膏的消费者不到10%。

随后又有媒体称，不仅高露洁牙膏含有三氯生，佳洁士的多合一和茶爽牙膏，以及国内市场上多种功效牙膏及漱口水均含有三氯生。

……

最后某权威媒体通过调查采访发现，事实上并没有一家监管机构发出这种警告。

主持相关研究的弗吉尼亚理工大学土木与环境工程系助理教授 Peter Vikesland 根本就不认同"牙膏致癌"。Peter Vikesland 说："我们绝大部分研究工作采用的是纯化合物，仅仅对实际抗菌产品进行了有限的试验，尚未涉及任何种类的牙膏产品。考虑到三氯甲烷的生成受到温度、三氯生浓度、水中氯的浓度、水的酸度等多种因素的强烈影响，我们认为使用含三氯生的牙膏会出现问题的说法是非常草率的。目前并没有理由发出致癌警告，但应该开展进一步的研究工作。"

所谓"高露洁致癌事件"，其实是由于多家媒体信息传递失真而造成的一起"公共卫生危机"和媒体沟通障碍。

4. "噪声"干扰：客观性影响

"噪声"如同空气中的杂质，客观地成为商务沟通过程中不可避免的干扰物，并一直存在于每个沟通环节中，以技术型、物理型、社会型、心理型等形态发挥着阻碍或促进商务沟通进程的作用。

多数情况下，"噪声"会对商务沟通产生阻碍性影响。例如，某年轻未婚女导购员向顾客大力推销婴儿产品，她可能会由于缺少生活经历而招致顾客产生不信任的心理反应；某员工经常因私请假，不主动承担更多的工作，可能会使上级认为其不能胜任工作而得不到更多的升职机会。但是，在某些特定的情况下，商务人员可以利用某些沟通"噪声"促使商务活动顺利实现预期效果。例如，网络销售企业可以充分运用电脑屏幕的显示误差，营造产品独特的色彩、包装、广告等，以最大限度地吸引消费者。

📖 沟通案例

一位从战场归来的美国士兵在旧金山打电话给父母，告诉他们："爸、妈，我回来了，可是我有个不情之请。我想带一个朋友同我一起回家。"

"当然好啊！"他的父母回答，"我们会很乐意见到他的。"

"不过，有件事情我想先告诉你们。"儿子又继续说下去，"他在战争中受了重伤，少了一条胳膊和一条腿！他现在走投无路，我想请他回来和我们一起生活。"

"儿子，我很遗憾。不过或许我们可以帮他找个安身之处。"父亲接着说，"儿子，你不知道自己在说些什么？像他这样的残障人会给我们的生活造成很大负担。我们还有自己的生活要过，不能就让他这样破坏了。我建议你先回家，然后忘了他。你的朋友会找到属于自己的一片天空……"

父亲没说完，儿子就挂断了电话。

几天后，这对父母接到了来自旧金山警察局的电话，说他们的儿子已经坠楼身亡了。警方相信这只是单纯的自杀案件。

这对父母伤心欲绝地飞往旧金山，并在警察的带领下到停尸间去辨认儿子的遗体。那的确是他们的儿子，但令他们惊讶的是，儿子居然只有一条胳臂和一条腿。

（二）沟通障碍的表现形式

1. 语言障碍

语言作为交流思想的工具，并不是思想本身，而是用以表达的符号系统。由于人们的语言素养和表达能力各有不同，不同的人对同一信息的传递和接收就会产生差异。因此，语言障碍是最直接的沟通障碍表现。

沟通语言一般包括口头语言与书面语言两种形式，在运用时，如果沟通主体与客体的知识不匹配、词汇量不足、措辞不当、筛选输送有异等，都会造成沟通障碍。

肢体行为也是一种重要的语言符号。相对于口头语言和书面语言，它更加隐蔽、更加间接，表达不当更容易产生不同的理解。例如，某领导在滔滔不绝地发表演说，下属低着头，还不时地揉眼睛。这并不意味着下属已经接受了领导的观点，很可能是其在传递着百无聊赖、不满、挑剔的信号。

2. 非语言障碍

语言之外的沟通障碍形式更加多样化，大体上包括经验障碍、组织结构障碍、角色地位障碍、空间距离障碍等，而且这些障碍也是产生语言障碍的重要原因。一般来说，以下几种障碍尤需注意。

1）组织结构的障碍。这可能是商务沟通过程中出现沟通障碍的主要因素。在组织内部，合理的组织机构设置有利于信息传递。但是如果组织机构过于庞大、中间层次太多，那么信息从最高决策层传递到下属单位不仅容易产生信息失真，还会浪费大量时间，影响信息传递的及时性。

2）角色地位的障碍。研究表明，人们一般愿意与地位较高的人沟通，地位的高低对沟通的方向和频率有很大的影响。但是，如果上级与下属间缺乏信任，上级官僚作风严重，习惯用教训的方式与下属沟通，下属就会与上级产生隔阂，隐瞒或过滤掉一些对自己无益的坏消息，以致阻塞沟通的渠道。

3）空间距离的障碍。主管与部属之间、上级与下级之间的空间距离增大，减少了他们面对面沟通的机会，常易导致误解或不能理解所传递的信息，还会使双方之间的误解不易澄清。

三、沟通障碍的破解

（一）基本途径

1. 基本原则

商务沟通活动是一个动态的、反复的过程，沟通障碍主要是在这个过程中产生的。因此，商务人员必须辨别构成沟通过程的各个要素，以明确沟通障碍存在的根源。一般来说，商务人员要根据以下五项原则来消除沟通障碍，即明确沟通目标、传递准确信息、建立适当环境、选择合适渠道、寻求有效反馈。

2. 积极反馈

为了确保沟通的双向性，企业必须建立完善的反馈机制。没有反馈的沟通不是完整的沟通。无论作为信息发送者，还是作为信息接收者，企业管理者都应鼓励商务人员积极反馈，特别是要鼓励那些胆小怕事或腼腆羞涩的商务人员主动反馈。例如，商务人员可以运用以下这些话："你能为我提供更多有关××××的信息吗？""你已告诉了我一些值得考虑的事情，还有其他想法吗？""说得很好，请继续。"另外，商务人员应善于从对方的表情中获得反馈信息。表情是潜意识的感情流露，这种反馈信息有时是最真实、最可信的。例如，对方眼睛不停地转动，表明他无心交谈或者他认为交谈无关紧要，这时商务人员就应该调整沟通进程或转移话题等。

沟通反馈应是积极主动的，所以某些信息并不是真正反馈。例如，关于他人言行的正面或负面意见不是反馈，这只是主观认知和批评，而不是积极的鼓励或建议；对于他人言行的解释不是反馈，这只是一种复述，没有鼓励也没有建议。

3. 一般途径

破解沟通障碍必须寻根溯源，剖析障碍产生的原因，无论是沟通主体没有过滤信息，还是沟通客体缺乏对对方的信任，抑或是沟通环境的"噪声"太复杂等。值得注意的是，有些沟通障碍是无法根除的，如因社会地位不同造成的信息传递不对称等。因此，分析问题的根源是破解或减轻沟通障碍影响的必由之路。

商务人员要善于运用沟通策略来消除沟通障碍。沟通主体要按照预设目标对沟通信息进行筛选、加工，进行必要的分类和序化，运用契合对方心理习惯的表达方式，积极采用沟通主体策略。沟通客体应端正沟通心态，以实事求是的态度对待沟通，善于倾听，学习有效反馈技巧，进行必要的注意力管理。

（二）沟通品质

养成良好的沟通习惯是商务人员消除沟通障碍的主要途径，而良好沟通习惯的养成主要来自沟通品质。沟通品质是通过一定途径形成和发展起来的相对稳定的心理、道德等基本修养。沟通知识和技能可以通过学习、训练获得，而沟通品质的培养更具有软性化、复杂化等特点，耗费时间较长。沟通品质的培养没有捷径，需要商务人员不断付诸实践。

1. 理智

商务沟通不仅需要热情和激情，还需要理智和冷静。面对各种各样的沟通障碍，商务人员只有理智地控制自己的情绪才能有机会寻求适当的解决方案。实践证明，商务沟通要想顺利开展，不仅靠商务人员的才能，更重要的是商务人员必须具备一种能在各种不利条件下调整心态、控制情绪、勇于坚守的心理素质。

2. 诚信

诚信既是商务人员的职业素养，也是商务沟通活动的基本准则。"听其言，观其行"就是指商务沟通活动不仅要"说"，更要"做"。商务人员要在日常的工作和生活中，做到表里如一、言行一致、说到做到。

3. 友善

商务沟通本质上是一种人际交往，这就要求商务人员要设身处地为他人考虑，自己不愿意做的事情不要强加于人，自己希望做成的事情要先帮助他人完成。商务人员要与人为善，待人宽厚真诚，尊重他人，用真挚的情感来维系沟通。

4. 应变

商务工作不断变化，沟通活动也会随之发生变化。沟通主体可能随时变成沟通客体，沟通障碍也可能变成沟通有利条件。商务人员不能一成不变地使用相同的沟通策略，必须培养随机应变的能力，以解决不断出现的沟通障碍。

课后训练与实践

◆ 第二单元　商务个体沟通与商务群体沟通

📖 学习目标

1. 掌握商务个体沟通的内涵及沟通原理，合理运用沟通技巧。
2. 掌握商务群体沟通的内涵及沟通原理，合理运用沟通技巧。

第一节　商务个体沟通

▌导入案例

某跨国企业拟对管理层的薪资进行调整，中层经理人员的年薪提高到了 10 万美元左右。对此，企业员工有不同的意见和行为方式。

思考型员工说："公司每年要给中层经理人员 10 万美元的薪资，这太离谱了吧？想当年，他们和我们处在相同的职位时，他们的薪资只有这个数字的一半，而他们从来没有抱怨过。"

情感型员工说："中层经理人员总是一再要求提高薪金，难道他们就没有办法从做好工作方面获得满足吗？"

外向型员工不需要公司负责人出言相询，便会主动找到负责人，坦率地把自己关心的事情说出来。

内向型员工则一直保持缄默，把自己所关心、担忧的事情深藏心中。

……

思考：公司管理层应该如何与这些不同类型的员工沟通？

一、商务个体沟通的内涵

（一）沟通个体与个体沟通

沟通个体就是个体沟通对象，即在商务活动中，所有参与沟通的个人。在组织中，个体沟通构成了组织沟通的基本内容。在一般意义上，组织中的个体沟通是指组织的个体成员相互传递相关信息以促成行为与目标相互协调并与组织目标相一致的过程。另外，个体沟通是由人的自利行为的客观性和多样性决定的。

（二）个体行为

1. 性格与行为

瑞士心理学家卡尔·古期塔夫·荣格于 1931 年提出了人格类型的概念。他认为，如果一个人的心理能量、兴趣和注意力一般指向外部，指向他人或外部刺激，其行为主要由外界事物而不是他们个人的思想感情所引导，那么这个人主要属于外倾的人格类型；如果一个人的兴趣和注意力一般指向内部，指向自己的思想和感觉，其行为由主观的、个人的、内部的东西所决定，那么这个人就属于内倾的人格类型。根据沟通个体在思维、情感、感觉和直觉哪一方面占有优势，将个性类型可分为八种：外倾思维型、外倾情感型、外倾感觉型、外倾直觉型、内倾思维型、内倾情感型、内倾感觉型、内倾直觉型。例如，外倾思维型的人，既是外倾的又是偏重于思维的。

典型外倾的人有毅力，富进攻性，容易冲动，性格开朗，对外界刺激反应明显，遇事能迅速作出决定；在公众场合下觉得愉快，善于社交，乐于成为众人关注的焦点。这类人具有好交际、善社交、渴望刺激与冒险、粗心大意和爱发脾气等特点。

典型内倾的人性情羞怯，喜欢独处，情绪不外露，喜欢幻想和沉思，做事犹豫不决。这类人具有好静、不善社交、性格冷淡、不喜欢刺激、深思熟虑，以及喜欢有秩序的生活和工作、极少发脾气等特点。

每个人都具有内倾和外倾两种特性，但多数人总是其中一种特性占优势。研究表明，多数人属于中间类型，即两种倾向近于平衡，极端内倾和极端外倾的人是很少的。近年来，专家宁可用形容词"内倾的"和"外倾的"，也不用名词"内倾者"和"外倾者"。因为一个人在某种情况下，其行为可能是外倾的，而在另一种情况下可能是内倾的，不能把一个人的全部行为只归结为外倾或内倾一种。外倾和内倾表明一个人的基本态度，它们对人的行为具有决定作用。

本节"导入案例"中的内向型员工往往等着公司管理者去询问他们，他们才肯开口说话，他们心中若怀有不满，多少会向询问者透露一些。因此，为确定对方有无未曾表明的关心事项，管理者应先提出若干不太有威胁性的问题，如："你有什么看法？如果我们决定进行这项薪酬调整，你觉得满意吗？"如果对方回答"不行。我觉得公司准备推行的薪资方案明显高于其他公司"，管理者切莫感到意外。

2. 性别与行为

归纳起来，男性和女性在沟通方面的差异主要表现在以下几个方面。

（1）沟通目的不同

受扮演的社会角色的影响，男性和女性的沟通目的往往不同。沟通中的亲密性和独立性是存在一定冲突的，亲密性强调融洽和共性，独立性则强调个体之间的差异。对于大多数男性来说，沟通是保护独立性和维持自己在社会格局中等级地位的手段。所以，他们常常运用语言吸引别人对他们的注意力，如使用建立地位的独立性语言，让自己居于团体的中心。而对于大多数女性来说，沟通则是建立亲密关系的重要方式。女性偏向风趣的社交形式，常常使用建立联系和亲密性的语言，以维持亲切可人的形象。

（2）沟通内容不同

男性常常抱怨女性总在不断谈论自己的问题，女性则常常责备男性从不认真倾听。其实，当男性听到一个问题时，他们常常要维护自己的独立性，并通过提出解决方案的方式来维持自己的控制力。然而，很多女性却把提出问题作为一种增强亲密感的手段。女性提出问题是为了获得支持或增进联系，而不是为了获得男性的建议。相互理解反映了一种平等关系，但提供建议却象征着不平等关系——它使提供建议者处于上位，因为他更有知识、更符合情理，也更有控制力。这导致了男性与女性在沟通中存在很大差异。

另外，女性在描述事物时，通常较为详尽，并且注意细节，这种差异常常成为两性沟通冲突的来源：男性认为女性太琐碎，注重细枝末节，抓不住重点；而女性则认为男性过于草率，粗枝大叶，思考问题不够全面。国外的研究也发现，沟通中除了内容详细程度有差别外，女性在表达自己的看法时会使用很多形容词；男性则更强调个人的看法，并经常使用诅咒或发誓。所以，男性也许不能理解女性为什么会将"阳光照在树上"这一单纯的情境描述成"午后可爱慵懒的阳光从叶缝间洒落"，而女性也很难认同男性常常使用的直白的语气助词。

（3）沟通方式不同

常见的沟通方式有非合作性的和合作性的两种，前者包括打断、沉默、转移话题、拒绝、否定等；后者包括提出建设性的问题，为对方提供继续阐述的机会。由于关心人际关系，女性常常使用合作性沟通的方式，当合作性的女性与非合作性的男性沟通时，很容易使对话变成男性不断陈述他想要说的话的独角戏。研究者在语言与性别的研究中也发现男性经常打断女性的谈话。打断他人谈话是一种非善意的举动。当女性以合作的态度支持男性时，她便不能将自己的观点带进讨论里，这时她会更像球赛中的拉拉队员或观众，而不是对方球员。

在沟通过程中，男性常常比女性更直截了当。例如，男性可能会说："我想你在这一点上是错的。"女性则可能会说："你看过市场部在这一问题上的调查报告吗？"（言下之意是这份报告会指出你的错误所在）男性认为女性表达不够直接，但真实原因是女性不像男性那样直接表现出对地位的关心，而是更加关心人际关系的和谐与维持，所以喜欢用委婉的表达方式。这也可以解释为什么女性常常采用试探性的语言，如"这场比赛很精彩，对不对"；使用比较礼貌和留有余地的语言，如"我猜""或许""我不知道这样对不对"；使用祈使句，如"如果不是太麻烦你……如果你不介意……"

这些表达方式显示了女性的细心与礼貌，降低了她们与他人发生冲突的可能性，但有时会显得不够自信和没有主见，也会使他人忽视了她们的意见和想法。相对而言，男性比较果断的沟通方式虽然显得很有力量，但女性可能会觉得这样不够礼貌，忽视他人的感受，因此感到不愉快。

（4）非语言沟通的差异

非语言信息是指在与他人进行沟通时，除了语言，双方的表情、肢体动作等所传达的信息。非语言沟通包括目光接触、面部表情、肢体语言及声音四类。研究显示，男性与女性在运用非语言信息表达个人感受与解读非语言信息的能力上也大不相同，女性在这方面普遍占有优势。所以，有时女性会觉得已经用非语言的方式对某事发表了看法，但男性却没有回应或无法了解，这时女性会认为男性不是故意装作不理解就是反应迟钝。

沟通案例

在一间咖啡屋里有这样一幕情景：

男士问："王小姐常到这里坐吗？"

女士答："是的"。

"这地方很不错，可惜每次不易找到空位"。

"是的。"

"××咖啡室和这里差不多，王小姐也常去吗？"

"很少。"

"你是不是觉得在外面喝咖啡比在家里喝别有风味呢？"

"差不多。"

男士似乎有些着急了，只好换了个话题。他想给女士递上一份点心，问她爱吃咸的还是爱吃甜的。

"随便。"女士回答。

"肉松饼如何？我看许多人喜欢吃咸的"。

"也好。"

男士还是没有办法，就又换了一个话题："王小姐常看电影吗？"

"是的"。

"《小妇人》这部电影看过没有？"

"看过了。"

"你觉得这部电影怎么样？"

"还好。"

"你爱看国产电影还是外国电影？"

"都差不多。"

"在最近看过的影片中，你对哪一部比较满意？"

"很难说。"

男士无话，去与其他人交谈了。

3. 气质与行为

气质是反映个体心理活动的典型、稳定的心理动力特征。气质受先天因素影响很大，它反映了个体的自然属性，无好坏之分。每种气质类型的人都能做好自己的本职工作，但是不同气质类型的人所付出的努力不同。各种气质类型的沟通心理特征如表 2-1 所示。

表 2-1　各种气质类型的沟通心理特征

气质类型	沟通心理特征
胆汁质	直率、热情，精力充沛，情绪发生快而强，语言动作急速而难以自制，心情外露，暴躁，易怒，缺乏耐心
多血质	活泼好动、敏捷，表情丰富，情绪发生快而多变，适应环境能力强，善交际，注意力易转移，具有外倾性，浮躁、轻率
黏液质	沉着冷静，稳重，言语、动作缓慢，沉默寡言，善于忍耐，自制力强，情绪发生慢而弱，注意稳定但不善于转移，内心想法少外露，坚毅，执拗，淡漠
抑郁质	柔弱、易倦，孤僻，做事小心谨慎，胆小，多疑，感情细腻，情绪发生慢而强，观察敏锐，富于想象，忸怩，具有内倾性，言语动作细小无力，迟钝

如本节"导入案例"中，面对表现出多血质气质的思考型员工，管理者恰当的回答是："你和他们职位一样，已经是 20 年前的事了。那时候一部车子才卖 3000 美元，房屋的售价也只是现在的 1/3。所以比较起来，中层经理人员年薪 10 万美元，即使没有比你当年所得更少，顶多也是一样罢了。"当表现出胆汁质气质的情感型员工提出自己关心的事项时，管理者在回答他们时重点应放在达成沟通后大家所获的利益上，如"经理人员对于自己的工作很尽责。我们从事一份工作除了为获得精神上的满足，也必须考虑到财务因素啊！如果不付给经理人员合理的薪水，相信就没有人愿意担任这个职务。"

沟通案例

吕伟是一家涂料厂家的销售员，该厂生产的新型绿色环保涂料，获得了发明专利，并在市场上崭露头角。不久之后，吕伟获得了同某大型建筑公司负责人熊经理面谈的机会。

熊经理本来认为，这种小厂的业务员肯定没见过什么世面，不如先用气势压倒他，以便压低价格。于是他高傲地靠在椅背上，对吕伟说："你们的厂名我都没听说过，怎么想跟我们合作？"

吕伟表面谦卑，实则话中有话地说："是啊，贵集团从当年的乡镇企业发展到现在的规模，的确不是我们这种小厂能比的。"

熊经理听懂了话里的意思，尴尬地笑了笑，端正身体，说："其他不说，你们的产品看起来也没什么特殊的，我们完全能找到价格更低的代替品。"

吕伟说："据我所知，现在客户对环保的要求越来越高。我们的产品价格可能不便宜，但环保指数绝对是业内顶尖的。因此，我们很有自信，即使贵集团不用，将来也能占据更大的市场份额。"

这些话说到了熊经理的心坎上，他改变了态度，笑着说："吕先生，你很厉害，我愿意与你合作。"

最终，双方签订了合作协议。

二、商务个体沟通的有关建议

（一）上行沟通

所谓上行沟通，就是与自己的上级沟通。在工作中，每个商务人员都免不了要和上级打交道，而如何与上级进行沟通堪称一门艺术。一方面，需要通过组织规定的书面或口头报告形式，或者态度调查、座谈会、意见箱等鼓励性沟通途径来进行上行沟通。另一方面，与上级沟通一定要讲究方式方法。

1. 分析上级的行为方式

上级的行为方式是一种具有权威性与结果性的组织行为方式和社会行为方式，是上级领导主体以其特定的作风、习惯、性格、态度、倾向、思想和教育素质在特定的领导环境制约下形成的，对领导客体作出反应并施加影响的基本行为定式。

上级领导按照性格，可分为专制型上级、民主型上级和放任型上级；按照权力的控制程度，可以分为集权式上级、分权式上级和均权式上级；按照管理重点，可以分为重事式上级、重人式上级和人事并重式上级；按照办事风格，可分为专断式上级、民主式上级和放任式上级。

一般来说，风格强硬的上级往往对琐事不感兴趣，他们充满竞争的心态，做事实际、果决，旨在求胜，在态度上表现得较为强硬，要求下属必须服从。与这样的上级打交道，下级要遵循简、快、直、恭的沟通要点。善于互动的上级凡事喜欢参与，喜欢与他人交流，同时喜欢享受下级对他们的赞美。与这样的上级打交道，下级要遵循夸、亲、面的沟通要点。尊重事实的上级为人处事自有一套标准，具有理性思考能力，重逻辑而反对感情用事，喜欢弄清楚事情的来龙去脉。与这样的上级打交道，下级要遵循核、直、细的沟通要点。

2. 上行沟通的原则

（1）尊重而不吹捧

尽管许多上级不反对下级讨好奉承，但他们更喜欢那种工作踏实、作风正派的人。如果你把上级交代的每一件事都办得井然有序，然后说几句上级爱听的话，比起那些只会溜须拍马却不干实事的人，上级更希望提拔你这样的下属。

（2）请示而不依赖

该请示的不能擅自作主，该作主的不能事事依赖上级，商务人员要把握好这个度。随时随地向上级请教是理所当然的，也更易获取上级的好感。有责任感的上级，很希望下级来请教自己。如果下级假装什么事都懂，从不向上级请教，那么他就会怀疑"这个人真的了解吗"，进而感到担心。

下级不能事事请示，遇事没有主见，大小事不作主，这样上级会觉得下级办事不力，顶不了事。该请示汇报的必须请示汇报，但绝不要依赖、等待。向上级请教的问题，不能是一些过于琐碎的小事或基本的常识问题，否则，上级会怀疑你的工作能力。商务人员在提问题时应尽量附上自己的意见，让上级觉得你已经思考过并试图解决问题。

（3）主动而不越权

商务人员对工作要积极主动，敢于直言，善于提出自己的意见，而不能唯唯诺诺、一味顺从。作为下级，在接受上级布置的任务时，若拖拖拉拉、迟迟未果，上级就会怀疑你的工作能力和办事效率。

商务人员在处理同上级的关系时要克服两种错误认识：一是上级说什么是什么，叫怎么做就怎么做，好坏没有自己的责任；二是自恃高明，对上级的工作思路不研究、不落实，甚至阳奉阴违、另搞一套。下级的积极主动、大胆负责是有条件的，要有利于维护上级的权威，维护组织内部的团结，在某些事情上不能擅自超越自己的职权。

3. 上行沟通的建议

（1）选择恰当的沟通时机

刚上班时，上级工作繁忙；快下班时，上级疲倦心烦；上级心情不太好时，难以细心静听……这都不是沟通的好时机。那么，什么时候沟通比较合适呢？一定要抓住上级的闲暇时机，即时间充分、心情舒畅的时候。例如，上级刚刚处理完某项工作，有一种如释重负的感觉。此时，商务人员适时、委婉地提出自己的意见，会比较容易得到上级的重视和认可。或者午休结束后的半个小时，上级经过短暂的休息，体力和精力得到恢复，也比较容易听取下级的建议。同时，在某项工作的过程中、结束后，商务人员都应及时与上级沟通，做到勤工作常汇报。

另外，商务人员在非正式场合向上级提出意见，显得比较随意，上级不必作出回应，这样有较大的回旋余地。双方都可以采取"有则改之，无则加勉"的态度。上级认为应该接受，自然会认真对待，若难以接受则可置之不理。总之，轻松的气氛可以消除沟通障碍，使上下级的信息沟通在一种融洽的气氛中进行。

沟通案例

某公司总经理刘某，爱动脑、爱动笔，常常自己动手起草讲话稿。

一天，他兴致勃勃地念自己刚起草的讲话稿，让王秘书给他提意见。他特欣赏一组句子："理论与实践相结合，才能检验认识的硬度，测量认识的深度，眺望认识的广度，攀登认识的高度，燃烧认识的热度。"

王秘书对刘总经理的文笔大加赞赏，并讲到了排比句在讲话中加强语气的修辞作用，在场的几个同事也都说刘总经理写得好。

刘总经理踌躇满志地回到自己的办公室，过了一会儿王秘书进来了，微笑着说："刘总，您真是文思泉涌、一气呵成啊！刚才我又想了一下，觉得有个地方是不是要改一改？"

刘总经理摊开讲话稿，叫王秘书直说。王秘书委婉地说："那个排比句是不是长了一点？有两处读起来不那么顺溜，有三个排比句就可以了——检测认识的深度，拓宽认识的广度，攀登认识的新高度。不过，我也是瞎琢磨，不知合适不合适。"

刘总经理沉吟片刻，连声叫好："改得好！还是我们的笔杆子高明！"

（2）做充分的沟通准备

上级对某项工作提出疑问后，如果下级事先毫无准备，或者准备不充分，缺乏有力的论据，回答时吞吞吐吐、前言不搭后语，甚至自相矛盾、漏洞百出，经不起上级的询问，不仅不能让上级信服，还会给上级留下不好的印象。因此，商务人员应事先设想上级会提什么问题，自己该如何回答。

商务人员不仅要设想问题更应解决问题。一方面，商务人员要拟订详细的工作计划，具体阐述行动方案，尤其是对工作进度要给出明确的时间表，以便上级进行监控。另一方面，商务人员要多准备几个备选计划，既不能让上级感到除了接受你的建议外别无选择，也会显得你做事严谨周密，考虑问题全面仔细，更为重要的是给上级提供充分的选择余地。

对某项工作的建议，如果只凭嘴说，或者只是空洞的计划，没有太大的说服力。只有摆明利与弊，用事实加以证明，才能让上级认为下级不是主观臆断。因此，在与上级沟通前，商务人员应先收集整理好有关资料，做成书面材料，借助图表，增强说服力。

（3）传递合适的沟通信息

上级很赏识那些有主见的下级。所以，商务人员应该发出自己的声音，提出自己的想法，不要人云亦云。

在与上级交谈时，商务人员一定要简明扼要、突出重点，尤其是上级关心的问题，商务人员要做到言简意赅、结论清晰，不要东拉西扯、言之无物。其实，上级在听取你汇报的同时也在考查你的工作能力和工作作风。

如果同事得到了上级的赏识，那么你不应嫉妒他，反而应给予由衷的赞美。在职场中，善于欣赏同事的长处，会使上级认为你富有团队精神，也会给你更多的信任。

上级询问某项工作的情况，你若不知道如何作答，千万不要说"不知道"，"让我再认真想一想，稍后给您答复"的回答不仅能暂时给你解围，也会让上级认为你不草率行事，是个三思而后行的人。当然，你也要记得及时回复上级。

📖 沟通案例

某公司总经理在抓好公司业务的同时，结合自己的工作实践出版了一本名为《经商之道》的书。

一个部门经理这样称赞道："您在企业工作真是一个错误的选择，如果您专门研究经营管理，我相信您一定会成为企业管理的专家，会有更加突出的成果问世。"

总经理听完部门经理的一席话，不满地说："你的意思是说我不适合做公司的总经理，只有另谋他职了？"

见总经理误解了自己的话，本来想给总经理"戴高帽"的部门经理连忙解释说："不，不，不，我不是这个意思，我是说……"

幸好秘书过来替部门经理打了个圆场，说："部门经理的意思是说您是个多才多艺的人，不仅本职工作抓得好，其他方面也非常出色。"

（4）运用有效的沟通方式

在沟通过程中，采取迂回战术易使对方接受你的意见。当你的主张跟上级相悖时，应注意收敛锋芒，以委婉谦虚的口气表达意见；即使你的意见是正确的，也要以谦和得体的藏锋式语言维护上级的威信，让上级悦纳。但是，话说得太委婉也不行，有时话语转弯抹角会使上级觉得你油嘴滑舌、不诚实。

一般来说，上级不太喜欢平庸无能的部下，所以直接或间接地让上级了解你的工作能力显得非常重要。一方面，商务人员必须善于领会上级的意图。如果一件工作需要上级反复交代，直到他明确说出自己的意图时你才"茅塞顿开"，那么就会显得你的能力有限。另一方面，上级布置的工作不仅要一丝不苟地对待，还要圆满完成。除此之外，商务人员还要学会用自信心去感染上级。试想一下，如果下级表情紧张、局促不安地对上级说："经理，我有信心完成这项工作。"上级肯定从他的肢体语言中读出了"不自信"这三个字，因此不敢相信他的建议。

商务人员应勇于承认自己的过失，诚恳地接受批评，而推卸责任只会使自己错上加错。受批评时的辩解不仅于事无补，反而会让上级质疑你的工作态度。即使有充分的理由，商务人员也不要辩解，只能低头说"对不起"以表示歉意。承认过失也有诀窍，就是不要所有的错误都自己扛。面对上级的批评或责难，不管自己有没有错误，商务人员都不要将不满流露在脸上，要让上级知道你已理解他的意图，不卑不亢会让你看起来自信而稳重。

沟通案例

漂亮聪慧的 A 小姐大学毕业一年多，在一家广告公司担任广告策划，工作利落，深得上级赏识。

一次，上级交给她一项重要的工作，就是按上级的既定思路拟订一个详细的广告策划方案。这是一家大型房地产公司的项目，该项目对本公司的发展极为重要。为此，上级先提出了策划思路，让她按这个思路拟订广告策划方案。

A 小姐很不解，她想："以前顶多是上级提个要求，自己拟订的广告策划方案都能得到上级称赞，难道现在上级对自己不够放心，不相信自己的能力？"而且她发现上级的思路有一个致命的错误，作出的广告策划方案肯定会遭到客户的拒绝。

于是，A 小姐找到上级。当时上级正在和公司领导开会，她当着众人的面直截了当地说："你的思路根本不对，应该……"这让上级感到很难堪。结果，上级把拟订广告策划方案的工作交给了 A 小姐的同事。

尽管最终的广告策划方案不是按上级预先的思路拟订的，但 A 小姐的那位同事没有像她那样直接顶撞上级，而是私下同上级做了沟通，上级主动修正了原有的思路，结果自然是皆大欢喜。

（二）平行沟通

平行沟通即横向沟通，是指平级之间的沟通。因为处于平等的地位，沟通双方很容易产生互不服气的心态。如果处理不当，沟通双方就会出现相互推诿、缺乏配合意识的情况。正因如此，平行沟通对沟通双方的沟通能力提出了很高的要求。

1. 平行沟通的原则

在平行沟通中，沟通双方除了要遵守一般性的尊重、理解、宽容、坦诚、互动、渐进等原则外，还要遵守以下几个重要原则。

（1）乐观

商务人员要以积极乐观的心态去面对问题，而不应消极逃避。乐观会增强商务人员解决问题的信心，支持商务人员为解决问题而不懈努力。悲观则会使商务人员失去信心，放弃努力，以致遭受事业的失败。

（2）从容

商务人员要善于从容面对敏感信息。不少人在面对同事冷漠的面孔时，会感到不安。遇到这种情况，商务人员可以对自己说："他的缺点是不懂得善待别人，我没有这个缺点，我更受朋友欢迎。"这样的自我安慰可以让心情得以舒缓。即使受到同事的责难，商务人员也要控制情绪，耐心倾听，接受其中合理的成分；对于同事的误解，应在合适的场合进行解释。

（3）分享

在与同事沟通的过程中，商务人员要善于分享，将自己在工作中积累的心得体会和成功做法无私地传授给同事，以实现共同进步。同时，商务人员也要善于帮助同事，当同事在工作中遇到困难时，不应袖手旁观，而应主动提供有益的建议。

（4）坚持

在平行沟通中，商务人员面对不同部门的沟通对象，应持积极合作的态度，在坚持原则的前提下申明自己的立场，坚决维护自己的权利。在工作遇到严重挫折时，商务人员不要心灰意冷，即使当前没有有效的解决办法，也要相信自己，只要坚持不懈，就一定会使问题圆满解决。

（5）团队协作

在商务活动中，团队协作是一种为达到组织预定目标所展现出来的资源共享和协同合作的精神，它可以调动团队成员的全部聪明才智，并消除所有不和谐、不公正的现象，对表现突出者及时予以奖励，从而使团队产生强大而持久的力量。

（6）距离

有人把人际交往的距离准则比作"刺猬理论"，即两个刺猬，如果靠得太近，就会被各自身上的刺扎伤，如果离得太远又不会得到温暖。平级相处也是这样，并非越密切越好，过于密切会使彼此受到伤害。只有双方保持适当的距离，让彼此拥有适当的私人空间的沟通才是对双方有益的。

🔊 沟通案例

小杨近来的情绪很不好，因为她在竞争办公室主任一职时失败了。

本来，小杨工作表现相当好，经常获得奖励。前不久，办公室主任升职了。临走前，主任向上级部门推荐小杨接任自己的职务。

上级部门向小杨所在办公室的同事做了一个秘密调查，找了几个人谈话，无意间提到了小杨几次，结果他们大都说小杨"抠门""自私""不合群""孤傲"等。结果，上级部门任命另一个人缘好但业绩一般的同事担任办公室主任。

小杨为什么不受欢迎呢？原来，小杨的工作能力异常突出，经常被评为优秀员工，经常获得奖金。有一次，一个同事吵着要她请大家去吃大餐，但是小杨认为奖金是自己的劳动所得，没有必要请大家，于是就拒绝了。谁知，她这一举动导致整个办公室的同事都对她有了看法。最让大家受不了的就是开会时，小杨在发言中往往只提自己的功劳，而同事们的配合和帮助却只字不提，于是一些同事便想办法找机会"整治"她。

有一次，小杨联系的一个客户打电话来找她，她刚好又出去了，一个同事居然在电话里说："公司没有小杨这个人！"经过这件事，小杨与同事的关系越来越僵了。

2. 平行沟通的建议

有效的平行沟通可以使办事程序和手续更加简便，节省工序和时间；可以增进平级同事的了解和协调，消除相互之间的冲突；可以增进团队内部的合作和协助，培养团队精神，克服个人本位主义的弊病。综上，对平行沟通的建议如下。

（1）切勿推卸责任

有些商务人员缺乏集体观念，不能从组织利益出发，不愿承担责任，结果工作效率低下，而且团队成员间关系恶化。此时，无论哪方有错，商务人员都要勇于主动承担一部分责任，推卸责任只会错上加错。

（2）切勿背后议论

在沟通时一定要注意讲话的内容，哪怕是对比较信得过、合得来的同事也不要信口开河。商务人员向同事谈及自己对公司、领导、其他同事的负面看法，对于问题的解决非但没有帮助，反而会给自己带来麻烦。

（3）切勿满腹牢骚

有的商务人员不管在什么环境中，总是怨天尤人，逢人便大倒苦水。尽管偶尔推心置腹的诉苦可以营造有利于平行沟通的氛围，但同事没有为你保守秘密的义务。一些话若被上级得知，很容易产生误解，使你成为上级心中的"问题员工"。

很多刚刚毕业的大学生将在大学里养成的说话习惯带到工作中来，想说什么就说什么，动不动就对公司制度提出质疑，结果只能给人留下眼高手低、志大才疏的印象。

（4）切勿过分表现自己

在商务活动中要想做出成绩，需要适当表现自己的能力，让同事和领导看到你的卓越之处，这也是适应挑战的必然选择。但是表现自己要分场合和方式，特别是在众多同事面前，如果只有你一个人表现得特别积极，往往会被认为做作、虚伪，效果往往适得其反。真正懂得表现自己的人，常常既表现了自己又不露声色。商务人员不要总是以自己为中心，讲话时多用"我们"少用"我"，对自己要轻描淡写，要谦虚谨慎。

（5）切勿结派错位

平级同事之间要保持良好关系，但是不要拉帮结派。若形成小圈子，很容易引发圈外人的对立情绪。另外，平级同事之间的事应当通过平行沟通解决，若通过上级或其他人进行沟通，常常会把事情弄得更加复杂，造成当事部门之间、同事之间关系的紧张。

沟通案例

　　小张是一家大公司的高级职员，工作积极主动、热情大方。但是有一天，一个小小的动作却使他的形象在同事眼中一落千丈。

　　当时在会议室，许多人等着开会。其中一位同事发现地面有些脏，便主动拖起地来。而小张一直站在窗台边往楼下看，突然他疾步走过来，叫那位同事把手中的拖布交给他。同事不肯，但小张执意要，那位同事只好把拖布给了小张。

　　刚过一会儿，总经理推门而入，看见小张正拿着拖布一丝不苟地拖着地板。

　　从此，同事们再看小张，就觉得他虚伪了许多，小张以前的良好形象被他的这个举动破坏得一干二净。

（三）下行沟通

　　下行沟通即与自己的下级沟通，是组织中信息从较高的层次流向较低层次的沟通过程。一个优秀的管理者，与下级沟通总是很顺畅的。下行沟通一般以命令方式传达上级决定的政策、计划、规划之类的信息。有经验的管理者会针对下级性格、情绪的不同，有的放矢地进行沟通。

1. 下行沟通的原则

（1）人格平等

　　上级在心理上必须认定下级是自己的重要伙伴，是为自己执行任务、落实责任、帮助自己成功的人；不可以认为下级低自己一等，不可以盛气凌人、高高在上的姿态与下级沟通。用平等的态度与下属沟通，显得亲切、有人情味，容易唤起对方表达的愿望。平等的态度要求上级在语言内容、语气声调、肢体动作等方面尊重下级。

（2）民主信任

　　对于某个问题，当下级有不同的意见时，上级应允许下级提出疑问，不要武断地否定不同的意见。在给下级下达命令时，上级要给下级尽可能大的自主权，遇到问题时共同探讨情况、提出对策，而不是抛出问题，只追求结果。

（3）涵养承担

　　上对下沟通时，下级通常会主动礼让三分以示尊重。但是下级也有情绪不好的时候，上级也有着急的时候。此时，上级就应该表现得更有涵养，不要厉声指责，尤其避免"色难"行为（态度不好以一副冷脸色面对下级）。若伤了和气引起意气之争，一定要忍耐，不要发火，最要紧的是不要有错不认、死要面子。敢于向下级认错的管理者更能得到下级的信任。

2. 下行沟通的建议

（1）积极倾听

如非紧急情况，上级应该是说最后一句话的人，而不是说第一句话便作出决定的人。

通过积极倾听，上级可以获取重要的信息；可以感受到下级的情感，缓和下级的自卫意识；可以激发下级的谈话欲望，促使下级的思维更加活跃；可以使自己的要求得到下级的认同，甚至使下级产生知音的感觉。倾听中，管理者能发现下级的立场和弱点，充分了解下级的需要和见解，这样才能有效地说服下级。所以，养成让下级主动沟通的好习惯，对下行沟通十分有利。

（2）广开言路

什么话都听得进去才可能广开言路，这就需要管理者有很高的修养，善于利用不同的沟通渠道，如会议、汇报、传真、函件等。有效地使用多渠道内部通信系统的关键是使信息简单化。上级应该学会借力而不是什么事都亲力亲为，一定要从办公室走出来，抱着真诚的愿望和下级进行双向交流。另外，上级还需及时向下级反馈信息，这不但可以缓和由于谣言引起的紧张关系，还能在上级和下级之间建立紧密的联系，防患于未然，避免下级因为不能及时得到准确信息而产生各种各样的猜想。

（3）传达命令

命令是上级对下级特定行动的要求，目的是让下级按照上级的意图完成特定的行为或工作。为了确保政令畅通，首先，上级必须正确地传达命令，不能笼统含糊，不能让下级去猜测上级的意图。其次，要突破"命令—执行"的固有认识，想方设法让下级愿意接受并愿意执行任务，如利用友善的态度让下级明白工作的重要性，给下级更大的自主权，征询并提供建议让下级自愿执行。最后，要保持下级执行命令的热情。对下级的工作，上级一般不应过多干涉，但应了解和关心工作的进展情况。尤其当下级遇到问题和困难时，上级要给予物质和精神的帮助。

（4）表扬下级

当下级很好地完成任务时，要适时、适度地给予表扬。首先，表扬下级的态度要情真意切，是发自内心的，不要做表面文章。其次，表扬内容要翔实具体。表扬时不要张冠李戴或无中生有，一定要针对某个具体的事情，实事求是地予以表扬。最后，要注意表扬的场合。最好是在会议或团体活动上，公布好的做法、经验，并给予表扬。

（5）批评下级

第一，要尊重客观事实，对事不对人。在批评下级时，一定要做到客观公正，不允许公报私仇，做到对事不对人。第二，要注意批评的方法。在批评下级时，可采取宽容型批评、表扬型批评、安慰型批评等方法，不要以居高临下的态度批评下级。第三，要注意批评的场合。与表扬相反，批评下级时要在私下进行，除非下级造成了重大的事故。另外，上级在批评下级前一定要弄清事情的来龙去脉、责任归属，不要草率地下结论、做决定。

知识拓展

上级的十个不良沟通习惯

1）对下级所谈的主题没有兴趣。

2）被下级的姿态所吸引，而忽略了对方所讲的内容。

3）当听到与自己意见不同的地方时就过于激动，不愿再听下去，其他信息也被忽略了。

4）仅注意事实，而不肯注意原则和推理。

5）过分重视条理，而对条理性不强的下属的讲话重视不够。

6）过分注意造作掩饰、装腔作势，而不重视真情实意。

7）分心做别的事，心不在焉。

8）对较难理解的话语不求甚解。

9）当对方的话语带有感情时，只顾分析其中蕴含的深意，分散了注意力。

课后训练与实践

10）在倾听别人讲话时思考其他问题，顾此失彼。

第二节　商务群体沟通

导入案例

刚大学毕业的小卿应聘到了一家大型外资企业。她发现公司里派系众多，有以年轻人为主的"青少派"，也有已经有了孩子的"中年圈"；有以专业见长的"技术派"，也有喜欢消遣的"娱乐派"。这些派系之间看似和谐，实际矛盾重重暗流涌动，时常处于冷战阶段。

小卿不想得罪任何一派，也不希望从任何一派那里获取利益，于是采取了中立态度。

可是不久，原先还是兴高采烈的她，几天之后就笑不出来了：午饭时所有人都成群结队，只有她形单影只；同事们聊天，她根本插不上话；遇到需要配合的工作更是举步维艰，工作状态每况愈下。

思考：小卿应该如何与公司内部不同的派系沟通？

一、沟通群体概述

（一）沟通群体的内涵

群体是组织的一种形式，是由两个或两个以上个体组成的，具有一定目标，在行为上、心理上相互影响和相互作用的个体集合。它们可以具有相同的目标和认同感，也可以不具备。沟通群体主要是指商务活动中，为实现各自或共同的目标，相互传递或接收信息并产生行为关系的所有个体的集合。

一般来说，沟通群体会经历一个动态的演进过程，分为摸索、适应、规范、执行等阶段。在摸索阶段，沟通群体初步接触，群体中的个体存在着不同的目的，群体的结构、领导者都不明确，个体各自摸索可以被群体接受的行为规范。在适应阶段，个体相互影响，导致群体内部冲突不断。个体常常抵触甚至抵制群体的规范和领导者的控制。规范阶段是至关重要的环节，群体经过磨合开始表现出凝聚力，个体对群体规范和领导者产生强烈的认同，个体之间关系密切。但是群体也有可能长期无法形成规范。在执行阶段，群体开始把主要精力投入到完成任务上。

对于商务人员而言，认清沟通群体的类型和内涵（表 2-2），理解沟通群体的形成阶段是与不同沟通群体进行有效沟通的前提。在本节"导入案例"中，"青少派""中年圈"等并不是企业一成立就存在的，必然经历了一定的形成过程，将不同的员工聚集在一起。

表 2-2　沟通群体类型和内涵

划分标准	群体类型	主要内涵
规范程度	正式群体	是由组织通过权力结构建立的正式群体，具有明文规范、明确目标、职责分工、权利义务、规定编制和组织形式
	非正式群体	是由群体成员自发组建的边界不明确的群体，一般有不成文的群体规范
结构形式	固定群体	是为完成长期目标建立的，具有明确的领导者、内部分工和运行机制
	临时群体	是为实现群体某些目标而临时组建的短期群体
维系方式	命令群体	是相对持久的群体，受职能体系中领导决策维系和影响
	友谊群体	维持群体关系的是个体间的关系及相处时的友好氛围
工作目的	任务群体	是为完成群体特定任务而组建的群体，一般具有正式的结构
	兴趣群体	是围绕某些共同的活动或兴趣而组建的群体，个体间可能发生友谊关系

（二）沟通群体的行为特征

1. 活动目标的共同性

虽然群体成员不一定具有相同的目标，但是为了形成群体凝聚力，设立共同的目标是群体活动顺利开展的基础和保障。正是有了共同的目标，群体才具有建立和维系的基本条件，个体才能走到一起并彼此合作，以己之长补他人之短。

2. 行为意识的群体性

沟通群体之所以能对各个成员发生影响，并能产生强大的执行力，就是因为每个成员都意识到自己生活在某个群体之中。在沟通群体中，个体在行为上相互作用、相互影响，彼此依存和制约，在心理上彼此认知和认同，最大限度地保证了沟通群体的一致性。

3. 沟通个体的独立性

沟通群体有着自身的行为规范、行动计划和舆论倾向，这些不会因为个体的去留而改变。但是，沟通群体只有尊重个体的相对独立性，才能确保群体沟通过程的灵活性和鲜明特色。

4. 群体结构的组合性

沟通群体不仅是个体的简单组合，更是个体的有机整合，每个个体都要扮演一定的角色，承担一定的责任，以配合其他个体的活动。美国社会学家乔治·卡斯珀·霍曼斯认为，任何一个群体的社交行为，都需包括任务活动、相互作用和情感活动三个因素。

沟通案例

沃尔玛公司每次开股东大会，都尽可能让更多的门店经理和员工参加，让他们看到公司全貌，做到心中有数。

沃尔玛公司的创始人山姆·沃尔顿在世时，在每次股东大会结束后，都和妻子邀请所有出席会议的员工到自己的家里举办野餐会（大约有 2500 人），并在野餐会上与众多员工聊天，分享心情、经验与其他信息，讨论公司的现在和未来。

除此以外，山姆·沃尔顿为了保持整个管理团队信息渠道的通畅，还特别关注各工作团队成员，全面收集员工的想法和意见，通常会带领所有人参加"沃尔玛公司联欢会"等。

（三）影响沟通群体的因素

1. 群体构成

群体构成主要指群体成员的同质性和异质性，若群体成员在某些关键方面具有相似性，如年龄、工作经验、教育水平、技术专长，沟通群体是同质性的；反之，则是异质性的。其中，群体的组成形式和职务分工、个体的角色和身份是决定群体构成的重要因素。

2. 群体规模

群体规模就是群体成员的数量，它对群体绩效影响很大。研究表明，规模较小的群体完成任务的速度较快；但如果遇到困难，规模较大的群体的绩效较好。一般认为，5～7 人的群体执行任务最为有效。因为少于 5 人，群体力量过于弱小，难以发挥群体的规模优势；多于 7 人，群体成员参与的机会减少，加之亚群体的增多，将导致群体绩效下降。

3. 群体规范

群体规范是衡量群体行为适当性的标准。群体成员不服从群体规范可能导致冲突、对抗、排斥和驱逐。群体规范一般来源于群体与群体成员的前例、经历、上级指示或关键事件影响。

4. 群体内聚力

群体内聚力是群体保持集合的承诺度及其他各项因素，包括群体吸引力、抵抗脱离群体的向心力、保持群体成员身份的激励、促使完成任务的压力等，它们能促使群体成员选择留在群体之中。

在本节"导入案例"中，小卿采取中立态度，保持与各个派系之间的距离显然是不可取的。在企业中生存，不应把自己孤立起来。就像一个歌手要想成为歌坛巨星，单靠个人努力是不够的。即使自身条件再好，没有作曲家、乐队、音响师这些人组成的团队的支持，没有好的经纪人的包装策划，也很难成功。因此，小卿应与公司不同的派系保持良好关系，既要保持一定的派系参与度，了解不同派系的行为特征、群体交流的影响因素，也要采取有针对性的沟通策略。

二、商务群体沟通概述

（一）商务群体沟通的内涵

1. 商务群体沟通的基本含义

商务群体沟通是指为了实现组织目标或工作绩效，商务信息通过多种沟通通道与载体，在商务群体内部或外部传递并产生反馈的动态过程。需要指出的是，商务信息传递的对象不仅包括直接对象，还包括间接对象，而沟通群体的多元性也导致了对象的不确定性。

2. 商务群体沟通的特征

1）信息超载性和传递开放性。沟通群体数量较多，个体所承担的信息量组合在一起会以几何倍数增长，面对如此巨大的信息量，无论是发送者还是接收者，都必须尽可能开放有用的信息，以减少不必要的沟通障碍。

2）过程复杂性和编码精确性。复杂性是指受沟通群体中个体差异的影响，商务信息的传递必将增强个体的感受和认知；精确性是指发送者需要分析不同沟通群体的特点，以不同的形式来汇总反馈信息，以期在复杂沟通过程中精确传达信息。

3）载体多元性和接受高效性。多元性是指个体偏爱的书面通道、口头通道、线上通道、线下通道的多样化将直接导致信息接收程度的差异。为了克服这种差异，信息发送者尤其是群体决策者必须采用最为有效、单一且能共同接收的信息载体，以实现信息接收的高效性。

4）干扰敏感性和反馈及时性。相对于沟通个体，沟通群体更易受外界影响，且内部的连锁影响效应明显。为减少干扰，群体决策者必须以最快的速度解决群体中主要参与者的冲突。

3. 沟通类型

不同的划分标准可以区分出不同的群体沟通类型（表2-3），这也导致了群体沟通的复杂性。

表2-3　群体沟通类型

划分标准	主要沟通类型
沟通参与者数量	个体与群体的沟通、群体与群体的沟通
信息传递方向	群体内部沟通、群体之间沟通
沟通群体类型	正式群体之间的沟通、正式群体与非正式群体的沟通、非正式群体之间的沟通

（二）商务群体沟通的过程

1. 明确群体沟通目标

一般而言，群体沟通目标主要表现为具体的、量化的、可行的指标体系（表2-4）。

表 2-4 群体沟通目标体系

沟通功能	沟通内容	沟通目标
表达情感	价值、感情、习俗、观念	增加组织角色的接受程度
鼓励士气	影响、规范、方向	致力于组织目标的达成程度
信息传递	技术的、活动的、人际的	供给决策所需资料的程度
任务控制	结构、关系、流程	澄清任务及责任明确程度

2. 确定沟通角色

所谓角色，是指个体在沟通群体中，由于承担某种工作或责任而形成的一组预定的行为形态。尤其是信息发送者，必须明确自己在沟通过程中的角色和地位，以便能准确汇总信息。通常而言，角色地位高的个体通常拥有更大的权力和影响力，他们也能获得更多的特权、参与更多的活动。更高的地位也能带来更多的机会以便在组织中担任重要角色。

3. 分析沟通群体特征

一方面，要明确沟通客体的主要类型，即在沟通过程中谁是首要受众（最先收到信息的角色），谁是主要受众（直接受众，即直接自沟通者处获得信息的角色），谁是关键决策者（最后的、最重要的、能影响沟通结果的角色）。另一方面，要分析沟通对象的构成（包括个人因素和人际因素），以便能有效采取差异化的沟通对策。

4. 组织传递沟通信息

组织传递沟通信息是由编码环节延伸至解码环节，不仅要安排适合沟通群体需要的信息类型（直接的、间接的、正式的、非正式的等），还要组织关键问题，即怎样强调信息、如何组织信息。信息传递过程的通畅与否常常取决于信息通道的选择，因此必须合理分配商务信息在不同沟通渠道和媒介中的比重。

5. 构建群体沟通机制

群体沟通机制主要包括传递机制、反馈机制、群体机制等，其决定着群体沟通的绩效水平。构建群体沟通机制应注意以下几点：①同其他主要决策者进行正式或非正式接触；②通过正式沟通形式或群体会议来讨论共同关心的问题；③与其他主要决策者的跟随者或次要群体进行必要的合作。

群体沟通过程如图 2-1 所示。

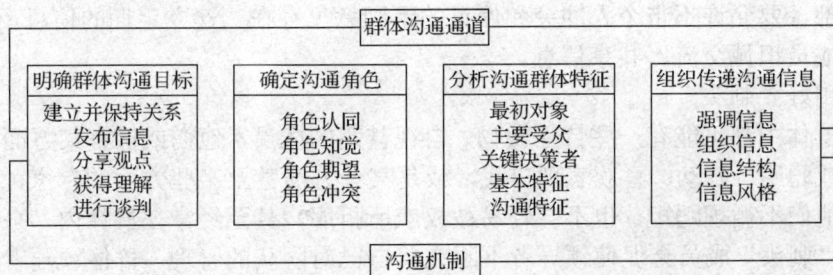

图 2-1 群体沟通过程

沟通案例

应聘到某公司担任项目经理的安先生，一上任就实施了多项的整改措施：当面与每个项目成员交流，了解项目进度状况；建立统一的交流平台；制定专用和通用的文档工作模板；制定项目制度；加强项目的进度控制；进行以前从来没有进行过的项目培训及推广等。这些措施都取得了很好的效果，不仅提高了工作效率，员工的工作积极性也空前高涨，更重要的是合作伙伴、客户对公司项目问题的解决速度和质量非常认可。

正当整个团队对项目充满信心时，前任项目经理——公司的部门经理陈先生提出，安先生没有能力带领项目团队，并要延长其试用期，理由是安先生没有充分了解项目业务。而人事经理邓先生对安先生作出的工作评价是，安先生以前的工作成果不属于他的工作成绩。后来，公司的一次封闭式开发培训没有通知安先生参加，项目组只留下安先生一个人待在公司。

安先生最终离开了公司。

（三）商务群体沟通的有关建议

1. 对群体领导者的沟通建议

（1）以身作则

个别群体领导者在与他人沟通时以自我为中心，居高临下，缺乏诚意。沟通是一个公平、客观的过程，若领导者态度高傲则无法从他人那里得到真实的反馈，使沟通双方失衡，不仅不能达成有效沟通，甚至可能对整个群体产生不良影响，造成恶性循环，危及整个群体。群体要想营造有效沟通的氛围，领导者首先要以身作则，将有效沟通的理念被每一个成员接受，并落实到行动中。

（2）展示清晰的目标

群体要实现有效的沟通，首先必须明确目标。对于群体领导者来说，目标管理是实现有效沟通的一种办法。由于整个群体都着眼于达成目标，这就使沟通有了共同的基础。即便群体领导者不能接受群体成员的建议，他也能理解对方的观点；群体成员会有进一步了解群体领导者的要求，沟通的效果自然也可以得到改善。

（3）营造良好的沟通氛围

群体领导者要为成员营造良好的沟通氛围，努力营造公平、公正、自由的沟通环境，要处处体现以人为本的思想。只有尊重群体中的每一个个体，才能激发个体的沟通效能。在群体内部，要允许不带个人冲突和偏见的不同意见存在，建立定期的信息反馈机制，鼓励群体成员坦诚交流、共享信息。

（4）用好"刺头"

每个群体中都可能有一些恃才傲物、自视甚高的成员，他们或拥有某方面不可替代的资源，或聪明、好动、喜欢表现自我，或是某一方面甚至某些方面的专家，充满创新精神等。他们不循规蹈矩，也不会轻易被权威所折服，甚至经常在群体内"兴风作浪"。群体中的"刺头"成员会促使领导者不断完善自己对团队的管理。群体领导者既可以在与这类人保持一定距离的同时，充分利用他们的能力，并对他们在工作中的良好表现给予表扬，也可以给予足够的重视，为他们提供施展才华的机会。

（5）拓宽沟通渠道

群体中的沟通渠道可分为正式渠道和非正式渠道。正式渠道通常在传达重要的信息和文件或进行群体决策时采用，能够保证信息的权威性。非正式渠道则不受组织监督，形式多变。群体还应该拓展沟通渠道，建立不同方向的沟通渠道，使领导者与群体成员都能主动与对方进行沟通，确保信息及时得到反馈。

沟通案例

十几年前，A公司还只是一家小公司，公司总经理康先生就已经有了创办内部杂志来促进沟通的意识。在公司根本没什么多余资金的情况下，康先生毫不犹豫地办起一份企业内部杂志。当时公司很多管理层人员及股东都表示不理解，认为这么小的公司没有必要做这些表面文章。

然而，这份内部杂志却在日渐改进中显示了它的强大影响力。同行业界的前沿理论与信息、企业文化的强化与提升，尤其是内部员工对公司的信息反馈、对公司运营与管理的意见和建议等，都刊登在这份内部杂志中。随后，企业茁壮成长并成为业界的领头羊。

时至今日，这份内部杂志已经不只是企业内部沟通的重要工具——这份越来越精美、奢华的内部杂志记录着这家企业十几年来完整的成长历史和企业文化。许多人因阅读这份内部杂志而成了该企业的消费者和合作者。

2. 对群体成员的沟通建议

（1）沟通要及时

唯有做到及时沟通，才能最快求得共识，保持信息传递的畅通，而不至于出现信息传递不畅，矛盾积累，给群体带来更多的伤害。

（2）控制个人情绪

群体领导者和成员在沟通时都要保持冷静，控制好个人情绪，因为在沟通过程中若带有太多个人感情色彩，就无法客观公正地看待问题，对信息的接收与理解就会产生偏差。同时，双方还需要注意非语言信息，如眼神、表情、肢体语言等。

（3）学会倾听

积极倾听意味着要对信息进行积极主动的搜寻，而单纯地听则是被动的。积极倾听表现为接受，即客观地倾听内容而不做判断。当听到不同观点时，群体成员不要急于阐述自己的想法和反驳对方，因为这样会漏掉一些重要信息。群体成员如果能做到积极倾听，往往可以从沟通中获得信息发送者所要表达的完整信息；反之，则只能得到只言片语，错失至关重要的部分。

（4）积极换位思考

换位思考是一种先进的管理理念和有效的沟通手段。群体领导者和成员都应该积极地换位思考，把自己置身于信息发送者的位置上，努力去理解信息发送者想要表达的真实意思，即不要轻易打断信息发送者，从信息发送者的角度调整自己的所观所感，这样就可以保证自己真正理解信息发送者的本意。如果群体领导者在作出决策之前考虑周全，尤其是充分保护成员的利益，那么开展工作就会容易很多。群体成员也应多站在领导者的立场上，考虑群体的全局利益，这样就能相互理解，群体沟通才能顺畅。

（5）确保信息准确

群体成员应选择合适的时机要求信息发送者复述信息。在沟通过程中，人们有时听不清楚信息发送者所讲的话，此时应请求信息发送者复述一遍。很多沟通问题是由于信息接收者误解或理解不准确造成的，解决这类问题的最好办法就是注重反馈，即让信息接收者复述信息，如果信息发送者听到的复述恰如本意，则可增强信息的准确性。信息发送者也可感觉到对方确实在认真倾听自己的讲话，自尊心得到满足，可谓一举多得。

（6）合理利用并控制非正式沟通

非正式沟通的好处显而易见，如一些正式场合不好沟通的问题可以通过非正式沟通来解决。但是非正式沟通的弊端也很明显。虽然在有些情况下，非正式沟通能实现正式沟通难以达到的效果，但是它也会成为散布小道消息和谣言的渠道，所以群体领导者要适当地控制非正式沟通。

沟通案例

小陈是某软件设计公司的程序员。由于专业知识、技术过硬，小陈的业绩表现一向比较突出。然而，小陈并没有因此受到部门领导的重视，有一阵子还总是受到上级的冷落。同事对他的业绩又妒又恨，经常对他冷嘲热讽，或者刻意疏远、孤立他。因为小陈性格比较内向，所以对这些事情都隐忍不言。

然而，在一次业务会上，上级竟然当着众多同事的面，批评小陈特立独行、不好合作，倒是那些业绩平平的同事受到了上级的表扬。小陈几次想跟上级沟通，询问上级对他的看法，可每当想敲上级办公室的门时又犹豫起来。直到有一天，还没到公司统一发工资的日子，上级却通知他去财务部领工资，他才知道自己被公司解聘了。他百思不得其解，后来才知道原因是公司领导听说小陈在外偷偷做兼职。

其实小陈根本就没有在外兼职，是有些同事忌妒他业绩出众，打小报告诬陷他。如果小陈及时跟上级、同事沟通，也许就不会落到被辞退还不知情的地步。

3. 克服群体沟通障碍

（1）群体沟通障碍的表现形式

1）群体从众行为。群体成员的行为通常具有跟随群体的倾向，即当一个人发现自己的行为和意见与群体中多数人不一致时，一般会感到紧张，产生心理压力，这就是群体压力。这种压力促使成员与群体主流的行为和意见趋于一致。人在群体中的这种趋于与群体中多数人一致的心理现象，称为群体从众行为/倾向。

2）群体助长和抑制行为。群体助长行为是指在群体活动中，个体的活动效率因为群体中其他成员的影响而出现提高的现象。群体抑制行为是指个体的活动效率因为群体中其他成员的影响而受到减弱的现象。在商务沟通过程中，群体领导者要根据活动的复杂度和难度、个体对活动的熟练程度，以及沟通场地的条件，妥善安排群体或个体活动，以充分利用群体助长行为，减少群体抑制行为。

3）群体懒惰行为。出现这种行为的原因有：①付出的相等性，如"别人都可以游手好闲，为什么我不能呢"；②个人责任心的丧失，如"在这个大集体中，没有人会注意到我"；③群体中管理协调的复杂性，如"我们的人实在太多了，以至于互相踩着对方的脚"等。群体领导者需要关注活动中有趣和有意义的方面，努力提高群体成员的活动参与度，使群体成员确信他们个人的贡献是可鉴别和有意义的。群体成员应该努力参与活动，使自己的表现受到群体领导者的评价，自己并获得奖励。

4）群体极化和群体思维。前者是指群体在集体讨论后比之前更倾向于极端的态度；后者是群体对一致意见的愿望超过了对各种方案的现实评估。群体极化和群体思维的主要表现为：陷入群体无谬的幻觉，过度乐观，极端的高估群体风险承受能力；对群体倾向，成员在承诺之后不再认真审视承诺的前提条件；忽视决策的伦理和道德结果；刻板地将对方领导者视为邪恶化身，不屑与之沟通；对群体决策提出异议的成员受到直接压力，并被视为不忠诚的成员；一致对不忠诚行为作出自我审查，反映出缩小怀疑和异议的倾向；认为沉默就意味着同意；存在思想卫道士，由一些保卫群体免受负面信息影响的成员组成等。

（2）处理群体沟通障碍的策略

1）竞争策略，即凭借权威迅速作出决定。它适用于既紧急又重要的事情。用竞争处理群体沟通障碍能够节约时间，节省决策成本，可以尽快达成结论，以优先保证重要、紧急的工作的完成。在某些情况下，采取竞争策略是行之有效而且是十分必要的。利用竞争策略处理沟通障碍的优点是迅速，能立即作出决定；缺点是解决问题凭借的是权威，而不考虑他人的利益和感受。

在以下情况下应采取竞争策略：①处于紧急情况下，需要迅速、果断地作出决策并要及时采取行动时；②想要实施一项不受群体成员欢迎的重大举措时；③在群体领导者知道自己是正确的情况下，并且问题的解决有益于群体，需要应对那些从非竞争性行为中受益的人。

2）回避策略，即采取不合作也不武断的方式，"你不找我，我不找你"。它适用于既不紧急也不重要的事情。其优点是不发生冲突，避免矛盾，个人得益；缺点是群体利益受损，很多事情没有人去处理。

在处理既不紧急也不重要的事情时，回避策略的效果往往更好，尤其适用于以下情况：①发生的冲突微不足道，还有更紧迫、重要的问题需要解决；②认识到不可能满足群体成员的要求和愿望；③收集信息比立刻作出决策更重要；④一个问题是另一个更大问题的导火索；⑤部门之间职能划分不清但不影响工作；⑥不是解决问题的最佳时机。

3）迁就策略，即牺牲一方的利益，满足对方要求的策略。它适用于紧急而不重要的事情。其优点是可以私下解决，不用找最高领导者，能尽快地处理问题，也可以维护较好的人际关系；缺点是本身没有解决问题，部门职责没有得到执行。采取迁就策略往往是先退一步，为的是以后进一步。

迁就策略在以下情况效果明显：①发现自己是错的；②想表现出自己通情达理的一面；③明知这件事对别人比对自己更重要；④对方虽带来麻烦但可以承受；⑤融洽、稳定的人际关系至关重要；⑥允许成员从错误中获得经验，得到成长；⑦为了对今后的工作建立起责任感。

4）妥协策略，也就是双方各让一步，在一定程度上满足双方的一些要求。它同样适用于解决紧急但不重要的事情。其优点是双方的利益都能照顾到，能较快达成共识；缺点是一些根本性的问题无法解决。采用妥协策略，表面上是双方都后退了一步，好像是双方都吃了亏，实际上是双方都达成了目标。

妥协策略适用于以下情况：①目标十分重要但固执己见可能会造成更坏的后果；②对方承诺不再出现类似的问题；③为了解决某个复杂问题达成暂时的和解；④时间十分紧迫，需要采取妥协方案。

5）合作策略，即双方彼此尊重，不牺牲任何一方利益。它适用于解决不紧急但重要的事情。其优点是能够彻底解决双方冲突的矛盾并找出解决此类矛盾的方法，而且通过事先的约定，可以防止此类矛盾再次发生；缺点是成本太高，双方需要多次沟通。

合作策略是五种群体沟通障碍处理策略中最好的一种。通过事先的沟通达成共识，既能满足自己的愿望，又能站在对方的立场上为对方的利益考虑。对于以下问题，必须采取合作策略：①每个方面都很重要，不能妥协；②需要综合不同方面的不同意见；③部门之间在主要职责上相互关联；④可能扩大各方的共同利益。

课后训练与实践

第三单元　商务信息沟通

学习目标

1. 掌握口头信息沟通的内涵、原理、规范表达方式及沟通技巧。
2. 掌握书面信息沟通的内涵、原理、规范表达方式及沟通技巧。
3. 掌握非语言（倾听、距离等）信息沟通的内涵、原理、规范表达方式及沟通技巧。

第一节　口头信息沟通

导入案例

几位客人来到广州某餐厅用餐。入座后，服务员请他们点菜。

"请问，你们想吃点什么？"服务员边请客人看菜单边问。

做东的客人告诉她，想尝尝"澳洲龙虾"。服务员从他的言谈话语中看出，该客人是北方人，可能不太熟悉广州地区的龙虾种类，认为有必要向他们推荐介绍。

"先生，龙虾的品种很多，'澳洲龙虾'虽然很有名，但在肉质、弹性、光泽、口感等方面均不如广州地区的龙虾。"服务员诚恳周到的介绍引起了客人的兴趣。接着，服务员又坦率地告诉客人："广州龙虾的价格要稍高于'澳洲龙虾'，如感兴趣，可先少要一些尝尝，觉得合口味再继续点。"

客人同意点广州龙虾，并让她继续推荐餐厅特色菜。服务员就把该餐厅特色菜"例牌鲍鱼""夏果澳洲带子"等介绍给他们，还不厌其烦地把这些菜的来历、烹制方法、配料、口味、色泽和形状做了详尽说明，使得客人欣然接受。

餐间，客人把服务员叫过来点酒。服务员介绍了该餐厅的干邑白兰地，告诉客人价钱只有880元，很实惠，还符合了"发"了又"发"的谐音。服务员的解释颇合客人心意。用餐临尽时，服务员又向客人推荐了美国红葡萄酒和新疆哈密瓜。

这一餐客人消费很高，但十分满意，纷纷夸赞餐厅和服务员。

思考：为什么消费很高，客人却很满意？

一、口头信息沟通概述

（一）口头信息沟通的基本概念

口头信息沟通也就是口头语言沟通，其特点是以语音表达或接收思想、感情，以讲和听为主要沟通形式。在商务领域，口头信息沟通体现在不同企业的代表之间、同一企业的不同员工之间，用于介绍产品、沟通项目、表达观点等。有效的口头信息沟通就是组织语言传递给沟通客体，让沟通客体感受到需求能够被很好地满足。所以，口头信息沟通的重点是效用与效果，而不是简单的话语。

口头信息沟通在传情达意的过程中最常用、最实用、最直接。例如，酒店总台接待宾客时，服务员针对宾客的要求回答："您对住房要求很细致，这里给您提供两套房间供您选择。一套是 402 室，朝南，单人间，阳光充足，较安静，有浴缸，折后价为每晚250 元；另一套是……两套都符合您的要求。"

（二）口头信息沟通的重要意义

1. 让沟通客体感受到需求被满足

在沟通过程中，沟通客体希望接收到符合其需求的信息要点，并且信息是有条理、有逻辑的。若沟通能够满足需求，人会感到愉悦和放松，否则就会产生烦躁、不安、不满的情绪。如果沟通客体认为沟通无法继续，就可能选择放弃。

2. 让沟通客体感受到精神性满足

在沟通过程中，所有信息都应围绕着沟通客体的需求，也就是肢体语言信息、声音语言信息都应该体现对沟通客体的关怀和重视，让沟通客体感受到精神的满足。

3. 体现自身素质与实力

口头信息沟通能够让沟通客体感受到沟通者的能力素养，进而感受到沟通者所在企业、组织的素质与实力。

4. 决定了沟通客体是否产生行动

沟通客体在听完语言介绍，感到需求能够被很好地满足后，就会心动而产生行动欲望。沟通客体能否产生行动动机很大程度上取决于语言沟通效果的好坏。好的语言沟通所产生的效果往往要大于商务人员或组织知名度对沟通客体的影响，哪怕组织缺少知名度，商务人员也可以凭借专业的语言来打动沟通客体。所以说，口头信息沟通是商务人员的基本功。

（三）口头信息沟通的主要特性

1. 有声性

口头信息沟通需要通过语音来表达沟通者所要传递的信息，而沟通效果不仅取决于信息内容，还取决于语音的音色、音调。有声语言需要根据表达的需要有语调和语气的变化。有声性是口头信息沟通的本质属性。

2. 自然性

有声语言通俗、平易、自然，它保留了生活中许多语音、词汇和语法现象（如方言、俚语、俗语等，以及省略、易位现象），表达时生动、易懂。

3. 直接性

有声语言的传达和交流以面对面为主要形式，信息传递直接、快捷。有声语言还需要以丰富的态势语和类语言来配合，以增强沟通效果。

4. 即时性

有声语言突发性、现场性强，可现想现说，语速可舒缓、可紧迫，内容可重复、可更正、可补充。

5. 灵活性

有声语言的表达可根据沟通双方所处的语言环境随时调整、变化。沟通者在不同的地点、场合，面对不同的沟通客体，对谈论的话题、选择的角度和深度等都可以随机应变。

沟通案例

在某个航班上乘务员为旅客提供正餐服务时，由于机上的正餐有两种餐食可供选择，但供应到某位旅客时他所要的餐食品种刚好没有了。乘务员非常热心地到头等舱找了一份该旅客需要的餐食送到这位旅客面前，说："真对不起，刚好头等舱多余了一份餐食，我就给您送来了。"

旅客一听，非常不高兴地说："头等舱吃不了的给我吃？我也不吃。"

由于没能掌握沟通技巧，乘务员的好心没有得到旅客的感谢，反而惹得旅客不高兴。

乘务员可以这样说："真对不起，您要的餐食刚好没有了，但请您放心，我会尽量帮助您解决。"这时，乘务员可到头等舱看看是否有多余的餐食能供旅客选用。拿到餐食再送到旅客面前时可以这样说："我将头等舱餐食提供给您，希望您能喜欢，欢迎您下次再次乘坐我们航空公司的班机，我一定首先请您选择我们的餐食品种，我将非常愿意为您服务。"

同样的一份餐食，只是变换了说话方式，却能带来截然不同的结果，这就是沟通的艺术。

二、口头信息沟通的建议

（一）一般原则

1. 关注客体需求

在口头信息沟通中，沟通者要明确沟通客体，以及自己的产品或方案能够满足其需求。许多商务人员往往过多地介绍自己或组织的优势和长处，而忽略了沟通客体的关注点，这就导致沟通工作事倍功半。关注客体需求是首要原则，沟通过程中应首先了解客体想要什么、有哪些需求，沟通的重点应是满足客体需求，而不是介绍自己或组织。

2. 重点陈述效益

重点陈述效益即主要分析自己的产品或方案能够给沟通客体带来的好处、效益、帮助，如果能够将这种好处、效益或帮助具体化、数字化，沟通效果则更佳。例如，"通过此次方案的执行，能够帮助您的企业在原有基础上提高 21% 的市场份额"显然要比"通过此次方案的执行，能够帮助您的企业极大地提高市场份额"更有吸引力，并使沟通客体产生信任感。

3. 主要介绍效用

沟通客体感兴趣的首先是效用性，其次才是为什么，所以应重点介绍相关的特点与优点，这是沟通的关键。

沟通案例

两位衣着讲究的山东客人来到北京某四星级饭店的粤菜餐厅用餐。餐厅装潢华丽精致，中央还有演员在为食客们演奏民乐，环境十分优雅。

服务员为客人端上茶水和毛巾后，便递上菜单等候他们点菜。其中一位先生看了看菜单后问服务员："小姐，你们这里有没有红烧鲤鱼？"

"对不起，先生。今天正好没有这道菜，红烧类的高级菜肴有红烧大裙翅和红烧鲍鱼。这是我们这里的风味菜，也是今天餐厅指定的推销菜，欢迎两位品尝。"服务员小姐面带微笑地推荐着。

"我就喜欢吃红烧鲤鱼，你们饭店指定推销什么与我们没有关系。难道不点鱼翅和鲍鱼就不能在这里吃饭吗？"

"先生，我不是这个意思，我是想让您品尝一下地道风味的粤菜。我推销的菜口味比红烧鲤鱼要好得多，况且红烧鲤鱼在哪里都可以吃到，但鱼翅和鲍鱼只能在高级餐厅才能吃到。您二位来到我们餐厅用餐，难道不想尝尝由正宗粤菜厨师烹制的菜吗？"服务员向客人解释。

"我们要想吃正宗的鱼翅和鲍鱼就不到这里来了。广东、香港的鱼翅都是正宗的，况且你这样推销，让我们感觉很不舒服。既然没有红烧鲤鱼就算了吧。"客人说着，站起身就走了。

服务员不知所措地望着他们的背影，她实在想不通为什么客人会不满意而离去。

（二）FAB 法则

1. FAB 法则的含义

FAB 法则，即特性（feature）、优点（advantage）、效益（benefit）法则，是指在进行商务沟通时，针对沟通客体的需求意向，进行有目的、有选择、逐条理由的说服。其基本原则是围绕商务信息的利益，在众多特点、优点等属性中选择部分与客体需求相关联的属性，将它们转化为效益价值，变成客体利益。

特性即沟通对象所有可以感觉到的物理的、化学的、生物的、经济的等信息特征。它是可以用一系列指标、标准等予以表示和说明的，如商品的材料、成分等。任何一个商务信息都包含方方面面的特性。

优点即商务信息中所具有的超过普通标准的特性，是一种超出同类信息的优势。例如："这款衣服的面料透气性很好。""这台电脑的内存很大，运行起来速度非常快。""牛奶来自健康、高免疫的新西兰牧场的乳牛，奶粉无污染，绝对卫生、安全。"

效益即商务信息传递后能够带给沟通对象的好处。它可能是优越的质量所带来的使用上的安全可靠、经久耐用；可能是新颖的构造和款式所带来的时尚感；可能是使用上的快捷方便；可能是操作上的简单易行；可能是省时、省力、省钱；可能是著名品牌所带来的名望感等。例如："这款衣服穿起来很舒服，可以很好地满足你对穿着舒服的要求。"

特性（F）满足沟通对象的一般需求，优点（A）满足沟通对象的特别需求，效益（B）满足沟通对象的个性化需求。尤其是在市场经济高度发达的今天，具体到每一个沟通客体，都有着自己独特而细微的需求，所以能够满足客户特定需求的、带给客户利益的，是产品众多属性中特定的特性、优点与效益。综合上述，该原则在实践中可以帮助我们在口头信息沟通上增加其有效性。其关系特点如图 3-1 所示。

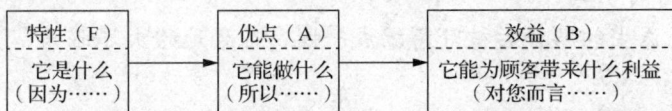

图 3-1　FAB 关系特点

沟通案例

1）什么是特性？

一只猫饿极了，想大吃一顿。这时销售人员拿来一摞钱摆在猫的面前，它没有任何反应。为什么呢？因为此时这一摞钱在猫看来只有一个特性。

2）什么是优点？

一只猫饿极了，想大吃一顿。这时销售人员拿着一摞钱走来，对猫说："猫先生，我这里有一摞钱，能买很多鱼。"钱能买鱼，就是它的优点。但猫还是没有反应。

3）什么是效益？

一只猫饿极了，想大吃一顿。这时销售人员拿着一摞钱走来，对猫说："猫先生，我这里有一摞钱，能买很多鱼，你就可以大吃一顿了。"话一说完，猫就扑向那摞钱。

这是一个完美的 FAB 陈述顺序。

2. FAB 沟通流程

FAB 沟通流程如图 3-2 所示。

图 3-2　FAB 沟通流程

（1）认同客体需求

首先必须重复沟通客体的需求并表达赞同。这样做的好处在于明确客体的需求，不致造成信息理解有误，在沟通过程中再一次强化了该需求，使客体感受到被尊重。例如："哦，原来是这样，您希望居室的灯光和整个装修同色调，而且特别要求卧室灯光柔和。""您说得很对，产品送货地域的扩大和保修期的延长也是我们正在考虑的问题。"

用口头语言传递信息的同时，还要配合使用身体语言，如目光专注地看着沟通客体，倾听他的需求，做笔记，必要时点头、微笑等。

沟通案例

医生：治疗偏头痛对我来说很容易，采用针灸疗法就行了。

患者：我从来没试过针灸，连打针都害怕，麻烦您一定要轻一点儿！

医生：那先给你解释一下针灸治疗。

患者：太谢谢您了！

医生：一会儿我就在你头顶上下左右各扎满 10 针，每根针大约 7 厘米长。我首先会把针直刺到头皮下，然后左右捻动，上下抽插，最后通上电，产生脉冲电流，加强刺激。怎么样？准备好了吗？

患者：（听了医生的解释后被吓得缩成一团，惊恐地瞪大了眼睛，哭喊着）我不扎了……

（2）FAB 利益表述

用商务信息包含的效益属性满足沟通客体的需求、成就客体利益。根据客体需求，有针对性地列举、分析商务信息的特点与优点，转化成客体利益与好处，促使客体情不自禁地感受到"这正是我所需要的"。

沟通案例

客户（超市经理）：我们对食品安全有严格要求。

厂家业务员：那当然，人命关天嘛！这种饮料密闭包装、无菌灌装，保质期为 12 个月，肯定可以在保质期内销售完的。

客户：可是，这么长时间，能够一直保证饮料口感纯正、地道吗？

厂家业务员：您放心。这种饮料由纯天然果实提炼而成，外加无菌复合纸质包装，其实可以确保两年内一直口感纯正，何况 12 个月的保质期呢！

FAB 法则强调这样的流程：真正了解沟通客体→调整自己的想法与行为→选择客体喜欢的沟通方式（而非自己喜欢的方式）→客体的需求、利益被满足→客体产生意向。

仅凭商务信息中的特性与优点是难以打动客体的，沟通客体不会单纯因为大量的特性与优点而产生意向，甚至采取行动。例如：

"您好，这是数码产品！"

"那有什么用？"

"您好，这是名牌产品！"

"那有什么用？"

"您好，它有漂亮的外观。"

"那有什么用？"

沟通客体仅用一句话就表达了拒绝。甚至信息的效益也不一定能够打动对方，只有与其需求相匹配，让其明确感受到利益，才可能促成意向和行动的产生。

（3）用证明来支持

在 FAB 利益表述中，必须通过引用数据、图片、证书、介绍信、产品演示等来支持表述中的特性、优点、效益，增加客体利益达成的可信度。

需要注意的是，用于支持的资料要完全针对客体需求点与目标特点（特别是优点），资料要完整、真实。商务人员要选择适当的位置（如有助于表现亲和力和客体方便的侧旁座位），与客体保持距离，保持目光接触，手掌和手指要干净，沟通过程中可用笔辅助，最好有产品演示。

沟通案例

李威是某办公设备公司的销售人员，他有一种非常有效的销售技巧。

在见到准客户的时候，李威先介绍自己，闲聊两句，然后打开公文包，里面装着事先拆散的产品。打开公文包时，他故意让产品部件从 1 米高的地方掉到地上。这让客户很吃惊，一下子吸引了客户的注意力。李威捡起地上的产品部件，开始组装，同时作产品介绍。

5 分钟之后，产品组装好了，李威也介绍完产品特点，这时李威开始演示产品的操作方法，证明掉在地上对产品没有造成丝毫损坏。

很多客户深深地记住了李威精彩的"销售演示"，只要有需要，都会购买他的产品。

（4）核实确认

在核实确认阶段，商务人员首先要复述沟通客体的需求与意见，如"再总结一下，您的要求是……，这是很独到、很有创意的"。其次，要强调观点对客体的利益价值，如"对此，我们建议采用 A 方案。A 方案将帮助您实现……"。最后，积极反馈并进行确认，如"我们的商讨达成了这样的共识……"。

沟通案例

某酒店营销部为了挽留老客户、开拓新客户，要求总台协助留下每一位入住客人的联系电话，以便建立客户资料库。

某天，总台小王和小刘值班，为每位客人办理登记入住后都非常礼貌地要求客人留下联系电话。但是小王屡被客人拒绝，小刘却都顺利地留下了每位客人的联络方式，于是小王与小刘在空闲时进行了交流。

小王说，"我有礼貌、微笑着跟客人讲：'××先生，您可以给我们留个联系电话吗？

方便我们酒店给您留下客史。'可客人都不愿意留，说：'我想来住的时候会打电话给你们的，不用留。'客人好像不希望我们留他电话，怕到时候打扰他。"

小刘说，"因为现在很多商家为了推销产品，会不择时段地去打电话打扰客人，我也经常接到类似的推销电话，这一点我深有感触。所以在向客人索取联系电话之前我就已经考虑到这一点了。我一般这样跟客人讲：'先生，请您在住宿单上签名确认房价，并麻烦您留下您的有效联系电话，我们会为酒店的常客设置专门的客史档案。当酒店有比较实惠的促销活动时，我们会优先考虑常客并及时打电话联系您。而且如果您不小心在退房时遗落了物品在客房内，我们也能第一时间通知到您。'我的话表现出替他考虑，如果我听到这样的话我也会愿意留电话。"

小王终于明白了，原来她没能从客人心理出发去考虑问题。

（三）声音质量

声音是语言的"物质外壳"。声音的质量主要包括音调、音量、语速和语调四个方面。

1. 音调

音调高的声音给人细、尖、刺耳等感觉，而音调低则给人粗、深等感觉。音调的物理基础是声带的拉紧程度不同从而形成频率不同的振动。

2. 音量

音量的大小给人以声音强弱不同的感觉。音量的物理基础是声带振动的振幅不同。商务人员讲话要根据具体情况选择合适的音量。沟通主体的音量要保持自然音高，使沟通客体保持注意力。声音一直高亢会让对方烦躁；一直低沉会起催眠效果。

合适的音量取决于环境，主要应考虑以下三点：一是沟通的地点状况。这主要考虑的是室内或室外、小房间或者大演讲厅、传音好或不好、有回声或没有回声等。一般来说，室内、小房间等有回声时可采取小音量。二是听众人数的多少。人越多，音量应该越大。三是噪声的大小。噪声大时，音量宜放大一些。音量感觉效果如表 3-1 所示。

表 3-1　音量感觉效果

音量等级	声音感觉	声音效果
9～10	声嘶力竭	强求观众接受观点
7～8	洪亮	权威，生动有趣
5～6	清晰	平静，时间长了会觉得乏味
3～4	弱	缺乏可信性
1～2	听不见	胆怯，听不见

在沟通时建议音量等级在 3～8 之间进行变化最佳；需要强调时，提高音量和提升音调；少数情况下，压低音量和降低音调也有效。

3. 语速

语速会对口头信息产生影响。例如，快速的讲话会给听众一种紧迫感。适度的紧迫感对于沟通客体理解信息是有用的。但是，如果一直快速地讲话，话语像洪流一样倾泻而出，则有反作用：首先，讲话的人难以把每一个字都读准，听众也难以完全听清；其次，使听众没有思考的余地，难以完全理解；最后，会使听众转移注意力。

语速的合理控制要掌握以下几个要点：第一，在公共场合讲话要快于平时谈话的速度，但又不能太快，否则会使听众厌倦或抓不住讲话者的思路。第二，要根据语句的重要程度变换语速。不重要的词和词组可以将语速放快一些，重要的则放慢语速。第三，要恰当使用停顿。停顿时间过长，会让听众失去兴趣。恰当使用停顿有助于突出重点，有助于听众了解讲话者的思想，消化吸收讲话的内容。

4. 语调

音调、音量、语速的变化，即语调的变化，也会影响沟通客体接收信息。语调的变化通常与沟通主体的兴趣或要强调的意思相联系。抛开口头信息沟通的内容，讲话的语调就可能不自觉地泄露一个人的态度和感情，泄露讲话者对听众的态度和对所讲内容的态度。

由于语调可表现出喜、怒、哀、乐，同样的话语用不同的语调说出来可以表示不同的意思。

如果不懂语调在语言沟通中的重要作用，可能会无意之中给沟通客体留下不好的印象或使其产生误会。所以，无论是在正式场合还是非正式场合，语调的重要性都不容忽视。沟通主体一定要注意不要让语调违背自己的态度和感情，除非是想利用这一点来进行暗示。

（四）口头信息沟通的建议

1. 委婉含蓄

说话是一门艺术，如果缺少含蓄因素，就无法发挥语言交流的艺术特点。如果沟通主体将自己所思所想毫无保留地说出来，那么最终获得的很可能是人际关系上的"灾难"。说话时，沟通主体应该注意为对方留有余地，顾及对方的面子。虽然事实放在眼前，但你的描述和看法都应该有所修饰，而不能自以为"忠实"地去尽力表达。这样有可能伤害对方的自尊，进而对你产生厌恶感。

📢 沟通案例

丘吉尔是英国政坛的常青树。在他80岁生日宴会上，一名年轻的记者对他说："丘吉尔先生，我真希望明年还能来祝贺您的生日。"

丘吉尔平静地看了这个年轻记者一眼，拍拍他的肩膀说："小伙子，你这么年轻，身体看起来蛮不错的，怎么可能来不了呢？"

记者的本意是想祝愿丘吉尔身体健康，但是表达方式不当。丘吉尔并未发火，而是巧妙地回答，照顾了记者的自尊。

在口头信息沟通中，一方面，沟通主体尽量不使用极端性的词汇，如"最大""最好"等。在表达观点时，应使用一些相对温和、中性的词语，既把观点阐述清楚，又保留回旋的余地。另一方面，有时应使用"声东击西"、内容转换的技巧，表面上沟通某件事情，实际上另有所指。这样既能够让沟通客体自行理解你的意思，又避免信息彻底暴露而造成误解。比起直接针对问题发表评论，这种沟通方式更容易被沟通客体接受。

2. 高调赞美

赞美让人愉悦，能唤起对方的兴趣，激发进一步沟通的欲望，同时打开对方的心扉，同意与你双向交流。然而在商务场合，很多人离赞美很遥远：赞美领导，担心被同事看作"拍马屁"；赞美平级，担心显得自己没有"地位"；赞美下级，担心别人觉得自己在"讨好"他们；其实，在面对困难的时候，一句赞美，就能够打破原先的困境，获得意想不到的结果。

沟通案例

乔·吉拉德被誉为"有史以来最伟大的销售员"，他连续12年保持着平均每天销售6辆汽车的吉尼斯世界纪录。他的秘诀之一就是赞美自己的客户。

某次，客户开着一辆旧车前来挑选新车。在购买之前，客户先请吉拉德看看他的旧车。事实上，这辆车开了几十万公里，已经很破旧了。按照一般销售员的观点，一定会列举它的种种不堪。可是，吉拉德只是说了这么一句："您的驾驶技术真的很厉害！要知道，我从没见过开了几十万公里的车，还能被保养得这么好的！如果是新车，一定会被您用得更出色！"客户高高兴兴地接受了吉拉德的销售建议，买走了新车。

沟通中赞美的方法有很多，包括：①借他人之口赞美。话语从自己口中转述出来时经过一定的修饰，可以更有说服力。例如，售货员对顾客说："那边的女士说您穿这件连衣裙真漂亮！"②背后赞美，不要总是当面赞美。有时候背后赞美的话传播起来速度更快，也更能为人相信。职场中，不少人会充当"传声筒"的角色，你背后夸赞他人的话一定会传到对方耳中。③通过对比赞美。对比并不一定要有明确的对象，只要对比恰当，对方就会感受到诚意。例如，一句"和不少人比起来，您做得好多了"可以让对方非常有成就感，同时也不会伤害到具体的某个人。

3. 巧妙拒绝

说"不"是人际交往中一个很重要的环节，需要慎重考虑。不会说"不"，会使自己陷入被动的人际关系中而疲于奔命。商务沟通中，一个"是"有时往往是无数个"不"才能换来的。其实，学会拒绝并不困难，下面这些方法是有效和常用的。

（1）直接拒绝

商务活动中，应该是能帮忙就尽力帮忙，不能帮忙就理直气壮地说不行，关键在于"理直气壮、坦然"。说"不"的时候不能目光游离、充满歉疚。当然，有时沉默也是表达直接拒绝的有效方式。总之，说"不"的时候，不是生硬地说，而是要说得好、说得巧。例如："先生，实在要感谢您的美意，但我公司规定，在商务活动中不能接受他人赠送的礼金。对不起，您的钱我不能收。"这样对方就不好强人所难了。

（2）诚恳灵活

如果对方的邀请或馈赠是出于诚意的，那么你就应当诚恳地解释不能接受的理由，以免对方由于被拒绝而抱怨或产生误会。此时可根据对方的需求，采取灵活的方式拒绝。

沟通案例

某公司有一位做事认真、勤勤恳恳的女职员，由于她工作出色，给部门经理留下了很好的印象。后来，这位经理热心地帮她牵红线，介绍自己一个朋友的儿子给她，这位女职员非常有技巧地拒绝了。她说："这件事情，我恐怕要让您失望了，实在很抱歉！因为，虽然我也认为一个女人是非结婚不可的，但是很早之前，我就坚定地告诉自己，'不论任何人说亲、对象是谁，在 26 岁之前，我是不会结婚的'。更何况，您也知道现在我还在读在职研究生，学业尚未有所成就。我想等我学业完成后，再来谈恋爱、结婚。这完全出于我自身的考虑，希望您能够谅解。我这番话，绝对不是只说给您一个人听的。"

（3）理由得当

拒绝别人的时候，最好采用委婉的做法，否则可能会伤害对方。有时要拒绝对方的要求而又不便说明原因，也不便向对方说明什么道理，不妨寻找一个恰当的借口，以正当的、不被责怪的理由来回避对方的要求。当然理由要符合客观实际，最起码要能自圆其说、令人相信。

沟通案例

赵某是某公司的人力资源经理。有一天，一位与他熟识的教授找到他，希望介绍自己的一名学生来面试。赵某答应下来，但经过面试发现这名学生达不到该公司招聘标准。赵某感到有些为难，当初他自己也是通过这位教授的引荐才进入该公司的。但是他又实在不能擅自录用一位不合乎要求的职员。于是他向教授说明了这个情况，教授说："如果你们公司不能录用，那就帮忙推荐其他同行公司吧。"

赵某向一位社交专家请教。专家听完他的问题，提出建议：先指出这名学生的优点，然后含蓄地引出缺点。人常常会抱着偏执的自尊心，因此与人交往时要时刻注意这一点。

于是，赵某与教授再次沟通，表示愿意尽量帮忙，然后介绍他观察到的这名学生的优点，委婉地提到个人能力与公司要求的不匹配之处。最后赵某坦诚地对教授说："如果最终我帮不上忙，还请您谅解。"

教授听完后连忙说："确实是我有点主观了。"

（4）幽默拒绝

表达友好和善意是拒绝时最重要的原则，可以帮助人们建立更适宜和恰当的人际关系。在此前提下，幽默的拒绝可以为你在人际交往中的形象加分，起到意想不到的效果。

沟通案例

林肯是美国第16任总统，他具有卓越的口才和文采。

一次，一个妇人找到林肯，理直气壮地说："总统先生，你一定要给我儿子一个上校的军衔。我们应该有这样的权利，因为我的祖父曾参加过雷新顿战役，我的叔父是布拉敦斯堡战役中唯一没有逃跑的人，而我的父亲又参加过纳奥林斯之战，我丈夫是在曼特莱战死的，所以……"

林肯回答说："夫人，你们一家三代为国服务，对国家的贡献实在够多了，我深表敬意。现在你能不能给别人一个为国效命的机会？"

林肯机智幽默的回答使那个妇人无话可说，只好告辞。

（5）沉默拒绝

在面对难以回答的问题时，可暂时保持沉默。当他人的问题很棘手甚至具有挑衅、侮辱的意味时，"拔剑而起，挺身而斗"未必是勇者，不妨以静制动，静观其变。这种不说"不"字的拒绝，所表达出的无可奉告之意，常常会产生极强的心理威慑力。

4. 慎说口头禅

口头禅，是许多人语言表达中带有的习惯性特点，如有的人喜欢说"理论上""必须""大概"之类的词。口头禅往往不会影响实际沟通内容，但并不是没有意义，它背后是个人生活中所经历的重要事件，反映了这些事件给个人带来的长远影响，是重大事件在人的潜意识里留下的"痕迹"。一个人如果总是能通过努力而渡过难关，他的口头禅很可能就是积极的词汇，如"加油""没关系"等。相反，总是试图通过逃避来应对重大事件的人，口头禅势必是"烦死了""真没意思"之类的带负面情绪的词汇。

沟通案例

小孙的口头禅是"咱俩谁跟谁啊"，这是他在学生时代就养成的习惯。那时候，只要他有求于人，就必然有这句话。当然，都是同学，谁也没多在意。

毕业进了某广告公司之后，小孙还保留着这句口头禅。同事请他帮忙做任务，他满口答应，然后一定会加上这句；他请同事帮忙联系车辆，也一定会在道谢之后加上这句；甚至和客户的联系交流中，还是会加上这句。渐渐地，整个公司都知道了这位"谁跟谁"先生。

不久，公司来了位年轻的副总经理，她主管业务，经常同小孙所在的策划组打交道。一次，她在众人面前指导小孙的策划案，说了不少问题，也表扬了其中的优点。小孙感到受益匪浅，一激动，就冒出一句："谢谢副总！咱俩的关系，那是……"话还没说完，副总经理冷冷地说："我和你，只是上下级关系吧？"然后扭过脸去和其他人交流了。小孙非常尴尬，站在那里左右不是。

商务沟通中，要分析自己的口头禅。很多人在没有经过别人提醒之前，根本意识不到自己的口头禅。为了避免这样的情况，应该学会分析自身语言中的特殊词汇，并将其划分为正面和负面两种。一方面，要有意识减少负面口头禅，有意识地减少说这些词语的次数，当作一种语言禁忌来克制。另一方面，要注意培养正面的口头禅。如果你没有什么正面的口头禅，建议可以适当培养。"我来做""我会注意"之类表示积极工作态度的口头禅，会让他人对你的印象分迅速提高。加强掌握和运用这样的口头禅，对商务沟通会有很大帮助。

课后训练与实践

第二节 书面信息沟通

导入案例

好的书面文案应让人阅读后就能联想到具体的形象，即文案的描写要有视觉感。例如，在向消费者描述手机的拍照功能时，如果只说"夜拍能力强"，那么很多人没有直观的感觉；但是如果说"可以拍星星"，就立马让人回忆起了"看到璀璨星空想拍但拍不成"的感觉。请仔细阅读以下广告文案：

● 教育课程：
我们追求卓越，创造精品，帮你与时俱进，共创未来！
我们提供最新的知识，以帮你应对不断变化的世界。
● 男士求婚：
我们一定会幸福生活，白头到老！
我想在我们老的时候，仍然能牵手在夕阳的余晖下漫步海滩。
● 政治家演讲：
我追求平等，希望减少种族歧视！
我梦想有一天，在佐治亚的红山上，昔日奴隶的儿子将能够和昔日奴隶主的儿子坐在一起，共叙兄弟情谊。
● 面试者应聘：
我有责任感、使命感，一丝不苟，吃苦耐劳！

我为了 1% 的细节通宵达旦，在让我满意之前绝不放弃最后一点改进。

思考：相同主题的两句话有什么不同？

一、书面信息沟通概述

（一）书面信息沟通的含义和特点

1. 书面信息沟通的含义

书面信息沟通是指沟通双方以书面文字为主要媒介，在人与人之间进行信息传递和思想交流的沟通方式。在日常生活和工作中，常见的书面信息沟通形式包括公务文书、启事、海报、文案、商务信函、电子邮件、工作报告等。书面信息沟通往往可以弥补口头信息沟通的不足，是商务沟通中不可缺少的沟通方式。

书面信息沟通是商务交流、业务交流不可缺少的基本技能之一。例如，在世界著名的四大会计师事务所中，80% 的人每天要写备忘录，67% 的人每周要写一次工作报告，93% 的人每周至少要写一封商务信函。

2. 书面信息沟通的特点

（1）严谨准确

书面信息可以反复修改、推敲，其逻辑性强、条理清晰、表达准确。口头信息沟通准备、思考的时间有限，通常是即时性的；而书面信息沟通的准备时间一般比较充裕，沟通者可以根据要表达的观点、内容、风格等进行认真研究，仔细思考其修辞、逻辑性及条理性。

（2）便于保存

书面信息沟通的内容易于保存、复制，不失真，有利于大规模传播。书面信息沟通中信息的发送、思想与情感的传递都是通过书面文字进行的。这些文字可以长期保存，便于事后查询，在某种意义上还可以作为法律上的凭证和依据。

（3）广泛传播

书面信息沟通可以将沟通内容同时传递给许多人。例如，文件、报告、信函等多种形式的载体使书面信息沟通可以不受时空限制而广泛传播。

（4）间接婉转

书面信息沟通可以避免口头信息沟通时难以启齿的尴尬情形，避免双方由于言辞激烈而发生正面冲突。当人们对口头信息沟通有所顾忌时，可以使用书面信息沟通的方式，这样效果会更好。

（5）灵活方便

书面信息沟通受时间限制相对较小，更具灵活性。口头信息沟通要求双方都在同一时空中才能进行，而书面信息沟通的双方不处于同一时空也可进行。

（二）书面信息沟通的一般过程

面对书面信息沟通任务时，有些人提笔就写，试图一次性完成所有事情。事实上对于大多数书面信息沟通者来讲，将行文的任务一步步分解并依次完成会更容易、更高效。通常来讲，优秀的沟通者往往会通过以下几个步骤来进行书面信息沟通。

1. 受众分析

书面信息的受众通常具有相似的知识、背景、教育程度，因此，可以在写文章时考虑受众的需要。为了使信息的有效性最大化，应该进行受众分析，如研究信息接收者的需要、经历、性格等。其主要步骤包括分析主要受众是谁、建立与受众的关系、兼顾受众的反应等。

2. 计划

计划是正式开始写作过程的第一步，主要包括确定沟通的目的、内容和组织方式。其中，明确沟通的目的可以帮助沟通者更好地达成沟通目标；内容要求包含足够的信息，但不要包含不相关的材料，这样在沟通过程中受众才不会产生迷惑感；组织方式也就是确定主题的讨论顺序。

3. 起草

起草是完成文稿的最初版本。起草时要记住顺其自然，以最快的速度把自己的想法写到纸上或者输入电脑。在起草的过程中，沟通者可能会遇到写作瓶颈，此时可采取选择适宜的环境、合理安排写作时间、以书面形式写下目标、进行自由写作、避免完美主义、先写最容易的部分等几种策略应对。

4. 修改

修改是对文本进行修改以改善沟通效果的过程。在修改初稿的过程中，考虑到其重要性及时间限制，应尽可能使其达到最佳效果。

如果时间允许，将修改的时间和初稿完成的时间拉开越长越好。因为在创作和修改之间留出时间可以帮助沟通者更好地发现其中存在的问题，特别是逻辑和措辞方面的不足之处。对于重要的写作计划，可以将同事对初稿处理的意见纳入修改过程。修改通常包括修改初稿、修改风格和修改文字的准确性等工作。

5. 调整校对

每种商务文书都有严格的格式要求。因此，在商务文书写作中，写作者不仅要对文书内容负责，还要注意文书格式的正确性，即以适当的格式安排内容，并校对文字，消灭错别字、语病。

（三）书面信息沟通的规范格式

1. 格式类型

（1）总分式
总分式即开头先对全文的内容做简要的概述，然后依次展开论述。例如在"总结"

中，先对全年生产完成情况做简要介绍，而后对各方面生产情况做具体论述。总分式可以分为先总后分式、先分后总式及先总后分再总的总分式。总分式通常适用于篇幅较长的商务文书，如调查报告、经济论文等。

（2）并列式

并列式即商务文书的几个层次之间是平行、并列的关系，也称横式结构。例如对财务状况进行分析，写作者可以从资产、负债、利润、成本、费用等诸多方面展开具体分析，这几个方面的内容就是并列的关系。

（3）递进式

递进式是指商务文书或以时间的先后为顺序，或以由现象到本质、从因到果等逻辑关系为顺序，逐层深入展开的结构形式，也称纵式结构。例如，开头提出问题，然后剖析研究问题，再找出原因、得出结果，最后提出解决问题的办法或建议，就是一种从因到果的递进方式。

（4）条款式

条款式即商务文书从头到尾都用条文组织内容，显得条理清楚、排列有序、简洁明了。条款式一般分为章断条连式、条文并列式两类。前者适用于内容多、篇幅长的商务文书，后者适用于内容较少、篇幅较短的商务文书。

（5）一段式

一段式即全篇只有一个自然段。由于内容少而简单，不便分开而采用一段式的写法，如便条、单据、介绍信、启事等。

2. 格式组成

（1）层次和段落

层次，是指表述主旨过程中形成的相对完整、相对独立的思想单位或意义单位，也称结构段、意义段。段落是商务文书布局谋篇的基本单位，习惯称之为"自然段"。有时一个层次也可以是一个自然段，也有的文章因其简短，全篇只有一个自然段，如各种条据、启事、简单的通知等。

（2）过渡和照应

过渡是指文章中相邻层次、段落间的衔接与转换，起着承上启下的作用，使全文组织严密、浑然一体。商务文书正文中过渡的方式有以词语过渡，用总结上文、提示下文等承上启下的句子过渡，用一个相对独立的自然段来承接过渡，自然过渡。

照应是指商务文书中不相邻的层次、段落间的关照与呼应。作用是加强文章前后内容的联系，增强文章的整体感。常见的照应方式有首尾照应、文题照应、针线照应等。

（3）开头和结尾

商务文书的性质和特点决定了其开头必须直截了当、开门见山，越简洁越好。开头应当点题或揭示商务文书的内容走向，并引领下文。常用的开头有概述情况、说明根据、直陈目的、交代原因、阐明观点、表明态度、引述来文、提出问题等方式或多种方式的综合运用。常见的结尾方式有强调式、请求式、总结式、要求式、补充式、显示文种式、祝贺慰问式等，以及主体部分意尽即文完，不再另写结尾等方式。

二、常见的书面信息沟通类型

（一）通知

通知是各级机关、团体、企事业单位在商务活动中频繁使用的书面信息沟通类型，具有使用范围广泛、文书有指导性、时效性明显等特点。在向有共同利益的大量人群散发信息的过程中，通知可起到重要作用。常用的通知包括指示性通知、批示性通知、事项性通知、知照性通知、会议通知等类型。

1. 标题

通知的标题有完全式和省略式两种。完全式标题是指发文机关、事由、文种齐全的标题，如"A 公司关于开展销售竞赛的通知"。省略式标题则是根据需要省去发文机关、事由其中的一项或两项的标题，如"通知"。

2. 正文

通知的正文主要包括缘由、事项、要求三部分。主体是事项部分。以事项性通知为例，这类通知多数用于布置工作，因此也称为"工作通知"，其表达要使受文单位明确通知的内容，以及做什么、怎样做、有什么要求。正文一般分三个部分：第一部分为开头，一般说明为什么要发此通知，目的是什么；第二部分是主体，即事项部分，将内容一项一项列出，把布置的工作、需周知的事项阐述清楚，并讲清要求、措施、办法等；第三部分是结尾，一般提出贯彻执行要求，可以用类如"请遵照执行""请认真贯彻执行"等习惯用语。

📳 **沟通案例**

通　知

根据上级通知精神，今年端午节放假时间为 6 月 7 日至 9 日，共 3 天。
各企事业单位根据生产和工作情况自行安排。

××市××区人民政府办公室

2019 年 6 月 3 日

3. 沟通建议

通知要开门见山，不要拐弯抹角。叙述事项时要突出重点，把主要的、重要的内容写在前面。根据需要，主要的内容可详写，要讲清道理、讲明措施；次要的内容可尽量简略，扼要交代即可。语言表达方面，以叙述为主，对下级单位提出要求；还可以适当做一些分析说理，要有严密的逻辑性，只要抓住关键问题，用简洁的语言阐述清楚即可。

另外，有效的通知应遵循以下规则：使用的纸张大小应该与信息量以及张贴在通告栏后能够产生的效果相适应；用大字书写的标题来吸引读者的注意，用信息的细节来抓住读者的兴趣并创造期望，用清楚的措辞来引导读者的行动，信息应简单精练。

（二）计划

计划是各行业、部门、单位根据一定时期的路线、方针、政策等，结合自身的实际情况，事先对今后一段时间内的工作、活动所作出的打算、部署和安排。计划应具备目的性、预见性、可行性等特点。计划一般可采用条文形式或表格形式，也可以既有条文又有表格。如果是大型单位的长期计划，还可以采用正式文件的形式。

1. 标题

标题即计划的名称，一般有全称式标题、简称式标题、文章式标题三种。全称式标题包括制订机关或单位名称、适用时间、内容范围及种类。简称式标题是以全称式标题中一方面或少数几方面内容组成的标题。文章式标题通常以文字表明计划的内容或要达到的目标的形式出现，如"为实现本公司×××年创利 2500 万元而奋斗"。未定稿的计划，要根据性质在标题后或下一行用括号注明"草案""草稿""初稿""征求意见稿""供讨论用""送审稿"等不同字样。

2. 正文

（1）前言

前言是正文的开头，是计划的导语，也是制订计划的背景、依据。前言通常要交代有关的背景材料，对基本情况作出分析，说明上级领导机关的要求、本单位的实际情况、提出任务的依据、开展工作的指导思想、计划的总任务和总要求等。以上内容并不是每一份计划都必须全有，要视具体情况而定。

前言是计划的总纲，回答"为什么做"和"能不能做"的问题，使人们了解执行计划的必要性和可能性。语言应准确鲜明、简明扼要，切忌套话、大话和空话。

（2）主体

主体是正文的中心部分，是计划的核心内容，包括目标、措施、要求（即计划三要素）。目标回答"做什么""做到什么程度"的问题。措施回答"怎么做"的问题，即实施计划的具体办法和方案部署，是实现计划的切实保证。要求回答"做得怎样""如何做完"之类的问题，主要是质量、数量、时间上的要求。

这三要素是互相联系的，没有目标或者目标不明确，就谈不上措施要求；没有具体的措施，目标就难以实现；而没有具体要求，实现目标的效率、质量就没有保证。三要素之间是互相依存、缺一不可的。

（3）结语

结语一般写希望和意见两项。正式文件形式的计划，往往加上"此计划自制订之日起施行"。有的计划不写结语，计划事项写完后自然结束。如有结语，一定要注意时代感和针对性，要写得鲜明、生动，有鼓动性和号召力。

3. 落款

落款一般包括制订计划的单位和日期两项。日期写在正文的右下方，一定要详写，包括年、月、日。如果标题中没写明制订计划单位的名称，则要在日期前写明，并加盖公章。

此外，凡与计划有关的材料，在正文中表述不便时，可采用附件形式（如附表、附图和说明文字）。这些附件都应视为计划的组成部分。如果需要抄报、抄送某些单位，也要分别写明。

沟通案例

××市统计局20××年年度计划

一、指导思想

（略）

二、总体任务

1）加大统计工作力度，加快统计改革和建设，建立有我市特色的统计制度和体系，实现统计工作跨越式发展。

2）加快统计自动化建设，建立完善的现代化统计信息体系，努力实现统计信息全方位网络化。

3）加强统计法制建设，加大统计违法案件查处力度，营造良好的统计工作环境。

三、主要工作内容

（一）认真学习党的十九大报告，深刻领会其精神实质，努力实现新跨越

作为省会所在地的统计局，一定要通过学习进一步强化"首府"观念，增强"率先"发展的意识，奋发进取，坚持"有为""有位"的工作方针，在全区统计工作中带好头，做好榜样。

（二）加强统计队伍建设，注重人才培养

实现统计工作跨越式发展，培养造就一大批优秀人才是关键。我们要在全面提高统计人员素质的基础上，重点培养一批政治素质较高、业务精通、作风过硬，以及统计知识、经济知识、计算机知识能融会贯通的复合型人才；建立一个办事高效、运转协调、行为规范的机关管理体系；建立一支能够适应市场经济发展、适应统计事业发展需要的结构合理的素质较高的统计队伍。

（三）努力搞好统计优质服务，提高统计工作档次

在服务意识上，要及时跟踪社会经济变化形势，敏锐捕捉需求信息，变被动统计服务为主动统计服务；在统计服务实效上，围绕经济目标，加强跟踪监测，做好预警和监测服务；在统计服务的数量和质量关系上，把提高统计数据质量和统计分析水平作为衡量统计服务水平的重要标准；在统计服务层面上，变低层次统计服务为较高层次的统计服务；在统计服务内容上，变零散的、单项的统计服务为综合的、系统的统计服务。

1）及时编发统计信息资料，帮助市领导及时把握我市经济发展变化趋势，使市领导在更大范围、更高层次上决策本市工作。

2）加快统计数据库建设步伐，建立健全全市统计指标体系，以满足市领导随时调用统计资料的需要。

3）及时提供"短、平、快"的重点、热点信息，将死的数字变成活的情况、活的观点供领导参考。

4）增强统计超前意识，充分发挥统计资源的优势，使统计服务从单纯的信息、咨询、监督、服务等职能进一步向预测、监测和参与宏观决策职能发展，真正成为经济运行的"晴雨表"。

5）树立精品意识，切实提高统计分析水平。抓住热点、难点问题，集中力量进行攻关分析。强化"高、尖、精"，逐步实现统计分析从数量型向质量型转变；突出"短、平、快"，不断提高统计分析的深度和广度，增强统计分析的时效性和超前性。

6）继续完善统计数据质量评估制度；加强对各县（区）、开发区、部门、乡镇统计工作质量考评，加强对基层统计数据的评估，进一步提高统计数据质量。

7）加强统计基础建设，实行规范化管理。

8）利用先进的网络技术，为党政领导提供统计优质服务。

（四）建立统计信息自动化体系，提高统计现代化水平

（略）

（五）加快统计制度改革步伐，尽快建立起能够体现时代发展特征，符合社会主义市场经济要求和我市特色的统计制度和体系

（略）

（六）加强统计法制建设，维护统计的严肃性

（略）

4. 沟通建议

（1）坚持从实际出发，体现创新精神

制订计划要坚持从实际出发、实事求是，既要以有关方针政策及有关要求为制订依据，又要结合本单位的实际情况，以保证计划的认同度和可行性，正确认识和把握事物发展的内在规律，准确、敏锐地预见未来。同时，还要在计划中体现出创新精神。

（2）目标明确，任务具体，措施得力，步骤稳妥

计划要指导人们的行动，要达到预期的效果，就必须做到目标明确、任务具体，还要科学安排工作进程，明确规定完成时间，以便于计划执行者互相配合、互相督促，共同保证计划的完成。

（3）随时检查，适时修改

由于计划是事先制订的，所以在执行过程中难免有不尽完善的地方，这就要求计划执行者和计划制订者共同在实践中注意考察计划的可行性，随时检查、分析计划执行情况，结合实际适时修改，不断完善。

（三）总结

总结是对过去一定时期内的实践活动（包括工作、学习、思想等方面）进行回顾、分析、评价，以得出经验教训或引出规律性的认识为目的所写的一种事务文书。总结是人们认识客观事物、掌握客观事物规律的一种手段。通常所说的"小结""体会"实际

上也是总结，只是反映的内容比较简单、时间较短、范围较小。

如果说计划是回答"做什么"与"怎样做"的问题，那么总结则回答"已经做了什么""如何做""做到什么程度"的问题。总结具有内容的回顾性、认识的规律性、对象的个体性等特点。总结的写法不拘一格，常见的形式有分点式、小标题式、条目式、板块式、全文贯通式等。

1. 标题

总结的标题一般有两类：单行标题和双层标题。单行标题又有三种：全称式标题、简称式标题、文章式标题。双层标题，即同时使用主标题和副标题的标题形式。一般主标题点明总结的主要观点或基本经验，副标题做进一步的补充和说明。二者相互配合，可以使受众在阅读全文前对总结的主要内容有清楚的了解。

2. 正文

（1）开头

开头也称前言、导语，主要概述基本情况，即简要交代时间、地点、背景、环境、主客观条件、有利因素和不利因素，以及工作发展状况；或者说明总结的指导思想、范围、目的，以及对工作的总评价，起到开宗明义的作用，给人以总体印象。开头要简单精练、突出重点、有吸引力。

（2）主体

1）过程与做法。讲清楚原计划要求做什么，采取了哪些办法和措施，工作步骤是怎样的，抓住了哪几个主要环节，有哪些好的做法等。对于人们不熟悉的新事物、新工作，对于那些比较复杂、繁难的问题，介绍一些有普遍意义的做法，是很必要的，它能给人以启迪和借鉴。

2）成绩与经验。这是总结的精髓，也是一篇总结的价值所在。无论是综合性总结，还是专题性总结，它都是必不可少的。成绩指工作中取得的物质成果和精神成果；经验指取得这些成果的原因和方法等。这些内容必须翔实、具体，言之有物，条理清晰。按照它们的逻辑关系，或以主次为序，或以轻重为序，或以因果关系为序，或以时间先后为序。成绩要实事求是，有一般情况，有典型事例，还要有令人信服的统计数据，还可以用到对比说明。经验必须从实践中反映出来，是真正行之有效的，反映了工作进程中的内在规律，并上升到一定的理论高度。

3）问题和教训。问题指工作中的缺陷和失误，教训指反面的经验。要用一分为二的观点，阐述工作中所遇到的问题，采取了哪些有力措施，目前还有哪些遗留问题，它们给工作带来什么影响和损失等；着重分析出现问题和失误的主客观原因，由此得出应吸取的主要教训，以防重蹈覆辙。能够发现问题，并接受教训，总结才会有意义。

（3）结尾

结尾是在总结经验教训的基础上，针对存在的问题，提出今后的努力方向和有效的改进措施；或者按照工作的发展趋势，提出新的工作目标；或者对下一步改进工作的设想、意见和安排等，以表明决心、展望前景。这部分要与开头相照应，行文要简洁自然。

总结的落款包括署名和日期。在正文之后的右下角署名，写出单位名称或个人姓名，以及年、月、日。如标题中已标明单位名称，署名就可省去。

沟通案例

"安全生产月"工作总结

2019年"安全生产月"期间，我公司遵照金安委2019〔15〕号通知要求，紧紧围绕"遵章守法，关爱生命"这一主题，结合公司实际，积极开展活动，取得了较好效果。

一、领导重视，精心策划

为确保"安全生产月"活动扎实有效地开展，公司及时召开了公司安委会扩大会议，在传达安全会议精神的同时，公司成立了以总经理××为组长的"安全生产月"领导小组。公司"一把手"亲自挂帅，为活动的顺利开展奠定了基础。在总经理的直接领导下，精心策划，制订了符合公司实际、切实可行的活动计划，并按计划布置实施，使整个活动进行得有条不紊。

二、突出教育，重在提高

公司乘"安全生产月"活动的东风，积极有效地开展了各种宣传教育活动：一是悬挂横幅2条，设立展牌2块，置于厂门显眼处，让公司全体员工上下班进出都能看到；二是在车间内显眼处设立20条标语，随时提醒职工加强安全意识；三是利用班前会每天给员工进行安全教育，反复强调"严是爱，松是害，安全生产利三代"的道理，要求每个员工时刻绷紧"安全"这根弦，克服厌烦情绪，变被迫（管）为自觉；四是利用每周六上午的公司例会，对公司中层干部进行安全宣传教育，强化公司管理层的安全意识。做到层层重安全，级级管安全，人人注意安全。"安全生产月"内始终"警灯长亮，警钟长鸣，警示牌长挂"，公司掀起了一个大搞安全文明生产的新高潮。

三、措施扎实，行之有效

宣传是手段，安全是目的。为了达到这一目的，公司采取了一系列行之有效的措施：首先，将责任分解落实到每个部门，由部门实行承包，公司与部门签订责任承包书，明确目标、要求和责任。其次，制定出考核办法和评分细则，实行百分考核，奖惩兑现。每月进行考核评比一次，考核组由总经理带头，副总经理及职能部门人员参加，考核评分以组织检查与日常巡查相结合。这条措施一下达，效果十分明显，面貌大为改观，证明是行之有效的。

"安全生产月"活动虽已结束，但安全工作没有尽头，"今天安全了，明天要更好"，公司将一如既往，常抓不懈。

××公司办公室
二〇一九年五月三十日

3. 沟通建议

（1）实事求是

撰写总结必须本着实事求是的态度，从客观实际出发，既要有新发现，又要如实反映情况，切不能在总结中夸大成绩、隐瞒失误、自欺欺人。否则非但不能推进工作，反而会给工作带来消极影响。

（2）抓住关键

总结要有针对性，要通过对大量材料的研究，抓住其中最有价值、最能体现规律性的东西来写，而不能只罗列材料、泛泛而谈。那种抓不住重点、抓不住关键的一般化的总结，今年可以用，明年改一下时间和数字还可以用，写总结仿如例行公事的做法，对实际工作是毫无用处的。

（3）叙议得当

总结的用语一定要准确，避免使用笼统、含糊的问语，如"大体上""可能是""差不多"等，这样的词语不能给人以准确、清楚的印象。同时，要以叙述为主，叙议结合，叙议得当。一般来说，写工作过程、列举典型事例以叙述为主，分析经验教训、指明努力方向时则多发议论。

（四）备忘录

备忘录是公司内部沟通中普遍且常规的应用，主要用于在内部传达简短和具体的信息。备忘录可用于安排会议、告知调查结果、预订会议室、组织培训、组织参观展览、要求告知员工具体事宜等商务工作。

1. 基本格式

备忘录除主体内容外，有时还包括附件和复印件。备忘录是一种录以备忘的文书，它在商务函件中等级是比较低的，主要用来提醒或督促对方，或就某个问题提出自己的意见或看法。在业务上，它一般用来补充正式文件的不足。

备忘录通常用 A4 或 A5 纸张按照格式要求打印。收发者通常用工作职位表示，也可以写明全名。备忘录可能需要散发给其他相关各方，这应该在备忘录中写明。在拟订备忘录的主题时需要注意主题要清楚、明确，能够准确地告诉接收者备忘录中所涉及的内容。一般应遵循一事一录原则，即一个备忘录陈述一个主题。备忘录的正文应该简练，必要时可附加小标题。

📓 沟通案例

备 忘 录

致：市场营销部门主管
来自：市场营销经理
转发：陈洁，秘书
主题：参加 2019 年软件展
日期：2019 年 6 月 2 日

距展览开展还有 8 周时间，我们需要确定后续工作的细节，尤其是销售队伍的工作。根据上周公司会议的情况，我们需要讨论展览后的促销计划事宜。

请确认是否能够参加 6 月 9 日下午 15:00 在我办公室召开的协商会议。

2. 沟通建议

不同的备忘录在风格上存在很大的差别：高级行政人员对所有员工的命令可以很容易通过备忘录表达出来；匆忙地写给一位同事的备忘录就可以用聊天般的语言完成；给公司中级别高的人写备忘录时，在风格上会非常谨慎。

因此，可以根据在公司中与对方关系的亲疏以及地位对比来确定备忘录的写作风格。如果一个高级上司发来一封聊天般、不拘礼节的备忘录，而在回复时答复人也效仿他，上司可能产生反感。

沟通案例

备忘录（一）

发送人：李明，培训部经理

送　达：刘宾，人事部经理

主　题：就职培训计划

时　间：12 月 21 日 9:00

应你的要求，我刚附寄了一份草拟的计划课程单。

M 女士将于本周三到你处，因为我必须在周五之前安排好整个事情，周三正好适合你和她核对此事，而且请让我在周三前知道你对此事的个人意见。

备忘录（二）

发送人：李明，培训部经理

送　达：常务董事

主　题：就职培训计划

时　间：12 月 21 日 9:00

遵照您的秘书的电话，现另函邮寄我们将在 1 月 3～20 日进行的就职培训计划的草案。

根据您的意见，我们暂时安排您对新员工的讲话在 1 月 9 日 14:00 进行。

我将很快定案。因此如果可能的话，我希望能在周五前拿到您对该计划的意见，谢谢！

（五）信函

信函是人们日常生活和工作中不可缺少的交流思想的工具。书写商务信函并不需要使用华丽优美的辞藻，只需要用简单朴实的语言准确地表达出自己的思想，让对方可以非常清楚地了解自己的意图即可。

1. 基本格式

商务信函的写作格式与一般信函相同，一般由开头、正文、结尾、署名和日期五个部分组成。

（1）开头

信函的开头写收信人或收信单位的称呼，称呼单独占一行、顶格书写，称呼后用冒号。

（2）正文

信函的正文是书信的主要部分，叙述业务往来联系的实质问题，通常包括以下几部分内容。

1）对收信人的问候。

2）表达写信的事由，如表示问候、谢意，或对来信中提到的问题进行答复等。

3）此封信要进行的业务联系，如询问有关事宜、回答对方提出的问题、进行商业报价等。在此需要阐明自己的想法或看法，向对方提出要求。如果既要向对方询问，又要回答对方的询问，则宜先答后问，以示尊重。

4）提出进一步联系的希望、方式和要求。

（3）结尾

结尾往往用简单的一两句话写明希望对方答复的要求，如"特此函达，即希函复"；同时表示祝愿或致敬，如"此致敬礼"等。祝语一般分两行书写，也可和正文分开写。

（4）署名

署名即写信人的签名，通常写在结尾或另起一行的偏右下方位置。以单位名义发出的商业信函，署名时可写单位名称或单位内具体部门名称，也可同时署写信人的姓名。对于重要的商业信函，为郑重起见，也可加盖公司公章。

（5）日期

写信日期一般写在署名的下一行或同一行右下方位置。商业信函的日期很重要，不要遗漏。

2. 信函版式

（1）齐头式

齐头式信函的特点是所有的内容都要从左边开始，并排齐。齐头式信函的优点是高效，英文信函常采用这种格式。但这种格式也有一个问题，即看起来不对称，特别是在使用没有信头的信纸时，寄信人的地址要写在或打印在信纸的左上角，显得更加倾向于一边。

（2）半齐头式

半齐头式信函的特点是日期和署名靠右放置，主题居中，其他的内容都从左边开始，段落也都采用齐头式。这种版式的优点是整个页面看起来比较平衡。

（3）半缩头式

半缩头式信函与半齐头式信函很类似，但是每个段落都是首行缩进。与齐头式版式相比，这种版式的优点是不显得那么零乱，是中文信函比较常用的一种版式。

沟通案例

背景资料：某鲜花店的鲜花不仅在店里销售，还提供网络邮购服务。今天收到客户王玉的一封投诉信，声称邮购的鲜花运抵时令人很不满意（商品价值 500 元人民币）。信中写道："全都枯萎了。有一株在我从盒子里拿出来时，竟然断了。请立即重新发货。"

以下是鲜花店给客户的五种回复信，请分析哪种回复较为得体。

回复信（一）

亲爱的顾客：

我核查了运输鲜花受损的原因。排除了运输中的失误，发现你订购的鲜花是由一位新手工人包装的，该工人不懂得鲜花运输之前要浇水。我们已经开除了该工人，所以你可以放心，这种事下次不会再发生了。

虽然我公司会为此花费几百元，但我们仍然会重新给你寄上一份鲜花作为补偿。

新花抵达后，请通知我方运抵时的状况。我们相信你不会再投诉了。

回复信（二）

亲爱的王玉：

我们搞错了你的订单。全国范围内发送鲜花这种货物的风险性是很大的。有的植物无法承受路途的辗转（有时我自己都受不了这份辛苦）。下周我们会另外发送给你一份新的鲜花，但是会在你的账上记 500 元。

回复信（三）

亲爱的王女士：

你对收到的鲜花不满意，我感到很遗憾。但的确不是我们的错。包装盒上明确写着"打开后，请及时浇水"。如果你照办了，鲜花一定不会出问题的。另外，所有买花的人应该知道鲜花需要呵护。你抓着叶子当然根会被拔出来的。由于你不会照顾花卉，特为你寄上一本《怎样养护花卉》。请认真阅读，以免将来发生类似的不快。

盼望你再次订购。

回复信（四）

亲爱的王女士：

你 5 日的来信已经引起了我们的注意。

信中称，第 47420 号订货收到时情况很糟糕。在此要指出的是，我方规定：对货物的任何调整必须按照订货单背面的条件和说明处理。请仔细阅读相关条款：客户若欲就该订单投诉，应提交书面投诉信和货物发票给承运商，并在收货后 30 天内，向本公司详细汇报损坏情况。

你 5 日的信中没有涉及损坏的具体情况。另外，送货单上没有任何特别注明。如果你有索赔的打算，请参照我公司相关的条例。请将相关必要文件于本月 20 日下班前送达公司办公室。

回复信（五）

亲爱的王玉：

你将于下周收到索赔的常青植物。

这次，花卉起运前彻底浇透了水，而且采用了特殊包装箱。但是如果天气过热或货车晚点，小的根球也会干涸。可能上次的花卉就是这样受损的。但是小根球植物很容易移植，所以到了你家的花卉应该没有任何问题。

你订购的仙人掌等属四季常青植物，它们会四季常青，越来越漂亮。

3．沟通建议

（1）积极性信函

1）陈述好消息并概括要点。陈述好消息的内容，如合作开始的日期、定价折扣的比例等细节。如果对方已经提到此问题，要明确地表明正在回复。

2）陈述细节。不要重复第一段的信息，要回答对方可能提出的全部问题，并提供达到沟通目的所需的所有信息，按重要程度排序把细节提供给对方。

3）积极地表述负面因素。常见的负面因素有规定可能存在的限制、信息可能不全面，以及对方可能要满足要求才能获得折扣或优惠等。在信函中，要使这些消极的因素内容清晰，并尽可能表述得肯定些。

4）解决对方所得利益。大多数商务信函需要提到对方所得的利益，表明这一规定或手续对双方都有益，并提供充足的细节，把利益的内容表达清晰，令人信服。在信件中，还要列举与己方合作的好处，以及这一新政策或价格折扣给对方带来的利益。在传达好消息的信件中，也可以将简短的优惠内容与表达良好祝愿的结尾放在最后一段。

5）表达合作的意愿。使用正面的、个性化的、着眼于未来的结尾，将信函的重点由信件转移到具体个人身上，表明为对方服务才是己方真正关心的。

（2）消极性信函

1）阐明拒绝的理由。当有一个能被对方理解并接受的理由时，就在说明拒绝的意愿之前阐明你的拒绝理由。一个合适的理由能使对方对拒绝有思想准备。

2）清晰表达消极信息。消极的信息需要一次讲明，而且要表达清晰、明确。如果表达不明确，则可能会被对方忽略，那就不得不再拒绝一次。

3）尽量提出折中办法。如果可能，提供其他可供选择的方法或折中办法。这样不仅可以给对方提供达到目的的另一种途径，还可以表达自身对对方的关心。

4）结尾。要肯定积极，着眼于未来。

课后训练与实践

第三节　非语言信息沟通

导入案例

　　一位成功的女企业家去做美容，美容师向她倾诉婚姻的不幸，并问她自己是否该离婚。女企业家并不熟悉她的家庭，不能乱拿主意，所以每次美容师问她，她就反问一句："你看该怎么办？"美容师就认真考虑一下，然后说出自己的想法。

　　不久，女企业家收到了美容师的鲜花和感谢信。

　　一年以后，女企业家又收到该美容师的一封信，说她的婚姻已十分美满，感谢女企业家的好意。

　　思考：美容师为什么会感谢女企业家？

一、倾听

（一）倾听的基本内涵

1．倾听的含义

　　倾听是我们在生活中经常要做的事情：听音乐，听电话，听孩子、父母、同事所说的话……我们一生都在倾听，因而一生都在思考。有一项针对商务人员每日状况的调查表明，他们用于"写"的时间占9%，用于"讲"的时间占30%，用于"读"的时间占16%，用于"听"的时间占45%。由此可见，善于倾听是商务人士必备的素质之一。

　　说到倾听，人们想到最多的器官就是耳朵，有个成语叫作"洗耳恭听"。对于多数人而言，倾听就是"听见了"，这种想法让我们误以为有效的倾听就是人类的本能。事实上，倾听是指通过感官（视觉、听觉、触觉等）媒介，接收、吸收并理解对方思想、信息和情感的过程。

　　倾听不是人们平常所说的听或者听见。就像人们参加一个自己不太感兴趣的会议，虽然可能听到了所有的内容，但这不是倾听。严格地讲，听见是一个生理过程，取决于耳朵如何对声波的振动作出反应，是一种被动的行为。人们可能当时听见了某件事情，但是事后却不能回忆起来，或者是人们生理上可能听到了某件事情，但是却因为注意力不集中而没有意识到。倾听则是一个将注意力集中于当前声音的有意识行动，具有个体主观努力的特征，与个体的主观感受有关，是一种主动的行为。

　　按照倾听的效果，倾听者可以分为以下三个层次。

　　（1）敷衍了事型

　　这种倾听者总是一边听别人讲话，一边在考虑其他不相干的事。他可能眼睛盯着别人，心里却在想："今天中午要去新开的那家餐馆吃饭。"这一层次的倾听者听是听了，但没有反应，花在听方面的努力很少，别人的话只是由他耳边"流"过，却没有留下任何有价值的信息。

（2）词面理解型

词面理解型即对方怎么说，自己就怎么听，也不问其内在的隐含意义是什么，始终处于被动地位。这种倾听者通常只能听到表面意思，不能深刻体会讲话者实际要表达的意思。因此，在商务沟通中，这种倾听者往往给人一种不得要领、木讷的感觉。

（3）全心投入型

这种倾听者不但用耳朵去听，而且其全部身心都进入对方话语的意境中，既听懂了对方的"话内音"，又明确了对方的"话外音"，同时对讲话者会有更深刻的认识。

2. 倾听的作用

（1）善听者善言

在别人说话的时候，你是否迟滞发呆、冷漠烦闷？你是否坐立不安、急于打断别人的谈话？人们常常会用消极、抵触的情绪听别人说话，甚至在对方还未说完的时候，心里早在盘算自己下一步该如何反驳。没弄明白别人说什么，就急于表达自己的观点，这样的发言毫无针对性和感染力，交谈的结局可想而知。

（2）获得更多信息

一个善于倾听的人正是最容易获取有价值信息的人。资讯即力量，掌握了倾听的技巧无疑等于获得了力量的源泉。通过倾听，我们可以了解对方要传达的消息，同时感受到对方的感情，还可据此推断对方的性格、目的和诚恳程度。通过提问，人们可澄清不明之处，或是启发对方提供更完整的资料。

（3）给予沟通关键

如果沟通的目的是说服别人，那么多听对方的意见会更加有效。因为通过倾听能从中发现对方的出发点和弱点，可以提高判断力，为说服对方提供了契机；同时，又向对方传递了一种信息，即你已充分考虑了他的需要和建议，这样，他会更愿意接受你的意见。

（4）改善人际关系

人们大都喜欢发表自己的意见，如果你愿意给他们一个机会，他们会立即觉得你和蔼可亲、值得信赖。当人们认为他们对你是重要的时候，就会尊重你，并与你合作。就如本节"导入案例"所描述的那样：女企业家什么主意也没出，只是以足够耐心和沉静感染了美容师，给她一个整理自己思绪的时间和机会，使她从非理智转变到理智中来，找到了解决问题的方法。女企业家就这样"轻而易举"地获得了对方的谢意和友谊。

（5）解决问题

在你尚未真正理解对方的观点之前，和对方的观点不一致是荒谬的。倾听可以帮助你建立信心，越理解对方就越可能说服对方做你想做的事情。在倾听之前就说话，往往会导致对方不满。合格的倾听者还会促使对方思维更加灵活敏捷，启迪对方产生更深刻的见解，双方皆受益匪浅，达到双赢。

3. 倾听障碍

（1）环境因素

环境干扰是影响倾听效果的重要因素之一。交谈时所处的环境千差万别，时常转移人们的注意力，如聊天声、打电话声、汽车喇叭声等噪声。环境对倾听效果的影响表现为：影响信息传递过程，放大或缩小信号；影响沟通者的心境。环境不仅从客观上，而且从主观上影响倾听的效果，这正是人们注重挑选沟通环境的原因。

（2）语言因素

语言的含义不在语言里，而在说话者的心里。由于每个人的成长背景不同，知识、经验及价值观存在差异，每个人对同一个文字的解释也不会完全相同。例如，专业术语、信息的超载等，都会使倾听者在短时间内无法有效接收信息。此外，口头语言与身体语言不相符也会导致接收者产生疑问。例如，当你与别人谈话时，你说的是"三"，而此时伸出五个手指，如果倾听者注意到你的动作，必然感到迷惑。

另外，语言速度与思维速度的差异是重要的障碍因素。人的思维速度总是快于人的讲话速度。一般，人平均每分钟说 125 个字词，一些俚语的速度会更快；而人的大脑每分钟则能加工 600～800 个字词。

（3）个人因素

倾听者理解信息的能力和态度直接影响倾听的效果。所以，在尽量创造适宜沟通的环境条件之后，倾听者要以最好的态度和精神状态面对讲话者。来自倾听者自身的障碍可归纳为用心不专、急于发言、选择倾向、心理定式、不良情绪等几类。

此外，个人的生理差异也容易造成倾听障碍。人精力在一天当中会呈波状浮动，通常来说，早晨刚起床之后，人可能精力充沛、兴致勃勃；午饭之后，人可能会感到疲惫而昏昏欲睡。显然，在这两个不同的阶段，倾听的效果会有很大差异。

（4）过程因素

商务沟通过程本身也是引起倾听障碍的主要原因之一。例如，商务会议通常有一个发言议程，与会者的个人议程可能成为其倾听障碍。倾听者要将注意力放在发言者身上，而不是放在自己的个人议程上。若你告诉自己"他讲得太枯燥了"，这时你需要提醒自己振作精神、调整状态。

（二）关于倾听的原则和建议

1. 倾听的原则

（1）"三心"原则

1）要耐心。在对方阐述自己的观点时，应该认真听完，并真正领会其意图。听到与自己意见不一致的观点或自己不感兴趣的话题时，或者因为产生了强烈的共鸣就禁不住打断对方或作出其他举动致使他人思路中断，都是不礼貌的行为。当别人正在讲话时，不宜插话，如必须打断，应适时示意并致歉后插话。插话结束时，还要立即告诉对方"请您继续讲下去"。倾听时还应注意自己的仪表，不应从自己的举止或姿态中流露出不耐烦、心不在焉的意思，因为这样会伤害对方的自尊。

2）要专心。在倾听对方说话时，应该目视对方，以示专心。语言只传达了部分信息，要真正了解对方，还应注意对方的神态、姿势、表情以及声调、语气等肢体语言的变化。同时，以有礼而专注的目光表示认真聆听，对对方来说也是一种尊重和鼓励，可以使其感到自己谈话的重要性和必要性。

3）要热心。在交谈中，强调目视对方、认真专心地倾听，并不是说倾听者完全被动、安静地听。在交谈时，如果面无表情、目不转睛地盯着对方，便会使对方怀疑自己的仪表或者讲话有什么不妥之处。因此，倾听者在听取别人的谈话后，可以根据情境，或微笑，或点头，或发出同意的应答声，甚至可以适时地插入一两句提问，如"真的吗""哦，原来是这样，那后来呢"等。这样就能够实现讲话者与倾听者之间不断的交流，形成心理上的某种默契，使交谈更为投机。

（2）"五到"原则

"五到"原则也叫"五位一体"原则，具体是指耳到（用耳听）、眼到（用眼看）、嘴到（用嘴问）、脑到（用脑思考）、心到（用心感受）。

2. 对于倾听的建议

（1）停

为了关注他人的信息，倾听者必须调整内部对话，停止自我中心化的评判，剔除外部噪声。

（2）看

当非言语信息与言语信息相矛盾时，你不仅要注意言辞，还要关注非言语信息。就像用耳朵倾听一样，我们也要通过面部表情、目光接触、体态、呼吸和动作等分析信息的含义。

"看"的另一个原因是，保持目光接触标志着对对方谈话的关注和兴趣。当你的目光越过对方的头顶，或经常看手表时，对方可能会捕捉到你心不在焉的信号。

（3）问

在倾听过程中，恰当地提出问题，与对方交流思想、意见，有助于相互沟通。沟通的目的是获得信息，了解彼此在想什么、要做什么。通过提问的方式可获得信息，同时也可以从对方谈话的内容、方式、态度、情绪等其他方面获得有用信息。

（4）听

认真倾听必须做到：①精心准备。倾听者在交谈前应列出自己要解决的问题，在交谈过程中，注意听取对方对这些问题的回答。②摘录要点。对于交谈中涉及的一些关键问题，尤其是与最后期限或工作评价有关的内容应一一记录下来，这有利于在行动时通盘考虑、突出重点。③会后确认。在交谈接近尾声时，与对方核实自己的理解是否正确，尤其是对下一步该怎么做的相关安排予以确认，这有利于自己能按照对方的要求，正确地采取行动。

（5）回应

沟通是双向的，倾听也一样。商务人员必须善于对沟通客体的语言进行回应。我们可以运用以下回应方式：①反馈意思，即简要概括对方所言的内容与事实；②反射感觉，即向对方表达对其感受的认同；③综合处理，即将对方的几种想法综合为一种想法；④大胆假设，即根据对方的需要，从对方角度大胆假设。

📖 沟通案例

1. 反馈意思

讲者：你不在时发生了许多事情。李×撞了车，需要几天才能治好；王×患了流感；张×扭伤了脚踝。此外，我们必须有一份临时计划，不知谁故意把我们的重要文件弄丢了。你回来了我真高兴。

听者：听起来你做了大量的工作，而且一直忙到现在，是吗？

2. 反射感觉

讲者：我真是厌烦极了。这项预算非常不精确，他们希望我严格管理。我花费大量的时间熟悉它们、发现错误，却耽误了我的工作。

听者：是的，真是够烦的。

3. 综合处理

讲者：第一件事主要是政策改变，没有人能够预言；第二件事是我们最好的一个技术员辞职了；第三件事是这个项目的最后期限到了，我建议检查一下，看看我们应该做些什么。

听者：你的意思是，一系列的障碍使我们完成这个项目更加困难了。

4. 大胆假设

讲者：我真不知道该如何选择，每项活动都有赞成和反对两种意见，而且反应都相当激烈。

听者：如果我处在你的位置上，我想我宁愿慢些作出决定，以免得罪某一方。

（6）心态

一方面，要消除成见，克服思维定式的影响，客观地理解信息。人们有时候会被自己的好恶感左右：喜欢某个人，只要那个人讲句话，不管对与错，在自己耳朵里全都是正确的；讨厌某个人，即使见一面都觉得难受，更别说坐下来耐心听他讲话了。其实，这种心态会对双方的沟通造成很大影响，容易使信息失真。只要花费时间去听对方讲话，就应该在对方的话中找出对自己有用的东西，如共同的利益或兴趣。

另一方面，要有良好的精神状态。在许多情况下，人们之所以不能认真倾听对方的讲话，往往是由于自己身体和精神准备的不够，在情绪低落和烦躁不安时，倾听效果不会太好。因此，倾听者要不时作出开放性动作，这就代表着接受、容纳、尊重与信任。例如，倾听者可以及时用动作和表情予以呼应，表示自己的理解，如微笑、皱眉、摇头等，给讲话者提供准确的反馈信息，以便其及时调整。

（7）环境

热恋中的恋人喜欢"花前月下"，是因为美好的场景可以带给人们倾诉或者倾听的欲望。同一句话在不同的场合传到倾听者耳朵里的效果是不同的。因此，在谈论不同的事情时，就应该根据交谈的内容选择合适的时间、地点、场合。讨论重要的事情时，应该选择一个相对严肃的、封闭的环境；谈论比较轻松的话题，就应该选择一个欢快、明朗的环境，这样才能保证倾听的效果。

3. 适时插话

在倾听时要想提高自己的影响力，就必须能以适当的方式参与到他人谈论的话题中去，发表自己的观点。要想让自己的插话被人接受，就要善于抓住时机，掌控交谈节奏。插话不是争话，压住别人的话头硬发表自己的意见会令人反感，因此要等别人把话说完，在交谈的间歇处及时插话。

插话时可以从前面的交谈中抓住一点作为源头，将别人的话做一小结，然后发表己见，把话题推向实质性阶段。同时要注意，当交谈进入自己最熟悉、最有真知灼见的内容时，千万不要失去机会，说就要说得别人心服口服，而无关紧要的话不说也罢。这样的插话就显得协调、合拍，就等于驾驭了交谈局面。

插话应以交换意见的语气进行，谈自己的认识时应该多用"我以为""我觉得"，这样可以增加交谈的探讨气氛。别人谈话时，用"听我说""你知不知道"一类的话打断对方，是很粗暴的、不可取的。

插话应根据交谈的特定语境，选择独特角度，发表独到见解，力求给人以耳目一新的感觉。恰当的插话会引起对方的注意，进而停止自己的话语，让你先说。另外，交谈是多边的交流活动，作为其中一员，讲话内容应服从于统一话题。如果插话违背对方原意，未听明白便妄下结论，或不着边际、转移话题，或抢过话头、显示自己更高明等，都会有不尊重对方的意味，甚至会引起争执，最终不欢而散。

二、空间距离

（一）空间距离的基本内涵

1. 空间距离的概念

空间距离也叫空间语言、界域语。每个生命都有自己的领地范围，即"安全圈"。一旦有异物侵入这个范围，就会使其感到不安并处于防备状态。人人都有一个把自己圈住的心理空间，它像生物的"安全圈"一样，是属于个人的空间。一般情况下，每个人都不想侵犯他人空间，但也不愿意他人侵犯自己的空间。人与人关系越亲密，空间距离就越短。

沟通案例

有一次，著名行为学家法斯特和朋友在一幢办公大厦中同乘一部电梯。电梯开到第14

层时，进来了一个漂亮的少女，法斯特的朋友上下打量着她，那个少女脸上红一阵白一阵。

当电梯降到第 1 层时，那个少女一边跨出电梯一边回过头来对法斯特的朋友吼道："你没有见过女人吗？你这个老色鬼！"

法斯特的朋友望着气呼呼走出电梯的少女，不解而又狼狈地问法斯特："我做错了什么啦？你告诉我，我到底做错了什么事？"

法斯特告诉他说："你错在贪看，当你和陌生人处于密闭空间时，看一眼就应迅速将眼光移开。"

因此，人们在电梯里、公共汽车上，碰到有吸引力的异性时，切不可盯视，更应该尽量避免碰及对方的任何部位，以免带来不悦甚至冲突。

2. 空间距离的类型

（1）一般空间

一般空间即人际交往的空间，主要有亲密空间、个人空间、社交空间、公共空间等类型，具体如表 3-2 所示。其中，亲密空间的含义为"亲切、热烈"，只有关系亲密的人才可能进入这一空间，如配偶、父母、子女、恋人、亲友等。个人空间的含义为"亲切、友好"，其语言特点是语气和语调亲切、温和，谈话内容常为无拘束的、坦诚的，如个人私事，在社交场合往往适合于简要会面、促膝谈心或握手。社交空间的含义为"严肃、庄重"，是一种理解性的社交关系距离，如社交活动和办公环境中处理业务、谈判、会见客人等。公共空间是人们在较大的公共场所保持的距离，其含义为"自由、开放"，适用于大型报告会、演讲会、迎接旅客等场合。

表 3-2　一般空间类型

基本类型	空间距离	空间含义	适合情形
亲密空间	私密距离（≤0.15 米）	亲切、热烈	配偶、亲人、恋人
	亲密距离（0.15 米＜距离≤0.5 米）		
个人空间	友好距离（0.5 米＜距离≤1 米）	亲切、友好	朋友、熟人
	近距离（1 米＜距离≤1.5 米）		非私人交往
社交空间	中距离（1.5 米＜距离≤2 米）	严肃、庄重	社交、办公业务
	远距离（2 米＜距离≤3 米）		谈判、会面、展示
公共空间	超远距离（＞3 米）	自由、开放	报告会、演说、演出

（2）特殊距离

特殊距离是指除了以上一般空间之外的，在商务活动中十分重要的其他空间距离，主要有引导距离、待命距离等。其中，引导距离主要适用于带领、引导对方进入某个空间，如酒店服务员带领宾客进入包间。此时，商务人员一般应位于被引领者的左前方 1 米左右，不远不近，便于随时引导被引领者并与之交流。待命距离主要适用于等待沟通对象自主行动，当其有疑惑、麻烦时，商务人员能及时出现、随叫随到，如商场内销售员的位置。此时，商务人员通常应位于对方的侧后方 3 米左右。

（二）关于空间距离的建议

1. 遵循的原则

（1）保持距离，零度干扰

距离产生美感，在与人交谈的时候，要注意远近适当。太远了使人感到傲慢、架子大；太近了，又显得不够重视。例如，顾客去商场购物，一下子围上来几个销售员，每个人距离顾客不到 1 米，会使顾客倍感压力和紧张，也干扰了顾客自由行动的权利。

（2）利用距离，合理沟通

掌握空间语言，了解不同距离信息所代表的含义是现代商务人员的"必修课"。某些空间距离运用得当，可以事半功倍地实现沟通效果。例如，把对方带入自己占有的空间交谈，你就会占优势。

2. 尊重差异

（1）尊重他人空间权

首先，商务人员要恪守不同的空间距离，不越位；他人空间内的物品，未经许可，不要乱动。其次，不随意进入他人私有空间。在进入他人私有空间之前，一定要征得同意。

此外，目光侵入也属于侵犯空间。例如，在地铁上看旁边人的报纸等。

（2）尊重性别差异

男女在空间距离上的差异，主要体现在两个方面：一是同性之间交往距离上的男女差异。在同性之间的交往中，一般来说，男性的"个人圈"较大，而女性则"戒心"不强，喜欢手拉手地结伴而行。心理学家做过这样的试验，让相同数量的男性或女性同处在一个小房间内待上一段时间，结果发现，时间稍长，男性会焦虑不安，脾气暴躁，而同等数量的女性待在一起却能融洽相处、亲密无间。二是异性之间的交往距离上的男女差异。男性在和异性交往时则倾向于向异性靠近。

（3）尊重文化语义差别

文化背景的不同、社会地位的差别、人际亲密程度都会影响空间语言的表达。社会交际是在一定的空间内进行的，空间的大小影响到交际双方态度的亲疏和交际效果的好坏。例如，一男一女相遇，在 2 米远的地方他对她说："看见你非常愉快。"如果他和她在十几厘米远时说这番话，可以发现虽然他说话的语调和神态都没有变，而空间的大小会造成不同的感觉：在第一种情况下，他的问候是正常的或带有"例行公事"的性质；而在第二种情况，他的问候是亲热的。在相同的语言环境中，人际空间直接影响了言语交际的效果。

在不同的国度、不同的种族中，人际交往的习惯距离往往不同，这与人们对"自我"的理解不同有关。例如，北美人理解的"自我"包括了皮肤、衣服以及体外几十厘米的空间，因此在交际中他们都会保持适当距离。

课后训练与实践

◆ 第四单元　商务沟通媒体

学习目标

1. 熟悉商务沟通媒体的重要性，掌握沟通媒体的基本理论。
2. 掌握线上沟通媒体的内涵、主要类型及其沟通技巧。
3. 掌握线下沟通媒体的内涵、主要类型及其沟通技巧。

第一节　沟通媒体概论

导入案例

张经理和客户代表徐××的谈判已经进入第三天，双方合作的其他条件已经谈妥，唯独在投资比例上有争议。张经理代表公司提出希望对方加大投资额度，但徐××始终表示最多只能再增加5%。结果，双方争执不下，谈判陷入了"拉锯战"。为了缓和紧张的谈判气氛，张经理提议暂停谈判。

第二天，张经理带着徐××和其助手来到了附近的农家乐旅游基地。

端坐在池塘旁边，张经理和徐××各自手持钓竿。不一会儿，徐××钓起一条大鱼，他兴奋地甩掉烟头，得意扬扬地高喊助手："快过来，帮我把鱼扔到桶里面！"

张经理故意带着嫉妒的语气说："徐总，好运气啊！"

"唉，这怎么是运气呢？这是实力，是技术。"徐××脸上带着兴奋的笑容。

"那是，徐总，放长线你才能钓到大鱼嘛。"张经理说着，把鱼饵包递了过去，"怎么样，再给我们追加一部分投资，我保证你会钓到更多的大鱼！"

徐××当时并没有给出明确的答复，不过在晚宴上，当那条他亲手钓上来的大鱼端上桌时，他告诉了张经理自己的决定——再追加20%的投资。

思考： 徐××为什么会追加投资？

一、沟通媒体概述

（一）沟通媒体的内涵

沟通媒体即沟通渠道，也可称为沟通通道、沟通途径，是商务信息得以顺利传递和接收的路线或有效途径，即信息发送者将信息传递至接收者借助的媒介物。它在沟通过程中承担着保证发送者和接收者的信息传递通畅的任务。

媒体可以是有形的，也可以是无形的；可以是口头声音，也可以是肢体动作；可以是视觉的纸张，也可以是听觉的声响；可以是覆盖广泛的大众媒介，也可以是对象精准的小众媒介……总之，沟通媒体是中间的、物质的手段、工具或形式。例如，西方某国的寻人启事不是简单地写在纸上，或发表在报纸、电视上，或张贴在公告栏、电线杆上，而是印刷在居民每天饮用的牛奶的包装盒上。再如，本节"导入案例"中，张经理巧妙地运用钓鱼这种非正式的沟通媒体，不仅拉近了与沟通对象的距离，还实现了企业的目标。

（二）沟通媒体的类型

1. 一般分类

1）按沟通客体的数量，沟通媒体可分为大众沟通媒体和小众沟通媒体。前者是指大多数沟通客体在接收某商务信息时普遍依赖的一般通道形式，如电视、广播。后者是指少数沟通客体在接收某商务信息时普遍依赖的特殊通道形式，如专业性网站。

2）按沟通客体的群体属类，沟通媒体可分为内部沟通媒体和外部沟通媒体。前者是指商务信息在某个客体内部传递时，被普遍依赖的通道形式，如内联网、简报。后者是指商务信息在多个客体之间传递时，被共同依赖的通道形式，如传真、公告。

3）按沟通媒体的地位性质，沟通媒体可分为正式沟通媒体和非正式沟通媒体。前者是指被相关管理部门（尤其是政府主管部门）公开认可授权的通道形式，如各级电视台、广播台。后者是指没有被相关管理部门公开认可授权的通道形式，如城市杂志、个人网站。

2. 特殊分类

1）按沟通媒体的层次，可分为媒体类别（media class）、媒体载具（media vehicle）。前者是指一般的划分方式，即发送信息最先考虑的媒体形式，如电波媒体（电视、广播、网络）、平面媒体（报纸、杂志）。后者是指在前者下的特定媒体，即一个特定的电视节目（如焦点访谈、交换空间）。这样划分的意义在于通过各媒体载具之间的比较，提供媒体选择上的依据。

2）线上（on the line）媒体、线下（off the line）媒体是区分沟通媒体的现代标准，其本质是通过人际或非人际的方式传递商务信息。

（三）沟通媒体的特点

1. 过滤性

沟通媒体就像一台商务雷达，不断搜集着商务活动的各种信息（从企业兴衰、市场发展到民情民意），然后归拢输出，这就是沟通媒体的过滤性。这种过滤性表现在许多方面，如报社决定发布的商务新闻，只占发布的重要新闻的 1%，而读者接收的商务新闻只占发布的 1%～2%。大众沟通媒体可以通过过滤性，把人们的视线集中在某些事物上，而忽略另一些事物。

2. 协调性

人们通过沟通媒体获取信息，并根据这些信息调节自我，以适应周围的环境。各种社会力量借助沟通媒体树立权威和形象，而受众依靠沟通媒体表达自己的看法，从而影响各种社会措施的实施，以此达到个人与商务活动的协调。

3. 统一性

沟通媒体可以使各种亚文化群趋于程度不同的融合与统一，而受众通过沟通媒体扩大了视野。在此过程中，大众沟通媒体使受众之间日益相似。例如，一个国家或地区的人们在许多方面（如语言、服饰、道德、价值观）越来越相似。

4. 社会性

沟通媒体可以授予商务活动个人、群体，以及工作活动特殊地位。凡是获得大众沟通媒体好评的个人、群体，其社会地位会相应提高。沟通媒体可以提高个人和群体的声望和权威。一些知名人士发表言论支持政策、代言产品等，都与沟通媒体在不同程度上授予的地位和功能有关。

沟通案例

《致青春》于 2013 年 4 月末上映，上映前官方微博早已建立，并迅速积累了超过 18 万的"粉丝"。上映后，"娱乐媒体圈"开始在微博上广泛传播关于电影的话题——媒体人"黑马良驹"在《致青春：一场引爆社交网络的周密策划》中写道："让大家始料不及的是连商业圈的史玉柱、草根圈的天才小熊猫、文化界的张小娴、宗教界的延参法师都参与了微博营销。我不完全统计了几个参与转发的微博大 V，区区 24 个账号，'粉丝'总数已经接近 3.7 亿，在没有去重的情况下已经占了微博总用户量的 80%。"

除了明星的直接参与外，网友主动传播的话题也为电影的营销起到了推波助澜的作用，像"长得好看的人才有青春"等众多话题引发了极高的参与度。

除了《致青春》之外，另一部让社交网络沸腾的电影是《小时代》。与《致青春》不同，《小时代》是一部口碑较差的电影，其在豆瓣上的评分甚至低于 5 分，但该片凭借一批娱乐名人的效应还是吸引了大批年轻"粉丝"。

数托邦（DATATOPIA）创意分析工作室分析发现，观看《小时代》的观众平均年龄为 20.3 岁，低于《致青春》的 22.5 岁，这批典型的"90 后"成了《小时代》票房的最大贡献者，也成为《小时代》在社交网络上传播的最大贡献者。

差口碑对《小时代》票房的影响并不大，从这部电影上映的第一天开始，关于它的口水战就一直没有停。"黑"《小时代》一派与"挺"《小时代》一派在社交网络上旷日持久的"骂战"反而让《小时代》引起了更大的关注。2000 多万元的投资，近 5 亿元的票房收入，《小时代》让商家看到了"粉丝"经济的力量。

二、沟通媒体建议

（一）遵循 4E 原则

商务人员设计了一个充满创意的优秀广告，但如果把它登在一个二级网页上，效果会怎么样？答案是毫无用处。因此，为了使信息产生更好的效果，就要遵循沟通媒体的4E原则。

1. 经济原则

经济（economical）原则，即商务沟通主体要考虑发送商务信息的资源、成本等（如财力、时间），充分利用媒体优势资源，尽量做到低投入、高产出。

2. 高效原则

高效（efficient）原则包含两个方面：一方面，商务信息的组织安排要精准明确；另一方面，沟通媒体的选择也要科学严谨，至少能达到信息发送要求。

3. 活力原则

活力（energetic）原则即选择的沟通媒体具有充沛的活力，足够吸引受众接收信息，尤其在网络社交化的环境下，小众媒体更应具有独特的魅力和活力。

4. 增强原则

增强（enhancing）原则即通过沟通媒体的传播，不但能传递一致的商务信息，而且可以改进、增强甚至放大商务信息的效果。例如，利用网络媒体的转发、链接功能，实现信息的扩大化。

（二）整合沟通媒体

1. 沟通媒体整合

为了实现商务沟通影响的最大化，把沟通组合中的各种形式、方法、渠道结合起来，尤其当客体的商务信息来源不确定时，要尽可能使用任何可能的沟通方式，即遵循凝聚性（coherence）原则。

另外，必须考虑不同沟通媒体的优劣，在各种通道之间取长补短，即遵循互助性（interdependence）原则。兼顾不同媒体组合，既要注意不同媒体类别的整合，也要关注不同媒体载具的整合。

2. 沟通效果整合

为了使商务信息传递一致，减少沟通障碍，不同媒体必须实现协同，即用"一个声音"说话，遵循一贯性（consistence）原则，使沟通信息内容与通道高度配合。例如，感性信息内容多采用热的视觉通道（电视、网络平台等），理性信息内容多采用冷的视觉通道（报纸、杂志等）。

为确保沟通效果及影响力，不同媒体承载的商务信息需相互联系、扩大范围，遵循连续性（continuity）原则。沟通效果有长期效果和短期效果之分。例如，广播的效果一般比较短暂，如果要让受众接收并效果明显，一般是视觉通道和听觉通道兼用。如果要广泛传播并效果长久，还可以选择冷视觉通道。

📖 沟通案例

2013 年 11 月 9 日，在与首尔足球俱乐部的决战开始前，广州恒大足球俱乐部的球员穿上了胸前印有恒大冰泉的球衣，此前恒大拒绝了三星以每年 4000 万元冠名球衣的合作。当晚广州恒大如愿以偿捧得了亚冠奖杯，恒大冰泉一夜成名。

恒大冰泉的横空出世与广州恒大足球俱乐部在足球赛场上的表现紧密相连，2013 年广州恒大足球俱乐部在亚冠赛场上的胜利震惊了亚洲足坛，其获得比赛的胜利便是对自身品牌的最大广告。正如许家印算的一笔账：在中央电视台打广告，1 秒钟大概 15 万元。恒大一场球有 25 家电视台现场直播，有 300 多家媒体报道，11 个运动员穿着印上了"恒大"两个字的背心，一个半小时的直播时间，如果做广告要多少钱？

除了品牌在赛场上的展示，恒大在微博上的表现也堪称优秀。每场重要的比赛，恒大官方微博都会进行同步文字直播。在重要比赛之前，恒大还会在微博上发布官方海报。2013 年 11 月 9 日晚恒大官方微博中"这一夜我们征服亚洲！下一步我们走向世界！"这条带有海报的微博获得超过 7000 次的转发。

恒大的这一线上线下整合营销的策略为其获得了极大的曝光量和品牌价值，而当11 月 9 日晚恒大推出恒大冰泉的时候，这一切优势和价值便附加在了恒大冰泉身上。

虽然恒大冰泉在电视、楼宇的广告仿佛让人们回到了以前那个粗暴广告盛行的时代，但毫无疑问，越来越多的人因为广州恒大足球俱乐部而记住了恒大冰泉。

课后训练与实践

第二节　线上沟通媒体

▨ 导入案例

Calvin Klein 公司准备通过一家地方报纸宣传其昂贵的新型产品——"Y"香水。该产品的市场定位为年轻的时尚男女。

Wales 镇是著名的旅游景点，镇上一家小宾馆的经理想通过电视广告吸引游客。

Harvey Goldsmith Entertainments 娱乐公司在英国销售音乐会门票。世界三大男高音将于夏季举办一系列户外音乐会，公司考虑用广播宣传。

反吸烟游说组织发现，年轻女性烟民数量显著增长，因此考虑利用电影广告和 *Jackie*、《19 岁》等少女杂志对她们进行反吸烟宣传运动。

思考： 这些媒体使用得合适吗？为什么？

一、线上媒体概述

（一）线上媒体的定义

线上媒体原指由广告商向传播媒体支付委托播放费用的广告形式，一般指电视、广播、电影、户外、印刷等主流传播媒体。线上沟通即指通过主流传播媒体传递接收商务信息的活动。

当下，多数人狭义地将线上媒体理解为互联网环境，认为线上沟通就是在网络平台，以电子邮件、QQ、微信、微博等形式交互传递信息的商务活动。这样的认识有一定的道理，但是不够全面。

（二）线上媒体的主要类型

1. 报纸

报纸是传统的传播媒体之一，具备消息传播、娱乐服务等功能。一般可分为高档报纸和通俗报纸。前者的权威性、质量较高，如《人民日报》主要是刊载党和政府的方针政策，对重大的国际、国内事件加以报道。后者的大众化、娱乐化功能较强，如各种晚报、晨报、家庭报等。

报纸的优越性：读者广泛而稳定，主要集中于城市，有较高的文化素质；受众主动选择，信息接收较为深入，理解障碍较少；流传迅速，反应及时；制作较为简易、灵活；费用相对低廉等。报纸的局限性：生命力较短，属于"快餐媒介"；内容比较庞杂，容易分散受众注意力；印刷品质不高等。

因此，报纸在关心度高、理性选择、发布需要深度说服的商务信息、承载复杂的商务信息方面具有绝对的优势。

2. 杂志

杂志诞生于英国，也是传统的传播媒体之一，发行周期一般为周或月。杂志具备探测、协调、教育、娱乐及经济五种功能，尤其在协调方面最为突出。

杂志的优越性：读者群日益扩大且较为固定，消费品质高；内容有吸引力，受众接触深度较高；编辑方向固定；印刷品质高等。杂志的局限性：缺乏灵活性、发行范围有限、传播较慢、售价较高等。

卓越的印刷品质、不断增加的发行量、固定的接触人群、深度的说服力，使杂志成为小而精致的媒体，得到许多企业的青睐。

3. 广播

广播是一种"轻电视"，曾是一般家庭重要的信息载具，其信息及娱乐功能逐渐为电视所取代。广播将商务沟通活动由印刷媒介拉回口头传播时代，其发展已投向调频电台、电传报纸等电子媒介传播。

广播的优越性：听众广泛而普及，较少受时间和空间的限制，非独占性；传播迅速及时、灵活性和接近性较高（如本地新闻）；广告价格低廉等。广播的局限性：流失性快、威望较低、听众难以确切统计、创意力较低等。

4. 电视

电视集空间、时间、综合艺术之长，涵盖卫星、微波及有线等形式传播的信息载具，兼有电影、戏剧、报纸、广播的特点，被称为"综合艺术"。电视是既有新闻属性又有艺术属性的传播工具。电视与科技和网络的结合，使之不再局限于单纯的传送与接收，而发展成为单对单互动传播媒体，即集资讯、沟通、理财、购物与娱乐等多重功能于一身的现代化工具。

电视的优越性：普及率高，覆盖面广；画质与音质效果优越，可生动承载各种创意性信息；能够更迅速、及时、真实、亲切地反映现实生活；表现形式的多样化与服务的广泛性。电视的局限性：报道缺乏记录性、深度性；信息记忆强制性大、干扰度高；受众分化明显，被动选择程度降低；发布成本高等。

对于需要高品质传播、承载创意性信息、快速建立效果、树立正面形象的企业而言，电视是最佳的传播媒体。

5. 电影

电影已成为一种特殊的、具有艺术感染力和国际影响力的世界性视听艺术和大众传播媒介之一。其社会作用包括传播、娱乐、审美、教育、认识等。

电影的优越性：屏幕大，音响效果好，有身临其境之感；不受电视节目时间的限制。电影的局限性：观众较少，方便性较差，广告效果差。

6. 户外媒体

户外媒体泛指所有存在于开放空间的信息载具，主要有交通类户外媒体及建筑类户外媒体。

户外媒体的优越性：户外媒体的最大优越性是区域性强。户外媒体接触的人大多为所在地附近的人群，因此，广告效果取决于广告尺寸及所在地的能见人流及人流特性。户外媒体的局限性：受众对户外媒体的接触大多情况下是远距离接触，而且注意程度不高，因此，户外媒体的最大局限性是接触较为"粗略"。户外媒体在传播功能上偏重于对消费者的提醒，尤其是对即兴式、低关心度的商务信息有较明显的效果，不适用于细节繁复的信息传递。

7. 网络

网络被称为继报纸、杂志、广播、电视等传统媒介之后的"第四媒体"。网络是以计算机、光纤、卫星、电话及其他通信手段为基础，以数字化形式将各自独立的计算机通过线路相互连接而成的系统。网络发展日新月异，除了电子邮件外，传真也拓展了网络发送，QQ、微信、微博等产品的开发进一步扩大了网络的范围。

网络的优越性：速度快，容量大，范围广，开放性、互交性、灵活性、自主性强等，尤其是自主性强，每个网络使用者都可以最大限度地参与信息的制造和传播，有权利决定自己做什么、怎么做。网络的局限性：传播环境混乱，信息缺乏必要的选择、过滤、把关和审核的过程，尤其是缺乏约束。网络社交比较容易突破身份、职业、金钱、容貌、家世等社会特征的制约，在网络沟通中也不必遵守现实交往中的一些规范。

二、线上媒体沟通建议

（一）发挥媒体特点

媒体依赖于视听通道，每一种媒体都有不同的特点。例如，报纸、杂志对于受众而言，感受的符号大多为非感性抽象的文字符号，是间接的感受反应（受众要掌握信息必须对信息进行编码和解读）；电视、电影的受众，感受的符号大多为感性形象符号并伴以抽象的文字符号，是直接的、无须经过大脑再创造的感受反应。因此，充分了解媒体的特点，采取针对性强的媒体，是线上媒体沟通的首要考虑因素。

沟通案例

以生产女性内衣闻名世界的华歌尔公司，在建造员工餐厅时，将全体员工的名字刻在餐厅的墙壁上。

华歌尔公司董事长说："这样做的目的，一是提高员工的知名度，美的服务、美的形象、美的名字让顾客过目不忘；二是感谢所有员工，是他们的努力和贡献，才使公司有了今天的成就。"

因此，华歌尔公司的员工把这面墙壁叫作"信任之墙"。试想，如果自己的名字被所在单位刻在墙壁上，那将是无声的动力和名副其实的自我监督。

对于本节"导入案例"的问题，若要回答，就必须知道媒体的主要特点和适用条件。例如，Calvin Klein 公司准备以一家地方报纸宣传其昂贵的香水产品。报纸的特点是读者广泛而稳定，主要集中于城市，有较高的文化素质；受众主动选择，能接受较昂贵的产品；容易分散受众注意力；印刷品质不高。显然，对色彩要求较高的香水产品而言，报纸并不合适。

一般来说，感性的内容多用热的视觉通道；理性的内容多用冷的视觉通道；娱乐性的内容多用热的视觉通道或听觉通道；严肃的内容多用冷的视觉通道。如果内容让大众接受并效果明显，一般是电视的热的视觉通道和听觉通道兼用；如果内容要广泛传播并效果长久，一般用报纸的冷的视觉通道。

（二）遵循运作机制

1）以美国为代表的私营媒介运作机制。该运作机制属于股份制，名义上股东大会是最高决策机构，但实际上，真正的决策机构是董事会。董事会任命媒介的实际主持人（多数情况下是董事长）决定总经理、总编辑人选和媒介的经营方针等。实际主持人主持媒介的日常工作，对外代表媒介，向董事会提名总经理、总编辑人选，开展主要业务等。总经理主管媒介的经营，总编辑主管媒介的编辑业务。由于私营媒介以营利为主要目的，广告和其他经营活动是其收入的全部来源，所以，总经理的地位比总编辑高。

2）以德国广播联盟为代表的媒介运作机制。该运作机制属于社会化领导制，理事会是最高决策机构，由大的民间团体和议会中各政党的代表组成，并由议会批准，负责制定基本原则、决定章程，向管理委员会推荐主持人人选等。管理委员会是监督机关，由社会知名人士、专家、技术人员组成，负责任命主持人，与之签订工作合同；审查年度预算、决算和年度工作报告并送理事会审查；监督节目内容等。主持人是整个媒介工作的责任领导，对外全权代表媒介。这种运作机制的最大特点是，理事会要吸纳各党派、各利益集团的代表参加，使理事会具有广泛的代表性；同时尽可能不让政府涉及媒介的日常运作。

3）以我国为代表的官方媒介运作机制。该运作机制属于政府领导制。政府通过主管部门，任命媒介的主要领导，决定新闻媒介的方针，负责财政拨款等。台长、社长或总编辑负责媒介的日常运作。

另外，媒介经营的范围有发行和节目播出、广告业务、多种经营、设备和物资供应等。发行量受多种因素影响，发行者的努力是重要的，但决非决定性因素。从我国的情况来看，发行量的影响因素包括发行范围、区域的人口状况、区域的经济发展水平、发行竞争的激烈程度等。

节目播出是广播、电视等媒介的最后一道工序。收听率、收视率是广播、电视经营的"生命线"。收听率、收视率的影响因素主要有节目质量、安排时段、声音与画面质量、节目编排的技巧等。

（三）兼顾媒体效果

一般来说，媒体效果取决于媒体影响力的大小，具体来自两个方面：一个是量的方面，即媒体的接触人口（指的是覆盖面的广度）；另一个是质的方面，即媒体在说服力方面的效果（指的是针对沟通客体进行说服的深度）。

媒体效果的衡量大多偏向数量评估，即媒体的涵盖面、接触人数、千人成本等。数量评估的重点是接触人数等媒体效率上的评估。量化效果是对广度及成本效率的计算。

企业购买数量庞大的接触人口，若未能达到建立知名度或偏好等目的，媒体投资只能是浪费资源。因此，媒体效果不应只关注接触人口的问题，还要关注接触效果。接触效果一般包括接触关注度、干扰度、编辑环境、沟通环境、相关性等内容。

📖 沟通案例

作为中国用户数量最多的网络媒体平台，腾讯网始终致力于中国"智慧"的创新和探索，并推出了凝聚中国互联网营销精髓的"腾讯智慧"（Tencent MIND）高效在线营销解决方案，现已成为中国在线营销的"价值标杆"。

这种"智慧"是如何体现的？以宝马1系首次进入中国市场时的推广为例。腾讯网以"腾讯智慧"的"精确化导航"为指导，根据年龄、职业、网络行为、消费偏好等指标，寻找与其高度匹配的用户，并打通腾讯网的汽车、财经、娱乐等多个频道，整合腾讯社区空间、即时通信工具、QQ 音乐等八大平台，部署了与目标用户全方位传播沟通的渠道。同时，腾讯网创新性地为宝马 1 系量身定制了几大主题活动，如"寻找你身边的'1'""BMW 系自选音乐专辑大赛"等，充分满足了网民渴望参与的"社会化"需求、乐享在线生活的"娱乐化"需要及张扬自我的"个性化"需求。腾讯网为宝马 1 系定制的在线营销方案为其带来了超过 32 亿次总曝光、2016 万个页面浏览量和 344 万的独立访问数，为该系列在中国上市做足预热，并打破了网络营销无法服务豪华车品牌的成见。

通常来说，线上媒体的性质直接影响媒体效果，主要包括媒体的覆盖范围、地位、权威度、信息传递周期等指标。经常衡量的可信指标包括到达率、接触率、有效到达率、绝对成本、相对成本等。而媒体的主要受众是影响传播效果的关键因素，因此，在考虑媒体效果时必须确保商务信息传递的客体与媒体的主要受众保持基本一致。

课后训练与实践

第三节　线下沟通媒体

导入案例

某网络公司受全球经济增长放缓的影响，经营业务受到重创。为了降低运营成本，该公司决定通过裁员缓解当前的经济困境。

第一次裁员，人事主管把将要辞退的员工召集到公司会议室。人事主管面对全部辞退的员工，统一宣布裁员名单，并且要求他们立即交接工作、整理自己的东西、离开办公室。所有辞退的员工感到非常沮丧，对公司怨声载道，公司的整体士气遭受严重打击。

第二次裁员，人事主管接受了公司的建议，单独约辞退的员工到公司附近的咖啡馆，说出裁员决定并请求谅解，并给辞退的员工一个月的时间找工作。辞退的员工大多欣然接受，并表示只要公司需要，随时愿意回来。

思考： 为什么两次裁员的效果不同？

一、线下媒体概述

（一）线下媒体定义

线下媒体是指通过非线上媒体形式发生的沟通形式，包括实体的、人际的、动态的系列活动，如人际往来、社交活动、实体店运营、沟通场所等。线下媒体可传递更为直接的信息，从而多角度树立企业形象。

当下，一些人单纯地将除了网络环境之外的其他传统媒体称为线下媒体，这样的认识很片面，显然没能全面理解线上媒体的核心内涵。

（二）线下媒体类型

1. 实体沟通场所

一般来说，商务沟通经常发生在工作场合与非工作场合。因此，实体沟通场所可以分为办公场所和非办公场所。办公场所包括企业组织的办公室、会议室、谈判室、车间、操作间等工作场所，非办公场所包括酒吧、餐厅、宾馆、会所等休闲场所，具体类型如表 4-1 所示。在本节"导入案例"中，某网络公司正是因为选择了两种实体沟通场所，才会产生不同的沟通效果。

表 4-1   实体沟通场所类型

场所环境	封闭性	氛围	沟通关系	沟通差异
办公室	封闭	严肃、认真	一对一或一对多	不平等带来的心理负担，紧张，他人或电话打扰
会议室	一般	严肃、认真	一对多	对他人在场的顾忌，时间限制
工作现场	开放	可松可紧、较认真	多对多	外界干扰，事前准备不足
谈判室	封闭	紧张、投入	多对多或一对多	对抗心理；说服对方的愿望强烈

办公场所可以使沟通参与者形成约束，规范自己的商务沟通行为，严格遵循沟通规律，较容易达成正式的沟通决议。但是在办公场所，沟通参与者可能因为过于严肃而不愿深入交流，难以建立融洽的人际关系。非办公场所可以使沟通参与者放松心情，使其愿意进行更为深入的交流，较容易建立融洽的人际关系。但是某些情况下，非办公场所难以就严肃的商务工作达成一致的沟通决议。

2. 人际渠道

我们可以将人际活动看成是一种较特殊的沟通渠道。在商务工作中，人们会有一些既定的人际沟通方式，如会议、会面、谈判、聚会、公关活动、沙龙、老友会等，有些是在正式场合进行的，有些是在私人场合进行的。人际渠道不等同于人际交往，前者是多数沟通参与者普遍认可的沟通方式，后者更多的是指人们建立的一种社会关系。

通过人际渠道，可以满足沟通参与者的社会需求、群体归属和自我肯定，使商务沟通效果更加明确；借由群体公认的沟通流程，使商务关系得到发展、改变或者维系；可以满足商务工作决策需要，起到促进商务资讯的相互交换和影响他人的作用。当然，并不是所有既定的人际渠道方式都适合商务工作，沟通参与者要在工作中不断探索开发不同的人际渠道。

二、线下媒体沟通建议

（一）实体渠道：因事而异

1. ASFAB 原则

1）可达性（access）即实体沟通场所能使沟通参与者较为便利地到达。例如，会议厅一般遵循交通便利的原则，尽可能设在离与会者工作地或居住地较近的地方，以保障与会者方便及时地赶到。

2）规模（size）即实体沟通场所能容纳沟通参与者的数量，一般应大小适宜。当然，规模还要与商务活动的形式和参与者身份相适应。例如，举办商务宴会的地方不能太简陋。

3）设施状况（facilities）即实体沟通场所提供的硬件环境。设施状况会直接影响商务活动的效果，如会议室要有良好的通风条件；照明情况也很重要，光线明亮会使人精神振作，从而提高会议效率。

沟通案例

为了招徕更多的顾客，某家多年来销量很好的肉制品店铺决定装修改造。

可是装修一新的店铺重新开张后，销量不仅没有增长，就连一些老顾客进入店铺后也常常摇头而去。为了查明原因，老板请来了专家进行分析，但是也没找到原因。

某日，一位从事广告工作的专家来到店铺，问题的症结终于被找到：原来墙壁被刷成明亮的黄色，黄色使新鲜的肉制品呈现出腐败的紫色，顾客肯定不会购买。

在广告专家的建议下，老板将店铺的墙壁改成青绿色，从而使店铺中的肉制品颜色比原来更鲜红。果然，顾客又纷至沓来。

4）适宜性（appropriateness）即根据商务沟通的方式、对象、效果等选择适应程度高的实体沟通场所。例如，商务谈判场所的选择应考虑谈判内容是否机密，然后运用各种措施使之顺利进行，从而获得最好的效果。

5）预算（budget）是指除了沟通双方自有的实体沟通场所外，选择经营性沟通场所要考虑的沟通费用。一般来说，此类场所不必太豪华，要符合经济适用的原则。例如，较小规模的谈判，如果安排在高档酒店，可能会使与会者认为东道主铺张浪费，易产生负面联想，影响谈判进程。

2. 因事布局

实体沟通场所是为商务沟通服务的，必须符合沟通工作的需要。因此，选择合适的实体沟通场所是实现沟通效果的关键举措。通常来说，正式的商务工作要在正式场所进行。如员工会议要在会议室召开；非正式的商务活动可以在私人场所进行，如商务宴请可在酒店举办。当然某些正式的商务工作在非正式场所进行可以产生意想不到的沟通效果。

沟通案例

北京有一家名为"涨停板"的酒吧，是北京第一间以金融、证券为装修特色的大型西餐酒吧，服务员的穿着为类似股市交易员的红马甲。

涨停板酒吧外部门脸很小，属于欧式风格。沿着楼梯走上去，便可看到设计新颖的阁楼建筑，别有一番异国情趣；大厅外的空地上有木制红色电话亭，与国外乡村的电话亭极为相似；别具特色的股民留言板，一块小小的黑板上写着每日盘后分析。走进大厅，最引人注目的便是墙上挂着的各种珍贵老股票的复制品，虽然是复制品，但做工十分精细。这里的墙壁上都贴有股市走势分析图，非常精致。在这样的环境中，既可以与朋友探讨股市行情，也可以放松地听乐队的演唱，还可以去棋牌室下棋、打牌。

该酒吧不仅是休闲娱乐的好去处，更是智慧的殿堂。顾客也许不是炒股专家，只是股票爱好者，甚至根本就不了解股票，但只要来到这里，他一定会被这里浓厚的氛围感染。

具体来说，实体沟通场所具备大小适宜、无噪声及干扰物、人员座位安排适当、光度和温度适宜、备有各种必要的设备等硬件条件。以上安排还要根据不同的商务沟通工作进行调整。例如，举办一场正式的商务会议，会议前应根据会议的类型、规模、内容调整会议厅大小、布置桌椅、准备文具、调试设备等；会议中应确保资料齐全，包括派发的资料、纸张、笔等；如果与会者相互不熟悉，还要在桌面上摆放姓名牌。

知识拓展

会 议 布 置

长桌型会议：适用于正式会议。

矩阵型会议：包括课堂型和礼堂型，适用于演说、展示等。

平等型会议：包括圆桌型和无桌型，适用于平等的讨论。

U 形会议：适用于有主持人的引导讨论。

L 形会议：适用于分组对抗的讨论、辩论。

多桌型会议：适用于分组讨论交流。

其他位置布置原则：会议主席的座位后不应该是窗户或门；如果是公司会议室，会议主席的座位后一般为公司宗旨或高层题词；会议主席的前方一般设有挂钟，方便掌握时间。

（二）人际渠道：因人而异

1. 拓展人际网络

若要在商务沟通中形成较为稳定的人际渠道，首先应建立广泛的人际网络。例如，学生时代的同学或工作中合得来的同事虽然可直接成为人际网络，但严格来讲，商务沟通的人际关系范围更广，基础更深。在商务沟通中，拓展人际网络还可以借助亲属的力量。以亲属为媒介，扩大个人的人际关系网络，从而形成稳定的人际沟通渠道。

人际关系学中有一条著名的六度人脉理论。按照该理论，世界上任何两个人之间，最多只通过六个人就能产生人际关系。该理论被不断地证明，所有的社会关系都可以通过隐形的链条连接。在六度人脉理论指导下，只要商务人员渴望建立广泛的人际网络，就能在各种场所拓展人际关系。商务人员在与陌生人接触时，不妨大胆地寻找话题，从而拉近彼此的距离。

2. 为他人沟通

根据不同的沟通对象采取有针对性的沟通方式和渠道，是商务沟通的精髓。需要提及的是，人际沟通必须认清本质：信息流通是双向的；采用的符号是多样的，既有有声语言，也有非语言符号；沟通是面对面、直接的；可以根据反馈调节自己的沟通行为。

要想发挥人际渠道的最大效果，就需要让对方扮演主角，自己扮演配角，以他人为中心进行沟通。为了维护良好的人际关系和渠道，商务人员的一言一行都要为对方着想，不可使对方产生厌恶的感觉。某些商务人员经常大谈自己的得意之事，这是不好的。对方不仅不会认为你是"了不起"的，还会认为你是不成熟的、卖弄"过去"的人。

沟通案例

瑞典著名演员英格丽·褒曼在获得了两届奥斯卡最佳女主角奖后，又因在《东方快车谋杀案》中的精湛演技获得奥斯卡最佳女配角奖。

然而，她在领奖时，却一再称赞与她角逐最佳女配角奖的意大利演员瓦伦蒂娜·格特斯，认为真正获奖的应该是这位落选者，并由衷地说："原谅我，我事先并没有打算获奖。"

褒曼作为获奖者，没有喋喋不休地叙述自己的成就与辉煌，而是对对手推崇备至，极力维护了对手的面子。无论对手是谁，都会十分感激褒曼，都会认定她是倾心的朋友。一个人能在获得荣誉的时候，如此善待对手，实在是一种典雅的风度。

商务人员在拓展人际渠道时，既要热情又要谨慎，要经常站在他人的立场上考虑问题。只有通过这种方式建立起来的人际关系和渠道才是最稳定的，才是真正的"为人沟通"。

另外，商务人员平时就应该充分管理好自己的人际关系，并有意维系好那些相对重要的人际关系，从而促进人际关系的良好发展。扮演配角并不表示要一味服从对方，必要时也要积极沟通和主动展示。沟通过程中，对方有可能提及他所看重的人际渠道。为了加强彼此的沟通，商务人员不妨明示或暗示自己同这些人际渠道的关系。

课后训练与实践

◆◆ 第五单元　商务沟通实务

▣ 学习目标

1. 掌握电话沟通的内涵、沟通技巧。
2. 掌握会面沟通的内涵、沟通技巧。
3. 掌握会议沟通的内涵、沟通技巧。
4. 掌握演讲沟通的内涵、沟通技巧。
5. 熟悉常见的商务沟通方式的共性策略。

第一节　电话沟通

▌导入案例

美国休斯敦某饭店宴会部的海曼小姐接到一位客户的电话。起先这名客户是找克莱门丝小姐预订，由于她去休假，海曼接待了这位客户。不巧的是，客户预订的时间已经没有座位了。海曼礼貌地告诉客户具体情况，并希望她改变预订的日期。

海曼：克莱顿太太，实在对不起，您预订的时间已经没有座位，是否能推迟一天？

克莱顿太太：真的没有座位了吗？可是上次克莱门丝小姐告诉我随时可以找她预订。

海曼：实在对不起，克莱门丝小姐已经去休假了。她临走前未与您联系上，就委托我为您预订。这样吧，我们这里还有一个餐厅，如果您不介意的话，我可以设法为您安排在这里。

克莱顿太太：可以，但一定要订在 8 月 5 日。

海曼：既然如此，我很愿意为您效劳。请问您要预订什么样的餐食？

克莱顿太太：我要五个餐桌的自助餐，请你按克莱门丝小姐的方式给我预订。

在了解到克莱门丝经常到克莱顿太太的协会去预订的情况后，海曼也登门拜访了克莱顿太太，与她商定了具体的摆台方法、菜单内容和服务方式，确定了餐厅座位，如 1 号自助餐桌要求有冰雕天鹅，菜品有烤牛肉、王室烤小羊肉、牛堡海鲜等，牛羊肉由厨师切开；调料有龙篙汁、薄烤饼莫内调味汁、盐等；要求全体服务员身着礼服，女服务员为客人斟鸡尾酒；供应获奖名牌红酒，音乐和花由饭店提供。

克莱顿太太对海曼的微笑服务感到非常满意，海曼也为结识到新的客户而高兴。

思考：本案例对你有什么启发？

一、电话沟通概述

（一）电话沟通的内涵

电话沟通与口头沟通的区别在于沟通渠道的不同。相比口头沟通，电话沟通缺少了视觉系统与感觉系统可感知的肢体语言信息。电话沟通通过声音语言和文字语言传递与接收信息，但其传递与接收信息的沟通过程、原理与口头沟通相同。

电话沟通应符合基本沟通程序，即亲和力→察知心理需求→有效表述→促成。在电话沟通过程中，商务人员要重视并正确把握声音语言，不仅要热情、礼貌、吐字清晰，也要有询问、记录、复述，还要有正确的肢体语言，保持端正的姿势、微笑的表情。同时，商务人员需要积极调整心态，信息表达务必简洁、有效、清晰。

（二）电话沟通的特点

电话沟通传递与接收的信息只含有文字信息和语音语调信息，没有肢体语言信息。沟通双方的信息发送、接收过程是立即开展的，信息反馈是即时的。沟通双方需要借助其他信息渠道，如通过自己的听觉器官，借助电话接收对方发出的信息。在电话沟通中，沟通双方是互动的。

（三）电话沟通的优点和缺点

1. 电话沟通的优点

电话沟通方便、快捷，是一种成本较低的沟通方式；电话沟通相对于面对面沟通更容易结束对话，也更容易控制对话时间；因无法看到对方的面部表情和身体语言，电话沟通在某种情况下更容易掩饰沟通双方的情绪；电话沟通通常比口头沟通时间短，所以在同样的时间里能传递更多的信息。

2. 电话沟通的缺点

电话沟通由于无法看到身体语言，难以判断沟通效果；一些客户对电话沟通进行的交易缺乏信心，尤其是重要的、复杂的交易；电话沟通在某些情况下很难判断交换信息的真实性；电话沟通使信息在各种角色间传递，但无法与真正的沟通目标对话；电话沟通时间若不恰当，易打扰对方休息或工作。

（四）电话沟通中常见的问题

电话沟通中常常出现声音缺乏热情与自信、缺乏必要的礼貌用语、话语缺乏连贯与条理、在电话里谈论细节等问题。电话沟通的典型问题有以下几点。

1. 声音缺乏热情与自信

接电话者接收的信息主要来自对方的语音、语调信息，热情、自信、肯定的声音会产生巨大的影响力；反之，无力、没有感情、吞吞吐吐的声音则会产生负面影响。

2. 缺乏必要的礼貌用语

缺乏必要的礼貌用语是电话沟通中常见的问题。例如，电话沟通中不使用"你好，是……吗？我是……。请帮……，谢谢……"等礼貌用语，而是使用"喂！给我叫老刘！……"等非礼貌用语，同时语音冷淡、蛮横。

3. 话语缺乏连贯与条理

在电话沟通中，话语的停顿、不连贯、重复、缺乏条理，将产生很大的负面影响。

4. 在电话里谈论细节

在电话沟通中，沟通者只能简单地谈论产品对客户的益处，避免谈论产品的细节。在客户了解不全面的情况下，谈论细节反而会容易令其产生误解，以致失去交易机会。

二、电话沟通建议

（一）拨打电话的建议

1. 做好准备工作

要想有良好的电话沟通效果，就必须事先做好准备工作。拨打电话要从了解客户等方面全面做好准备工作。

（1）了解客户

在拨打电话之前，要有目的地去了解客户。只有准确了解客户的现实需求、潜在需求及目标，才能有的放矢，赢得客户的关注与信任。了解客户可以通过多种途径进行，如行业杂志、互联网信息等。

（2）找出关键人物

只有找出关键人物才能有良好的沟通效果。例如，负责客户相关业务的关键人物至少有两位：一位是负责提出采购要求的部门主管人员；另一位是最后决策的采购经理（董事长或总经理）。

沟通案例

《今日晨报》社是华东地区很有影响的报社之一，也是马力所在公司的新客户。为了了解新客户的详细信息，马力首先登录《今日晨报》官方网站，了解其组织结构、经营理念、通信地址和电话，然后把这些资料记录到客户资料中。马力通过另一家报社信息中心的负责人了解了《今日晨报》的编辑排版和记者采编等信息。随后，马力向业界同仁打听了《今日晨报》的其他资料，并了解到《今日晨报》信息中心的何主任负责此次电脑的采购工作。

（3）做好语言准备

一方面，沟通者要预先准备好文字信息。例如，根据本次沟通的目标整理谈话内容，设计好通话脚本，简要记录目标、人物、观点、证据等要点，预防忘词。另一方面，沟通者要预先准备好声音语言和肢体语言，并做好预演。

（4）目的明确

拨打电话的目的是沟通简短信息。所以，在服务中，拨打电话是为了告知客户相关的简短信息；在业务销售中，拨打电话是为了获得拜访客户（面谈）的机会，即通过电话约访。

2. 活力身心

沟通者拨打电话时的肢体语言直接关联着声音语言信息，决定了接听者接收信息的效果，所以拨打电话时可以采用面对面沟通时的言行举止。为此，沟通者必须做到：身体端正，最好是站立；保持笑容；举止得体，专注、礼貌地感知接听者；全神贯注地听，不能同时做别的事情（如写信、看文件等）。

3. 亲和力建设

（1）时间要适宜

一般不宜在三餐时间，即早晨 7 点前、中午午休时间、晚上 10 点半后拨打电话。通话时间以 3 分钟以内为宜，超过 3 分钟则须说明主题并询问是否方便。

（2）话语有礼貌

拨打电话须使用礼貌用语，根据沟通者双方的角色选择语词，如"先生，您好！"；询问对方单位，得到肯定答复后报上自己的单位、姓名；最后问清对方身份，并说致谢语。

（3）沟通热情

要善于运用开场白进行简单寒暄；语言简练，避免在电话中与客户讨论细节问题、沟通琐碎信息；拨打电话时应专心致志，不做别的事情；如对方说"你要找的人不在"，切不可将电话挂断而应表示感谢。

4. 询问与聆听

拨打电话的过程中，致电方要简单询问对方情况，以核对对方真实情况与自己掌握的信息是否相符；询问后须聆听，并做记录、复述核对。

5. 有效表述

作为致电方，必须遵循特性、优点、效益的原则，语言清晰、有条理，避免"牛头不对马嘴"；语速适中、音调悦耳、音量洪亮、语调自然、发音清晰；仔细斟酌语词，避免使用模棱两可的专业术语和不适合的俗语；表达连贯，不能停顿、前后不一，所以，拨打电话前需写出提纲或设计电话脚本；重要的事情应向对方询问是否听清楚并记下，非常重要的事情则请其复述一遍，并记录下来以便查阅。

6. 化解异议

拨打电话时，商务人员往往会遇到客户说"马上要开会，不方便继续通话"的情况，这其实是客户提出异议的一种方式。对于客户提出异议，最好的处理方法是请求客户给予时间并简明扼要地表达自己的意图。一般情况下，客户都会满足这样的请求，商务人员可以利用这个机会设法引发客户的兴趣。在遇到客户提出异议时，切忌立即挂掉电话，因为立即挂掉电话意味着对客户沟通的失败。

沟通案例

销售员：您好，请问何主任在吗？

何主任：我是。

销售员：何主任，您好！我是 SLT 公司的销售代表马力。相信您一定听说过我们公司生产及销售的 Seed 牌电脑。

何主任：哦，我知道。

销售员：我听说《今日晨报》最近要更新一部分电脑，我可以在星期三上午十点钟拜访您，和您就这个主题面谈吗？

何主任：嗯……你先把你们产品的介绍资料和报价寄过来，我们研究一下，再与你联络吧！

销售员：好的，我可以先了解一下《今日晨报》对电脑设备的需求情况吗？

何主任：我一会儿要去开会。

销售员：那好，我抓紧时间，只有两个简单的问题，这样我给您寄的资料更有针对性。

何主任：好吧。

销售员：我们公司的产品有台式电脑、笔记本电脑等系列产品，不知道您对哪类产品更感兴趣。

何主任：你先把笔记本电脑的资料寄过来吧。

销售员：那您是想给什么职位的人购买呢？

何主任：有些记者的笔记本电脑需要更新了，不过我们还没有最终决定呢。

销售员：好的，我马上将笔记本电脑的资料快递给您，今天下午就会送到。我们开发的几款新产品，非常适合像《今日晨报》这样发展迅速的报社使用。希望能有机会拜访您，并当面介绍一下。您看我们暂定在星期三上午十点钟好吗？资料到了以后我再与您电话确认一下见面时间。

何主任：看过资料以后再说吧！

销售员：《今日晨报》发展很快，上周我在杭州出差时，杭州的报摊上也可以买到《今日晨报》了。

何主任：是呀，我们在杭州也建立了分销系列。

销售员：是吗？杭州是我负责的销售区域，那里的市场环境很好，商业发展很快。

何主任：杭州的确是个好地方。对不起，我要去开会了。

销售员：好吧，谢谢您，何主任。希望我们能够在星期三上午十点钟见面。

当天下午，何主任收到了资料。与资料一起，还有两盒西湖龙井。

（二）接听电话的建议

与拨打电话一样，接听电话也需要符合沟通程序，同时尽可能地简洁表述。在电话沟通中应遵照如下要求：①微笑着接听电话；②铃声响三声以内迅速拿起电话接听；③主动问候对方，并告诉对方自己的姓名、单位名称、部门；④表示理解，注意使用温暖、友好的语调；⑤运用询问（如"我怎样才能帮助你"）获得信息；⑥聆听，全神贯注于对方与当前话题，并记录与复述；⑦经常性地用一些提示性语言向对方表示正在听，如"是的""我明白"；⑧尽可能迅速、准确地回答对方的问题，如自己无法帮到对方则告知能为他做些什么，并尽快将电话转给其他人；⑨结束通话时确认你的记录，检查所问过的所有问题与得到的信息；⑩感谢对方。

沟通案例

秘书：您好，这里是××公司，我是×××，请问，您有什么需要帮忙的吗？

客户：请问你们的销售主管王先生在吗？

秘书：对不起，他现在不在，请问怎么称呼您？

客户：我姓陈，是他的一个客户，有一件事要咨询他，他什么时候回来？

秘书：对不起，他可能在短时间内回不来。如果方便，您可以留下电话和想要办理事务的简要内容，以便他回来后及时回电给您。

客户：好的，我的电话是××××××××，我要咨询新产品的购买问题。

秘书：方便留下您的全名吗？

客户：我的全名是陈××。

秘书：您好，陈××女士，您的电话是××××××××，您想咨询新产品购买的问题，有什么遗漏吗？"

客户：就这些，没有了。

秘书：好的，我一定及时将您的电话转给王主管，谢谢您的来电，再见。

客户：再见。

（听到对方挂断电话，秘书再挂断电话。）

（三）电话销售的建议

电话销售是以电话为主要沟通手段，借助网络、传真、短信、邮寄递送等辅助方式，通过专用电话营销号码，以公司名义与客户直接联系，并运用公司自动化信息管理技术和专业化运行平台，完成公司产品的推介、咨询、报价及产品成交条件确认等主要营销过程的业务。电话销售要求销售人员具有一定的产品知识、良好的商务沟通技巧和清晰的表达能力。

1. 问候客户，做自我介绍

开场白或者问候语是电话销售人员与客户通话时说的第一句话。虽然不能以第一印象评判一个人，但客户却经常以第一印象对电话销售人员进行评价。

电话接通后，电话销售人员首先要问候客户，如"上午（下午）好""您好，是××先生吗？"等，然后做自我介绍："××先生，我是××电信的业务代表小张，今天想借这个机会向您了解一下您对互联网的看法，能否打扰您5分钟做个电话访问？"讲话语气应热情、彬彬有礼，这样才能得到对方礼貌的正面回答。

2. 寒暄赞美，说明意图

电话销售人员在沟通过程中找到恰当的赞美点，以此为双方后续沟通做好铺垫。例如，"本人最近有机会为您的好友张先生服务，为他的互联网做了合理的规划。在服务过程中，他说您年轻有为、事业有成，而且对人非常热情。我们公司最近正在做一份市场调查问卷，我现在能不能利用5分钟的时间跟您谈谈？"

3. 面谈邀约

受时间限制，电话销售人员不能急于推销，应以了解对方状况为主。电话销售人员要介绍产品，面对面是最佳途径。只有与客户面对面，才能充分了解对方，充分展示自身的综合优势。要求面谈时，电话销售人员应主动提出一个时间和地点，否则对方很难做决定。

4. 拒绝处理

拒绝处理是电话销售的重点和难点。当准客户拒绝电话约访时，电话销售人员应以礼貌话语回答。表5-1所示为常见的应对拒绝的话术。

表5-1　常见的应对拒绝的话术

拒绝理由	应对话术
不行，那时我不在	不好意思，也许我选了一个不恰当的时间，我希望找一个您较方便的时间来拜访您，请问您（明天）有空，还是（后天）有空
我很忙，没有时间	我知道您公务繁忙，所以我事先打电话来征询您的意见，以免贸然拜访，妨碍您的工作。那么，约（明天）或（后天）是不是会好一点
我对……没有兴趣	因为您对……的意义不了解，所以您不感兴趣，请您给我一个机会让您产生兴趣，这也是拜访您的原因，您（明天）还是（后天）在单位
我现在还不需要……	先生，您太客气了。今天我打电话并不一定要您买……，而是大家互相认识一下，做个朋友，将来您需要时，再买也是一样的。如果（明天）或（后天）方便的话，我当面向您介绍，多了解一点……知识也不错啊
你把资料寄过来，让我先看看再说	那也行，不过呢，您这么忙，看这些资料会占用您太多的时间，不如我来帮您一起研究考虑。您看是（明天）或（后天）合适吗

第二节　商 务 会 面

■ 导入案例

1980 年 8 月 21 日，意大利记者法拉奇采访了邓小平。她从邓小平的传记中了解到邓小平的生日正好是 8 月 22 日，所以就把祝贺邓小平的生日作为开场白。

邓："我的生日？我的生日是明天吗？"

法："不错，邓小平先生，我从您的传记中知道的。"

邓："既然你这么说，那就算是吧！我却从来不知道什么时候是我的生日。就算明天是我的生日，你也不应该祝贺我呀！我已经 76 岁了，76 岁早已是衰退的年龄了！"

法："邓小平先生，我父亲也 76 岁了。如果我对他说那是一个衰退的年龄，他会给我一巴掌呢！"

邓："他做得对。你不会这样对你父亲说的，是吧？"

就这样，采访在融洽而轻松的氛围中非常顺利地展开了。

思考：如何提高面谈技巧？

一、商务会面概述

（一）商务会面的内涵

随着社会信息化的高速发展，沟通范围和沟通手段已经远远超出人们的想象，逐渐代替了普通的面谈。然而，除了一些正式场合的面谈不可避免之外，商务人员的日常工作和商务会谈同样也需要借助面谈取得更为理想的沟通效果。

当管理者与下级会面并沟通某一特殊事项时，想要有良好的面谈成果，就必须学习面谈沟通的技巧。

简单来说，会面是通过一定的计划组织程序，以目标明确的、口头信息传递为主要方式的个体或群体沟通活动。通常来说，会面沟通比其他任何方式的沟通反馈的信息都要多。

面谈是上级和下级的双向沟通，而不是单纯地对下级讲话。所以，面谈时下级也可以借此机会将内心的真正想法表达出来。面谈后，只是下级单纯地从上级口中得知很多资讯，而上级却不知道下级的想法，那么这就是一个失败的会面。如何拥有一个成功的面谈？对上级来说，聆听想法是很重要的。

（二）商务会面的三种行为

1. 预测行为

在预测行为中，上级在面试时应该有预测应聘者能否胜任此份工作的能力。

2. 改变行为

上级要判断该员工有没有达到公司要求，以此决定该员工是否需要改变行为。例如，上级判别员工的工作能力，如果该员工工作迟缓、工作能力低下或有影响其他同事士气的行为，就应该将其列入改变行为的名单。

3. 塑造行为

上级应该了解考核目的是什么，并且了解在考核中应该完成什么。如果上级的目标是改变员工的行为模式，那么上级必须明确合乎自己要求的行为模式。在制定出一套合乎要求的行为模式后，接下来就进入要求员工改变既有的行为模式。

做好塑造行为的最好方法是在每次面谈以前，上级简单写下谈话的目的（不需要长篇大论的记述，只需简略地把面谈的目的、地点、主旨记录下来）。这样有助于上级有效率地组织会谈。

二、商务会面沟通建议

（一）准备阶段

商务会面沟通一般为一对一的互动型沟通。由于针对性强，在沟通前商务人员一定要做充分准备，争取在沟通中获得主动权。充分准备是商务会面沟通的必要前提，掌握的资料越全面，准备工作就越细致，主动性和应变性就会越强。在商务会面沟通前，商务人员可以将沟通计划用简练的语言或者流程图的形式写在笔记本上。在商务会面沟通时，商务人员可以将双方的讲话有重点地记录下来，以便商务会面沟通结束后再系统地整理。准备阶段的主要工作包括以下几个方面。

1. 明确商务会面沟通的必要性

商务会面沟通是沟通双方面对面的沟通，而且是针对专门的人和事，所以沟通双方都比较重视。当出现比较重要的问题或者需要单独了解情况时，一般采用商务会面沟通。

2. 确定商务会面沟通的主题

商务会面沟通需要确定一个清晰的主题，明确这次沟通主要针对的问题，以及通过这次沟通达到的效果。

3. 搜集对象资料

在商务会面沟通前，商务人员有必要对沟通对象的各种情况，如对沟通对象的教育背景、家庭出身、工作经验、日常表现等进行全面的了解。只有对沟通对象有较为全面的了解后，商务人员才能在面谈过程中做到有的放矢，从而取得事半功倍的效果。

4. 制定策略流程

将所有的信息搜集齐全后，商务人员还需要对其进行梳理，并依据了解到的沟通对象的相关信息，给对方适当的定位。商务人员要结合商务会面沟通的主题，规划流程，对准备的问题要有全面而周密的考虑，这样才能在商务会面沟通过程中处变不惊。

（二）开始阶段

恰当的开场白在商务会面沟通中的作用不可忽视。它能吸引对方的注意力，充分展现个人魅力，更重要的是营造了一种和谐的沟通氛围，为沟通的顺利进行做好铺垫。在商务会面沟通中，选择恰当的开场白需要掌握以下几种技巧。

1. 正规式开场白

如果沟通双方已经知道这次商务会面沟通的时间、地点、主题等相关信息，那么在沟通开始时，就可以采用正规式开场白，礼貌地问候对方，并且委婉地将沟通主题表达出来。这样既不失礼节，又能直接、迅速地切入沟通主题。

2. 准备式开场白

如果沟通主题较复杂或者令人尴尬，可以采用准备式开场白。在沟通前将沟通主题或者前提表述清楚，能避免对方的误解，让对方了解客观的现实情况和自己的立场。对复杂主题做出适当的解释，要求语言简练，避免傲慢无礼或吞吞吐吐。

3. 问题式开场白

在不能直接表明沟通主题的情况下，问题式开场白能缓解紧张的气氛。与主题紧密相关的问题，既可以体现出对对方的关心，也能很自然地把话题转入正轨。在问题式开场白中，一般选用开放型问题。

4. 直白式开场白

如果沟通双方比较熟悉，不在意一些礼节或者细节问题，就可以直接表述主题。如果商务会面沟通的时间比较紧张，也可以直接表述主题。直白式开场白没有给对方反馈的余地，并且很少带有感情色彩，容易让对方感到突兀，使用时一定要慎重。

5. 过渡式开场白

过渡式开场白一般先选择与沟通主题相关的话题进行交谈，再自然地转到沟通主题上。过渡式开场白适合不太熟悉的人或者谈论难以启齿的话题。有时过渡式开场白会选择与沟通主题毫不相关的话题，然后突然转入正式主题，会收到意想不到的效果。但话题转换得突然，对方可能会产生不满情绪，所以一般情况下不要选择毫不相关的话题。

（三）会面阶段

商务会面沟通不仅需要沟通双方的努力，还需要调动所有的积极因素，从而达到最佳的沟通效果。

1. 明确沟通目的

商务会面沟通前要明确沟通的目的和效果。只有明确沟通目的，沟通者在沟通过程中才能紧紧地围绕沟通目的，使商务会面沟通成功开展。

2. 体现积极互动

商务会面沟通要求沟通双方积极参与，当一方发出信息时，对方应积极反应和密切配合。沟通者要及时反馈意见，并且能迅速接收对方的反馈意见。

3. 运用肢体语言

肢体语言传送的信息远比口头语言丰富，所以商务人员要重视肢体语言的运用。商务人员还要了解肢体语言的含义，能够从对方的眼神、手势、面部表情等肢体语言中获取有用信息，并且能够将肢体语言灵活运用到沟通中，以增强沟通效果。

4. 把握沟通尺度

有效的语言表达要求简练、有条理。商务人员具体采用哪种风格的语言，要依据沟通对象和场合确定，或通俗，或文雅，或严肃，或风趣。

5. 积极倾听

倾听在商务会面沟通中尤为重要。当沟通对象讲话时，商务人员要积极倾听，捕捉各种信息，依据汇总的结果及时反馈。如果没有听清楚或没有理解，商务人员需要及时告知对方，以便于确认对方的真实意图。积极倾听是对对方的一种鼓励，也是一种礼节，能够鼓励对方发表更多的意见和看法，使沟通双方有更大的收获。

6. 保持心胸开放

在商务会面沟通中，沟通的对象、内容、场合等具体情况不同，沟通时的情感受上述因素的影响会产生很大波动。因此，商务人员需要有强大的自控力，将自己的言行控制在一定的限度之内。当对方的言辞过激或者行为不当时，商务人员要先冷静下来，然后以包容的心态妥善处理。

（四）后续阶段

良好的开头固然重要，结尾的重要性也不容忽视。没有圆满的结尾，就不是一次完整、成功的沟通。在商务会面沟通的后续阶段应重视以下工作。

1. 做好总结

沟通双方面谈之后，需要总结沟通的主要内容，如己方的观点、对方的态度，以及沟通双方在哪些方面达成共识、在哪些方面还有分歧、该如何妥善处理分歧等。

2. 接收反馈信息

商务人员在作出沟通总结后，对方会有相应的反馈信息。商务人员要认真倾听这些反馈信息，然后综合自己的沟通总结和对方的反馈信息，重新申明沟通主题，确定双方在哪些方面达成共识。

3. 表达愿望

商务会面沟通结束后，无论结果如何，商务人员都要向对方表达美好的祝愿。如果沟通顺利，达成了一定的共识，沟通双方会很愉快地互相祝贺，并希望还有下次面谈的机会。如果沟通艰难，而且没有达到预期的目的，出于礼貌，商务人员也应该向对方表示祝愿，并希望下次沟通能够取得进展。商务人员应避免忽视结尾，导致商务会面沟通的失败。

课后训练与实践

第三节　商 务 会 议

▌ 导入案例

社会上曾流传这样的顺口溜："开会也有八股调，程序齐全不能少。报告发言照本念，何用头脑来操劳？会议事务何其多，简报多如雪花飘。五日开会三日游，古迹名胜眼福饱。会议结束打算盘，三万五万报销掉。若问效果怎么样，拿出材料一大包。解决问题有多少，那就只有天知道。"

像这样的会议我们身边并不少见。难道是我们的会议太多了？其实不然。《财富》杂志评选的世界 500 强企业中，70%的企业的总裁每星期有超过 15 小时的会议，但是这些会议是十分严肃的，效率也很高。可见，问题并不在于管理者会议太多，而在于管理者对会议的管理水平太低。因此，如何提高会议的效率，加强对会议的管理，已经成为摆在企业面前的一个突出问题。

思考：简要回答商务会议的重要性。

一、商务会议概述

（一）商务会议的含义

我们对商务会议并不陌生，但要真正给商务会议下一个确切的定义却并不那么容易。商务会议是指两人以上共同参与的，有组织、有目的的一种短时间举行的集体活动形式。

之所以要举行、召开或参与商务会议，是因为商务会议可以给与会者一个表达自己观点的机会。公司运营中，管理者需要听取员工的意见和建议，调动员工参与管理的积极性，而商务会议可以为员工提供表达建议的平台；商务会议是集思广益的场所，员工互相交流与探讨，形成共有的价值观、目标、见解；商务会议可对员工产生约束力，一旦作出决策，员工就要共同遵守；商务会议也是员工互相认识、了解，展示身份、地位与职位的平台。

（二）商务会议的目的

商务会议的目的是让员工了解公司的经营目标、现状、工作计划，并以此指导自己的活动。

1. 上传下达

上传下达即把上级某些重要的精神、指示、决策等传达给员工，让员工知情并遵守。

2. 分配任务

分配任务即把员工召集起来，对某一任务进行具体分工，使每一名员工知道要做什么、该怎样做、做到什么程度。分配任务通常采取协商的形式，并征求员工的意见。同时，员工如果感到完成任务有困难，可当面向上级寻求支持与帮助。另外，分配任务的公开性有利于员工之间的相互信任，保持良好的协作关系。

3. 解决问题

在公司运营中，有些问题是无法避免的。解决问题，最有效的方法便是召开商务会议。例如，某公司的商务会议，销售部门讨论新产品投放市场的策略及销售渠道上还要做哪些改进，公共关系部门讨论近期举行的一次大型公益活动还要做哪些准备工作。商务会议是群体智慧的集中反映，其效果远远超过个人智慧的简单叠加。员工对别人的意见、会议上反馈的信息进行综合、归纳、分析、处理，最终集体得出的解决方案有可能是最优的或仅次于最优的。

4. 民主决策

当公司面临某种选择时，通常要求员工进行民主决策，而商务会议是既节省时间又有效率的方式。例如，某公司濒临破产，是重整旗鼓，还是被兼并，可让员工充分表达自己的意见并进行投票，然后公司根据投票结果进行选择。投票尊重了多数人的意见，有助于稳定员工的情绪。民主决策可以避免员工因不知情产生怨恨情绪。

5. 产生创意

创意是公司业务发展不可或缺的因素。任何公司若长期执行某种制度，势必导致僵化现象，新创意亦难以出现。要打破这种状况，公司必须摆脱陈旧的观念，同时挖掘员工的不同想法，而商务会议无疑是最佳形式。

（三）商务会议的主要类型

1. **按目的分类**

1）谈判型会议。为了解决利益冲突，谈判双方常采取双向互动式的讨论方法，力求达成一致的意见或谅解。

2）通知型会议。通知型会议的目的是传播信息，传播方式通常为单向式。通知型会议一般不鼓励讨论，否则会影响信息的有效传播。

3）解决问题型会议。解决问题型会议的目的是利用团队的创造力解决问题。其通常将待解决的问题公开提出，员工通过广泛的讨论找出解决办法。在此类型会议上，员工都会努力探寻解决问题的方法。

4）决策型会议。决策型会议的目的是在不同方案中权衡利弊，作出抉择。员工不仅要参与会议讨论和决策，还要遵守会议的决议，即使自己持有不同的观点。

5）信息交流型会议。信息交流型会议的目的是发表意见，交流消息，了解对意见的反馈。此类型会议鼓励广泛讨论和踊跃提问，每一位员工都可以提出自己的看法和意见，并从相互交流中得到启发，产生创意。

2. **按人员规模分类**

1）大型会议（参加人数在几千人之内）。大型会议上，演讲者不能太多，只能是有限的几位，大多数人只能是听众。大型会议在告知信息时运用得较多，并且大多设计有会标、会徽，甚至会有会议旗帜，有助于加强与会人员的群体感受。大型会议与会人员较多，因此组织难度较大，维持秩序也比较困难。

2）中型会议（参加人数在几十人之内）。中型会议上，与会人员都有机会发言，但是必须按严格的秩序进行，并且限制发言时间，以免会议失控；也可以让几个主导人员发言，其余的参加人员加以补充。

3）小型会议（参加人数在十人以内）。小型会议应用最广泛。这是因为其沟通方便，气氛也相对活跃，与会人员可以畅所欲言，贡献自己的智慧，其沟通容易产生较好的创意。由于小型会议的与会人员较少，便于控制，主持人可以随机应变地调控会议的内容和议程，以获得最佳会议效果。

3. **按时间规律分类**

1）例行会议，是指那些定期举行的会议，如晨会、周会等。晨会是团队每天早晨在开始工作前的会议，主要是沟通情况，安排当天的工作，提出并解决一些问题。周会则是团队每周举行的例行会议，用以讨论每周的工作成果和未来的工作计划，研究一些重要问题等。

2）非例行会议，是指那些不定期召开的、用来解决一些非常规性问题和某些突发性问题的会议，如公司为了解决顾客投诉而召开的会议，或者为了解决某个重大质量事故而召开的会议，或者为了处理某个突发事件而召开的会议等。非例行会议往往不是事先安排的，而是围绕出现的重大问题而临时召开的，主要解决非常规性问题或某些突发性问题。

4. 按形式分类

1）正式会议，一般是指由一定的规则和条例规定的，通常需要一定的人数，并事先制定程序的会议，其程序包括回顾、动议、修正、辩论、选举和投票等。公司制企业中的股东大会、国有企业中的职工代表大会等都属于正式会议。

2）非正式会议。非正式会议一般有讨论问题一览表、负责主持会议的人、会议记录，以及会议决定和具体措施等内容。但相对于正式会议，非正式会议的主持方式和与会人员的行为都要自由得多，议程也不是那么复杂。企业中经常召开的会议绝大多数属于非正式会议。需要说明的是，非正式会议绝对不是私下随意召开的小会，而是有组织、有目的的会议。

5. 按内容分类

1）业务会议。不同部门因共同的计划或项目合作，或者将一个方法、项目推广至其他部门工作中应用，召开的会议就是业务会议。业务会议由各部门主管和指定的员工参加。业务会议的主题可能是产生新的需要发送给公司其他部门的信息、讨论程序和建议，或者是关于预算、产品或产量等问题的内容。

2）销售会议。公司要想在市场竞争中占有一席之地，没有过硬的产品或服务是不行的。销售会议通常是针对公司产品市场的专门会议，推广新产品、顾客的购买力和接受力分析、产品销售渠道与市场占有率分析等是销售会议的中心议题。

3）专业分享会议。随着科学技术的迅速发展，专业技术人员需要进行交流与沟通，分享科研经验与成果。不同部门、不同领域的员工在专业分享会议上可以获得最新的信息与方法，分享不同的技术成果。通常这类会议的与会人员往往是同事，他们有着相近的身份、知识架构或技术。

4）咨询会议。为了实现公司的远景目标、进行某项产品的更新或寻求某种节能的新技术等，公司召集一些关键人物，发布问题，倾听其意见与建议，鼓励其畅所欲言，拿出解决问题的办法或方案。通常咨询会议主持者以询问的语气征求意见，如"针对……问题，你能否提供一些意见""如果……你将怎样处理"等。

5）座谈会和讨论会。座谈会是员工交流思想的主要形式，员工可以各抒己见、畅所欲言。座谈会也是结构性会议，与会人员有一定的互动。与会人员要准备一段简短的演讲或报告，向听众发表。座谈会主持者要介绍每一位与会人员，在每一个演讲或报告之间进行串场，之后要感谢每位发言者。在演讲或报告后，其他人可以发表评论并可直接对发言者提问。与座谈会相比，讨论会的与会人员的互动机会更多，可随时提问、回答，并对发言者作出反馈。

二、商务会议的沟通建议

（一）筹备阶段

1. 制定议程

商务会议的主要沟通工作包括充分考虑会议议程，列出条款式的议程安排；确定会议的召开时间和结束时间，并与有关部门协调；整理有关议题，并根据其重要程度确定讨论顺序；把会议议程提前交给与会人员等。

2. 挑选与会人员

挑选与会人员的首要原则是少而精，应根据会议类型确定与会人员。例如，信息交流型会议应该通知所有需要了解信息的员工参加；决策型会议要邀请能解决问题、对决策有影响，以及能对执行决策作出承诺的员工与会。另外，与会人员还需要对那些未在会议邀请之列的关键人士作出说明。

3. 会议室布置

会议室应选择比较方便并且费用低廉的场所，但是如果与会人员较多，则可以考虑阶梯教室或者报告厅。同时，不能忽略与会者的身体舒适需求，应该注意会议室的空调温度、桌椅舒适度、灯光和通风设备等。另外，根据沟通需要选择适当的桌椅排列方式。例如，信息交流型会议的与会人员应该面向主席台，而决策型会议的与会人员应该面向彼此，适宜采用圆桌型的现场布置。

（二）执行阶段

1. 开场技巧

（1）准时开会
不准时开会只能加剧与会人员的焦躁情绪，同时也令他们对会议主持人的工作效率和领导能力产生怀疑。

（2）表示欢迎
会议主持人用洪亮的声音对与会人员表示欢迎。如果面对的是新入职的与会人员，可以让他们向大家做自我介绍。如果彼此已经见过面，也要将新入职的与会人员介绍给大家。

（3）会议规则
例如，有些会议有"不允许跑题""聆听每个人的发言""每个人的发言不能超过 5 分钟"等规则。如果规则是与会人员共同制定而不是会议主持人强加的，则会议的效果要更好。会议主持人可以向与会人员询问："你们同意这些规定吗？"要得到每个与会人员的肯定答复，而不要想当然地把沉默当作没有异议。

（4）分配职责
对于某些例行会议，可以由所有员工轮流担任主持人和记录员。当然也要考虑个别情况，如果有些员工速记能力比较差，不适合做记录员，则不能勉强。

2. 维持秩序

（1）确认议题
尽管大多数正式会议的议题是在会前就确定的，不过由于情况的变化，会议主持人决定临时改变会议议题的情况也是很常见的。即使会议议题确定不变，在会议过程中也可能会出现与会人员偏离会议议题的情形。出现这种情形时，会议主持人的一个重要职责就是要及时纠正，保证会议按预定的议程进行。

（2）发言次序

在计划有多人发言的情况下，为了保证每个人的发言机会，必须确定发言次序，并明确分配每个人的发言时间。

（3）通报进展

在较长的或多阶段的会议中，有些与会人员可能无法出席全部会议，为保证会议的连续性，避免不必要的重复，应有专人将会议情况通报给缺席人员。

3. 会议讨论

（1）激励讨论

会议主持人要积极引导所有与会人员参与讨论，提出自己的意见和建议。为此，既要防止一些与会人员在会上说得太多，垄断了会议的讨论时间，也要防止另一些与会人员总是保持缄默，使别人无法了解他们的真正想法。围绕会议主题提出适当的问题是激励与会人员发言的一种有效办法。提问不仅能激励与会人员发言，还能作为引导讨论的手段。通过提问也能打断那些滔滔不绝的人，为其他与会人员创造发言机会。

（2）隐秘议程

会议中，某些与会人员可能会偏离会议主题，追求个人或小团体的利益；有时，讨论也可能演变成与会人员之间的个人冲突。为避免出现这类问题，会议主持人应当注意：事先妥善处理好与会人员之间的关系，尽量避免因人际关系和感情问题造成与会人员之间的冲突；及时遏制不良倾向，把与会人员之间的矛盾解决在萌芽阶段，对于破坏会议进程的行为和个人，态度要坚决，行动要果断。

4. 会议决策

（1）权威决策法

权威决策法就是由参加会议的一个或少数几个权威人士作出决策。在多数情况下，会议主持人就是最权威的人。权威决策法的优点是速度快、高效。权威决策法适用于：①时间紧迫，但又必须迅速作出决策的情形；②会议主持人及其权威成员的权威性得到与会人员公认，并不是仅来自地位上的差异。

（2）投票表决法

投票表决法是由所有具备正式与会资格的人投票，按照大多数人的意见作出决策，是常见的民主决策方式。决策问题的性质不同，通过决策需要的票数也应当有所不同。投票表决法通常有半数通过有效、2/3 人数通过有效、3/4 人数通过有效等。尽管人们一般认为投票表决比较公正，但实际上也不完全如此。首先，投票表决法的时机很关键。有权决定投票时间的人往往会选择对自己有利的时间组织投票。其次，投票表决法可能导致持少数意见的人从群体中分裂出去。最后，尽管投票表决法的规则是少数服从多数，但很难保证持少数意见的人一定能够执行会议作出的决策。

（3）趋同决策法

趋同决策法是广泛征求不同成员的意见，根据群体的大致倾向进行决策。其最大特点是折中，即根据全体成员的意见折中而决定的。趋同决策法的优点是考虑了每个成员的意见并在决策中有所反映，成员的参与度较高；缺点是经常找不到合适的折中方案，不仅费时费力，而且最后的方案也很难使全体成员真正满意。

（4）一致决策法

一致决策法必须是每个成员都同意，决策才能通过。一致决策法的优点是有利于保护弱小成员的利益，也有利于决策的执行；缺点是难以达成一致，特别是如果某些成员企图利用此规则谋求更多利益，则更难达成一致。

知识拓展

会 议 提 问

会议中常见的问题可大致分为开放式问题和封闭式问题。"小王，你同意这个观点吗？"这是封闭式问题；"小王，你对这个问题怎么看？"这是开放式问题。

作为一个合格的会议主持人，应该善于运用以下几种提问方式。

1）棱镜型提问：把别人提出的问题反问所有人。

2）环型提问：向所有人提出问题，然后让大家轮流回答。

3）广播型提问：向所有人提出问题，然后等待回答。

4）定向型提问：向所有人提出问题，然后指定一人回答。

5. 会议记录

（1）会议记录的作用

任何有价值的会议都应当对会议过程与结果进行清晰的记录。许多会议需要在会议记录的基础上整理成会议纪要或会议备忘录，成为会后行动的依据。即使并不整理成正式的会议纪要或会议备忘录，会议记录也是必要的。会议记录对今后同类会议具有借鉴作用。会议缺席人员可以通过会议记录了解会议讨论内容及各项决定。会议记录提供了一份大家都认可的协定，对未来的某些决策可起到参考作用。

（2）会议记录的内容

会议记录的内容分为会议安排和会议内容。会议安排应记录会议名称、会议时间和地点、会议出席人员、会议主持人和会议记录人；会议内容应记录会议主持人的发言要点、讨论中各方的主要观点、会议形成的主要决议等。

会议记录并不要求逐字逐句地做记录，也不要求记录压缩后的抽象概念。一份良好的会议记录应当反映会议的精华。所以，会议记录要突出以下重点：各方的主要观点，权威人士或代表人物的言论，会议结束前主持人的总结性言论，会议决议或议而未决的事项，对会议有较大影响的其他言论或活动。此外，对会议的发言者及其主要观点也应当进行必要的记录。

（3）会议记录的基本要求

会议记录的基本要求是准确、简单和清楚。对于比较重要的会议，为保证会议记录的质量，会议记录人员应当具有以下几个必要的基本素质。

1）立场中立，避免情绪化。会议记录人员要记录发言者的原话，不应任意增删、修改或加入个人意见。会议记录人员对发言者发表的各种不同意见绝不能表现出情绪化或好恶。如果表现出好恶就违背了会议记录人员的责任，与会议目的背道而驰。会议记录人员的情绪化也会使发言者不愿再提出有益的意见。

2）熟悉相关的技术语言，掌握记录技巧。一个合格的会议记录人员必须懂得与会人员使用的技术语言，只有这样才能简要地记录发言者的发言重点。记得太多，很快就会跟不上发言；记得太少，记录过于简单，就不能反映整个会议过程的全貌。会议记录技术的核心是听记关键词，努力抓住发言者的基本意思和内容要旨。

3）要保持缄默，必要时变换角色。会议记录人员要保持缄默，尽可能不要说话，即使某些发言者表达不流畅也不要试图去帮助他们说话。如果请他人做记录，会议记录人员想要参与讨论，而且确实是正式与会人员，那就应该暂时退出记录，然后再发言。

6. 结束阶段

（1）会议结束

会议结束时应该重新回顾会议目的、达成的共识和成果，如会议的主要决定和行动方案；回顾会议进程，说明已经完成的事项和待完成的事项；给每个与会人员时间总结陈词；就下次会议的日期、地点等事项达成一致意见；对会议进行评估，并在积极向上的氛围中结束会议。会议主持人可以用表示祝贺、赞赏（如大声说"谢谢各位！"）的方式结束会议。

（2）后续沟通

如果会议没有取得一致的意见，那么尽管会议最后得出了结论或作出了决策，但是会后会议组织者还应该迅速与那些所提的意见没有得到采纳或者对会议最后结果不满意的与会人员进行沟通。后续沟通可以为会议提供关于最后结果的一些反馈意见，也能解决某些刚出现的新问题，还能抚慰一些与会人员的自尊。

为了防止会后没有人去执行会议上有关各方承诺的事情，会议决定没有得到执行或者没有在截止日期前完成预定的任务，凡是需要采取后续行动的会议一般都需要分发会议纪要。会议纪要提供了后续行动的线路图，确保会议决定最大限度地得到执行。

沟通案例

某公司销售部经理张扬非常重视沟通，他不仅为部门制定了定期沟通制度，还经常找下属谈话，但结果却收效甚微。他的工作思路和计划总是得不到贯彻执行。为此，张扬专门咨询了管理咨询公司。管理咨询公司派人调查后，发现问题出在他的沟通方式上。张扬在与部门内的下级沟通中主要存在以下问题。

1）会议时间过长。以每周例会为例，会议时间短则 3 小时，长则 5 小时，弄得大家疲惫不堪，以致下属对他主持的会议产生了恐惧感。

2）每次开会的绝大部分时间都是张扬在侃侃而谈，很少给下属发表意见的机会。即使下属提出意见，张扬也觉得下属的意见考虑不全面，不予理睬。因此，张扬与下属的沟通都是单向沟通，缺乏必要的反馈和讨论。

针对这种情况，管理咨询公司向张扬提出了以下三条改进建议。

第一，大幅度缩短会议时间。把周会时间缩短至1.5小时以内，以提高会议效率。

第二，合理分配会议时间。每次周会的1/3时间为张扬发言，1/3时间解答员工提问，剩下的1/3时间听取员工意见，从制度上保证了与部门内上下级之间沟通的双向性。

第三，对于员工的意见，必须在下一次周会前给予答复，以提高员工的积极性。

衡量会议的最终结果并不仅仅看其决议，而应看执行决议的结果。衡量与会人员的能力也不仅仅是听他的发言，更是要看他的行动。所以，只有所有与会人员都认真执行了决议，会议的决定最终付诸实施，才能认为会议真正成功了。

课后训练与实践

第四节　商务演讲

■ 导入案例

朋友们！我要对你们说，尽管眼下困难重重，但我依然怀有一个梦。这个梦深深地扎根在美国的梦想之中。我怀有梦，梦想这个国家总有一天会觉醒，并将按它所遵从的信条的真正含义去生活——我们坚信，一切人生来平等。

我怀有梦，梦想有一天，在佐治亚州的红山上，昔日奴隶的儿子会同昔日奴隶主的儿子同席而坐，情同手足。我怀有梦，梦想即使处在压迫和非正义酷暑中的密西西比，有一天也会变成自由公正的绿洲。我怀有梦，梦想我的四个孩子，有一天将生活在这样一个国家里，在那里人们不是以皮肤的颜色而是以品德来评价他们。我怀有梦，梦想在亚拉巴马，堕落的种族主义州长会废除过去的禁令，使黑人的孩子和白人的孩子携起手来成为兄弟姐妹。我怀有梦，梦想有一天每个深谷都被填平，每座高山和丘陵都将夷为平地，所有坎坷之地都变成坦荡的平原，所有弯曲之路都变成笔直的大道，让上帝的光辉普照大地，沐浴整个人类！

——马丁·路德·金《我有一个梦想》

思考：这篇著名的演讲对你有什么启发？

一、商务演讲概述

（一）商务演讲的含义

商务演讲是商务演讲者在特定时空环境中，借助有声语言和态势语言的艺术手段，针对现实中的某个问题向听众传递信息、表述见解、阐明事理、抒发感情，从而达到感召听众并促使其行动的一种现实信息交流活动。它是一种直接的、带有艺术的社会实践活动。

演讲是人类的一种社会实践活动，鼓动性、现实性、适应性和艺术性是其主要特征。演讲必须具备演讲者（the speaker）、听众（the audience）、环境（the environment）、沟通媒介（the media）和时间（the time）等条件，缺一不可。也就是说，离开其中的任何一个条件，都不能构成演讲。但是仅仅具备这些条件，也不足以揭示出演讲的本质属性。任何一种带有艺术性的活动，都有其独特的物质传达手段，形成自己特殊的规律，揭示自身活动的本质特点。演讲自然也不例外，演讲者要想表达自己的意见，陈述自己的观点和主张，从而达到影响、说服、感染他人的目的，必须通过与其内容一致的传达手段来实现。

（二）商务演讲的表现形式

1. 有声语言

有声语言是由语言和声音组成的，是商务演讲中传递信息、表达思想的媒介。它是演讲者思想感情的载体，以流动的方式，承载着演讲者的主张、见解、态度和感情，直接诉诸听众的听觉器官，从而产生说服力、感召力，使听众受到教育和鼓舞。

有声语言是演讲者与听众交流信息的主要的工具和重要的渠道，从有声评议表述角度看，演讲者必须做到发音标准、吐字清晰，词句流畅、准确易懂，语调贴切、抑扬顿挫。

2. 态势语言

商务演讲不仅需要语言和声音，还要辅之以动作、表情。通过面部表情、体态、手势、空间距离和服饰装束等进行思想感情和信息传播的手段，称为态势语言（也叫体态语或无声语言）。

态势语言是通过动作或者某部分形态的变化进行思想和情感交流的一种方式。毋庸讳言，和谐、自然的态势语言是演讲成功不可缺少的部分。古今中外很多著名的演讲家都十分重视态势语言。陶行知先生曾说："演讲如能使聋人看得懂，则演讲之技精矣！"

态势语言不但是对口头表达必要的补充和辅助，而且能够反映人的性格和心理，以及人的真实感受和内心需求，可以弥补有声语言的不足。从演讲来说，首先，态势语言能更形象地传递信息，表达思想。其次，态势语言更有利于传达情感、反映情绪，如拍案叫绝、扪心自问等。态势语言的类型主要包括面部表情、手势、体态、空间距离和服饰装束等。

3. 主体形象

演讲者直接出现在听众面前，所以必须讲究主体形象，如形体、仪表、着装、发型、举止神态等。演讲者的整体形象，不仅直接影响着自身思想感情的表达，而且直接影响着听众的心理情绪和美感享受。这就要求演讲者在自然美的基础上，兼有一定的艺术美。而这种艺术美，是以演讲者本人为依托的艺术美，不同于舞台艺术的性格化和表演化的艺术美。这就要求演讲者在符合演讲特定活动的前提下，注意装饰的朴素、自然、轻便、得体，注意举止、神态、风度的潇洒、大方、优雅，只有这样才有利于思想感情的表达，才能取得良好的演讲效果。

商务演讲的目的是让沟通对象理解并接纳演讲者的意图，以达到与客户有效沟通的目的。对于大多数商务人员而言，商务演讲是职业生涯中不可或缺的一部分。在职业生涯初始阶段，商务演讲可用于向同事做简报；之后，商务演讲会被更多地应用于向管理人员汇报某次商务活动方案的策划或活动成效，向同事介绍某个商务项目的最新进展，向团队成员就某个议题陈述观点，向客户提出商务建议、发表促销演说等。

（三）商务演讲的 PASS 结构

在商务演讲中，PASS（即目的，purpose；听众，audience；结构，structure；风格，style）结构十分重要，可以使演讲稿的内容和结构更加合理，便于演讲者树立与把握演讲风格。

1. 目的

商务演讲的工作从设定目标开始。演讲者需要思考此次演讲的目的是什么，希望通过演讲达到什么目标等。确定演讲目的可以在演讲结束时评估是否达成了演讲目标。

商务演讲的目的可以让客户了解公司的新产品；提出对公司某个项目的具体执行方案并希望上级接受；让公司追加对某个项目的经费；在工作简报中让同事了解近期的工作动态等。

2. 听众

商务演讲的下一项工作是确定听众，并考虑听众的需要。例如，听众需要知道什么，对哪些信息感兴趣，有多少时间听此次演讲，有多少人听演讲，演讲选择在什么地方举行等。

3. 结构

演讲的结构即演讲内容通过什么顺序呈现。演讲者应该确定演讲要点、逻辑顺序，以及如何将材料组织在一起。

4. 风格

在设计演讲风格时，演讲者决定演讲的正式程度与参与度。例如，在小范围的演讲中，演讲者可以就某个复杂的问题以较轻松的方式进行演讲，并要求听众积极参与。演讲风格决定了演讲者需要使用哪些辅助设备。

（四）常见的商务演讲风格

1. 解释型演讲

解释型演讲就是把事情说清楚，令听众明白。首先，演讲者根据时间限定选择主题，只抓住一个要点，加以详细解说，方便听众记忆，以留下清晰的印象。如果有侧重点，一定要在结尾时进行总结。其次，演讲内容的安排要秩序井然，可以依照时间、空间或者特殊顺序来安排。例如，以时间为序，可以选定一天作为开始，向过去追溯或者向前发展。最后，用听众熟悉的事物来对比，在演讲时可以将演讲内容和听众熟悉的事物相联系，避免使用专业术语，使听众对陌生的事物产生熟悉感。

沟通案例

一位传教士来到非洲赤道附近的一个部落，他尝试用部落方言来演说《圣经》。当他翻译到"虽然你的罪恶如鲜血般暗红，但终究会像白雪那般洁白"时，如果按照原文的意思翻译，对于当地人而言没有任何意义，因为他们对雪没有概念，甚至在他们的部落方言中找不到"雪"字。在他们的生活里，时常会爬到椰子树上，摘几个椰子作为食物。

最后，传教士受到启发，将这段话翻译为"虽然你的罪恶如鲜血般暗红，但终究将会像椰子肉那般洁白"。

2. 说服型演讲

说服型演讲不仅要把事情说清楚，还要以激励的方式使听众按演讲者的意图完成相应工作。为了实现这样的目标，必须做到：①真心换信心。发自内心的真诚和热情才会让演讲更具说服力，只有自己坚信不疑才可能尽力说服他人。②获得赞同。演讲者开始就表明自己的态度，只会让听众产生逆反心理。要想从一开始就赢得听众的赞同，就需要从听众认可的事情进行演讲，然后提出问题，引起他们的思考和兴趣。③用热情感染听众。当演讲者投入的热情极具感染力时，听众一般都不会觉得抵触。演讲者想要感染听众就应先让自己充满激情，否则语调再温和动听、讲述的事例再翔实、一举一动再得体，也是一次失败的演讲。

沟通案例

1960年2月，南非政府还在奉行种族隔离政策。时任英国首相的哈罗德·麦克米伦来到南非国会两院发表演讲，主题是"英国不存在种族歧视"。

麦克米伦没有一开始就指出彼此有分歧的观点，而是赞扬南非的经济成就，以及对全世界的贡献。然后，他低调地提出有分歧的观点，明确表示，相信无论何种观点都是出自内心真诚的信念。

麦克米伦言辞坚定，态度始终温和："作为一个英国公民，我想说我们始终对南非给予关注和支持。请诸位对我所言不要过于介意，我们正努力让所有自由人在我们国家的土地上，都享有平等权利，这是我们坚持的信念。在支持和帮助诸位的同时，我们也不能违背自己的信念。我想抛开信念的分歧不谈，我们应该永远是朋友，我们共同承认一个事实，那就是，如今我们之间仍有分歧。"

3．即时型演讲

即时型演讲也叫即席演讲。随着现代社会的发展，随时随地的语言沟通变得愈加频繁，能够即时演讲也是现代商务人员必须具备的能力。事先有所准备的演讲对商务人员而言是轻而易举的事情，但即时演讲对商务人员而言是十分困难的。所以，商务人员应多做即时演讲的练习。遇到即时演讲，商务人员可以从以下几方面讲起：①听众自身。例如，说说听众是什么人、正在做什么事等。②所在的场合。例如，可以谈谈聚会的起因是什么，是纪念性的会议，还是颁奖会，或是展销会。③如果仔细听了前面的演讲，可以就某位演讲者提到的兴趣点进行阐述。演讲者要设立一个主题，围绕这个主题进行阐述，所举的事例要切合主题。

二、商务演讲的技巧

（一）信息组织技巧

首先，如果有必要，在对演讲主题进行调查的基础上决定将要说些什么，列出演讲要点。另外，还要给每个要点分配适当的时间并给出一个合理的顺序。

其次，演讲者应该使演讲成为会话型、陈述型的演讲，而不是对演讲稿的背诵。一种方法是演讲者可以先写出要演讲的所有内容，然后提炼出要点，并将要点写在一张提示卡上，演讲时参照提示卡即可。另一种方法是演讲者可以绘制一张思维导图：先画一个圈并在里面写上演讲主题，然后以它为中心画出若干条分支，表示有若干重要问题；再以这些分支为中心画出分叉，表示更多要点。

不论演讲者用什么方法组织信息，演讲内容应该包括开头、主体和结尾三个部分。

（二）语言技巧

1．读音吐词

准确清楚是对演讲者的基本的口语表达要求。演讲者无论讲什么内容都要使听众听懂。演讲者应读音正确、不念错别字、吐词清楚；把词语准确地念出来，让听众听得清清楚楚；不能过快过慢，不能结结巴巴、丢三落四，不能破坏语句的内在结构，破坏语句的本来联系；要使听众感到流畅。

2．语速语气

演讲不同于一般交谈，也不是朗读。它既有讲，又有"演"。当然，讲是主要的。要使准备的演讲内容得到生动有力的表达，就需要语速合适，恰当地运用语调的技巧，增强口语的美感。

语速即说话的速度。就整体而言，语速不可过快，也不可过慢。过快，听众不能听清；过慢，听众会不耐烦，或者干脆不听了。所以，就整体而言，语速要适中，以听清为原则。

语气应根据思想表达的需要和演讲者的感情与心理变化确定。例如，恰当的停顿、重读可以使演讲内容得到清楚的表达、语言呈现出鲜明的节奏感。

3. 制造悬念

演讲要能吸引听众，首要的条件是要制造悬念，激发他们的兴趣，引起他们的关切，争取他们的参与。所谓制造悬念，就是先不要把演讲主题告诉听众，而让听众去猜测、推究和追问，吸引他们的注意。

4. 提问互动

演讲时善于提问，启发听众思考，是演讲获得成功的一个重要技巧。演讲时的提问与交谈时把提问在回答提问时不同，前者是自问自答，后者是你问对方回答。在演讲中，提问可以分为激起猜测的提问、引起注意的提问、激发反思的提问等多种形式。

5. 幽默诙谐

演讲中使用幽默语言，是一种难度很高的语言技巧。演讲中使用妙趣横生、幽默诙谐的语言，能调节情绪和活跃气氛，比华丽辞藻的套话更能打动听众，更能使演讲受到欢迎，从而获得成功。必须注意的是，幽默语言的运用不是牵强附会地制造噱头，也不是低级庸俗地创造笑料。

（三）非语言技巧

1. 眼神表情

眼神在演讲与交谈中具有重要的表情、表意和控场作用。在与听众的交流中，有经验的演讲者总是能够恰如其分地、巧妙地运用自己的眼神，表达千变万化的思想感情，调整演讲现场的气氛，以收到最佳的效果。反之，不成熟的演讲者，总是一站到台上就把自己的眼睛"藏"起来，不是低头看着讲稿、地板，就是抬头看着天花板，或者转头看着会场的外面，从不正视听众。这样的演讲，可以肯定地说，其结果只能是失败。商务人员在演讲中运用眼神表情，可以参照以下几种方法。

（1）纵向角度

纵向角度指演讲者视线的上下角度。视线太低，只能看到前几排的听众，照顾不了大多数听众；视线太高，又会使人感到趾高气扬、盛气凌人。演讲者最好保持平视，把视线落在会场中排的听众，以此为基本落点，并在演讲过程中适当变动，以顾及前排和后排的听众。

（2）横向角度

横向角度指演讲者视线的左右角度。演讲者绝不要把视线长时间地停留在某一点上，而应当经常从左边自然地扫到右边，再从右边移到左边。

（3）环视法

环视法是演讲中使用眼神表情的主要方法之一，即有节奏或周期性地把视线从会场的左方扫到右方，再从右方扫到左方；从前边扫到后边，再从后边扫到前边，以便不断地观察所有听众的动态。演讲者切忌眼睛总是向上翻动，一直盯住某一个人、某一个地方，而忘记前排及左右两边的死角；更不能经常把眼光漂向窗外。

（4）点视法

点视法是演讲中使用眼神表情的主要方法之一，即演讲者的观察要有重点。在环视过程中，演讲者发现哪里不安静，应立即投去严肃的制止性目光；讲到重点和难点时需让听众做笔记，应向那些学习吃力、做记录慢的人投以帮助性目光；对有疑问的人投以启发性目光；对偏离主题的人投以引导性目光；对犹豫不决、欲言又止的人投以鼓励和赞许性目光。

（5）虚视法

虚视法是演讲中使用眼神表情的主要方法之一，即演讲者的眼睛似乎盯住某些东西，但实际上什么也没有看。虚视法既可以克服紧张的情绪，显示出端庄大方的神态，又可以把精力集中在演讲内容上。虚视法对于初次登台的演讲者十分有效，但它是一种转换性目光，不可常用。

2. 姿态

姿态指演讲者的手势和体态。在演讲中，它也是表达、交流的工具，能够补充有声语言的不足或者把有声语言加以强调，能够与眼神表情协调一致，以共同完成演讲任务，争取达成演讲的最佳效果。

（1）手势

从活动范围看，手势一般有三个活动区域。

1）肩部以上称为上区。手势在这一区域活动，多表示理想的、想象的、宏大的、张扬的内容和情感，如表示殷切的希望、胜利的喜悦、幸福的祝愿、未来的展望、美好的前景等。例如，"我们的前程是无限光明的""希望同志们为开创新局面贡献出自己的全部才智"等内容配合这样的手势，就比较贴切而有意义。

2）肩部至腹部称为中区。手势在这一区域活动，多表示描述事物和说明事理，一般来说演讲者的心情比较平静，如"全部面积仅有 500 平方米""这个问题大家可以考虑一下"，表现这些内容的手势，在中区活动就比较合适。

3）腰部以下称为下区。在这一区域做手势，多表示憎恶、不悦、卑屑、不齿的内容和情感。例如，"在公共场所吵闹，实在是不文明的""随地吐痰是可耻的行为"，表示这些内容的手势宜在下区。

🌸 **知识拓展**

手势的含义

1）手心向上，胳膊微曲，手掌稍向前伸。这种手势，主要表示贡献、请求、承认、赞美、许诺、欢迎、诚实的意思。例如，"我想大家是能够做到的""希望同志们为开创社会主义现代化建设的新局面而多做贡献""希望同志们多多提出宝贵意见"，凡属这类内容的，就可以用这种手势。

2）手心向下，胳膊微曲，手掌稍向前伸。这种手势，主要表示神秘、压抑、否认、反对、制止、不愿意、不喜欢的意思。例如，"这里面一定有问题""这种损人利己的行为，我们是坚决反对的""我们不同意采取这种办法"，凡属这类内容的，就可以用这种手势。

上述两种手势，是用单式手势还是用复式手势，可由演讲者视具体情况而定。

3）两手由合而分开。这种手势多表示空虚、失望、分散、消极的意思。例如，"一个人如果没有远大理想，那他将一事无成""我简直是没有办法""虽然做了许多工作，仍然是不见效的，最后他们还是分开了"，凡属这类内容的，就可以用这种手势。

4）两手由分而合。这种手势主要表示团结、亲密、联合、会面、接洽、积极的意思。例如，"我们要团结起来，把这个工作做好""同志们，为了一个共同的目标，我们走到一起来了"，凡属这类内容的，就可以用这种手势。

5）单式手势的"冲击式"。例如，"同志们，如果敌人敢进犯我们，我们就坚决把他们打出去""同志们，向着未来，向着胜利，前进吧"，手势要紧密配合最后一句话，果断、猛力地向前方伸出去，给人一种信心和力量。

6）单式手势的"推顶式"。例如，"中国人民是无所畏惧的，就算天塌下来，我们也顶得起"，以手心向上推顶出去，给听众一种气魄浩大之感。

另外，手掌向下、向后，则表示卑屑、消极、后退、黑暗的意思，演讲时可灵活掌握。

（2）体态

演讲者的身体形态在演讲中表达的信息，是态势语言的一种，分为服饰和仪表、站位和站姿、移动三个方面。演讲者的衣着穿戴的基本要求是与体态协调。演讲者在选择服装时，必须有整体美感，不可为突出个别部位的美破坏了整体形象美，身材与打扮要互相协调。

（四）辅助设备

正式的演讲通常使用一些视觉元素作为辅助手段，以使演讲效果更好，实现演讲者与听众之间的有效沟通。辅助通常有白板、投影仪、幻灯片、电影、视频或模型。

相对来说，辅助设备的准备比较简单，而且能帮助观众理解所要陈述的内容，特别是在演讲涉及复杂的材料或数据时。美国一所大学的调查显示，成功使用辅助设备的演讲者，其沟通说服成功率可达 67%；而没有使用辅助设备的演讲者，其沟通说服成功率只有 50%。例如，图表可以让演讲者的说服成功率提高 43%，因为人们认为那些使用辅助设备的演讲者更加专业，准备更充分，也更易于使人信服。此外，使用辅助设备的会议相较于不使用辅助设备的会议花费的时间更少，从而提高沟通效率。可见，辅助设备的使用对于提高商务沟通效率和效果都有帮助，是演讲的重要组成部分。

如今，电子辅助设备越来越多地应用于演讲之中，能让演讲者轻而易举地加入多媒体效果。视频、动画、音效等能使演讲者的陈述更具表现力，电子辅助设备的加入也使演讲更加灵活方便。

1. 设备的应用技巧

1）仔细检查幻灯片颜色。幻灯片颜色搭配很重要，需要注意电脑的颜色在屏幕上的呈现效果。在很多时候，因为设备分辨率、使用时间、光线等原因，幻灯片颜色可能在视觉上出现偏差。

2）在幻灯片中不要做过于夸张的特效。太过夸张的特效非但不会吸引听众的注意力，反而有可能喧宾夺主，分散听众的注意力。同时，夸张的特效也会使商业演讲的专业性下降。同理，如果不是特别紧要的环节，不要加入音效。

3）暂时停用电脑中所有的屏幕保护程序；如果设置了自动关机，应将其修改。没有听众愿意在演讲过程中出现不相干的画面，更不能出现黑屏。

4）不要出现演讲盲点，应让处在任何位置的听众都能看到演讲者，同时提高音量让听众都能听清楚演讲者所传递的声音信息。演讲者可以站在听众一侧，不要站在灯光照不到的地方，尽量离开电脑，必要时可以使用无线鼠标或多功能激光演示器。

2. 设备的使用

如果在演讲时设备使用不当，或设备在演讲中运转不灵，性能再好的辅助设备也无济于事。熟练地使用设备不是与生俱来的天赋，需要演讲者持续不断地练习，同时还要了解听众需求，特别是在使用幻灯片和投影仪时，要确保每个座位上的听众都能够看清楚屏幕，而且要确保演讲者站立的位置和投影仪不会挡住听众的视线。

演讲者需要确保使用的设备处于良好工作状态，必要时可以准备一套备用设备。一台设备出现问题可以迅速启用备用设备，让演讲继续下去。在演讲开始之前，需要调整投影仪，让屏幕中的影像清晰可读，即使最后一排观众也能看清楚。

演讲者在陈述过程中不要在屏幕前面走来走去，以免挡住听众视线。

演讲者可以在准备时练习自己的演讲位置。通常选择的位置是站在屏幕一侧，面向听众。在需要指向屏幕上某项内容时，可以用手指、激光笔等工具代劳。脚要保持面向听众，这个姿势会让演讲者与听众时刻保持眼神交流，避免出现演讲死角，也能更好地控制演讲现场。

3. 常见误区

1）电子辅助设备虽然对于沟通效果贡献很大，但并不是多多益善。新手有时候会觉得这些设备非用不可，而且会大量使用。殊不知，这样的结果会把听众的注意力吸引到辅助设备上，而不是演讲内容上。辅助设备只是为了让那些没有听明白的听众能够更好地理解演讲内容，只有当演讲者觉得这些设备能够帮助听众理解某个重要观点时才应该使用它们，在不需要时就应将其关闭。否则，在演讲中，有可能出现观众紧盯着屏幕而不是演讲者的尴尬局面。

2）演讲者常犯的一个错误是直接把报告、统计资料或者期刊上的图表等复制粘贴到幻灯片里。但是，直接复制的图表通常涵盖太多的信息，在演讲时无法发挥它应有的作用，与其说是在帮助演讲者陈述信息，不如说是阻碍了听众理解演讲内容。

3）一般来讲，在幻灯片里，一行不要超过 10 个字，一张不要多于 7 行，数据不要超过 3 栏，文字的字体不要太花哨，而且每张幻灯片要留有足够的边框。如果将幻灯片做得太过复杂，听众很快就会觉得应接不暇，他们的注意力会很快转移到花哨的技术上，而不是演讲内容上。商务沟通中一贯不变的追求是表达观点而非炫耀自己。就电子辅助设备来讲，切勿让"幻灯片主导了整个演讲，它会打乱内容的流畅，并让其显得微不足道"。

4）电子辅助设备品质的高低也向听众传递一个重要信息，即演讲者自身能力的大小和对听众的尊重程度。制作粗劣的幻灯片会让听众无精打采。如果演讲者打算使用的辅助设备不易懂或没有足够吸引力，最好不要使用。

课后训练与实践

商务礼仪篇

第六单元　商务礼仪概述

学习目标

1. 了解礼仪的起源和发展历程。
2. 掌握礼仪的定义，理解礼仪的特性、内容和社会功能。
3. 掌握商务礼仪的含义、特点、作用和原则。

第一节　礼　　仪

导入案例

战国时期的一天，孟子的妻子独自一人待在屋里，孟子从外面突然闯进来，瞧见她姿势不雅，顿时无名火起，立即跑到母亲面前告状。他说："妻子对我无礼，我今天非把她赶出家门不可！"孟母问："究竟是出了什么事，惹得你要休妻呀？"孟子答道："刚才她蹲在屋里，那姿态很难看，这是对我无礼，妻子不尊重丈夫，我必须休了她！"孟母听这话有点蹊跷，继续追问道："你说说，你是怎么发现她蹲在屋里的？"孟子理直气壮地回答："这都是我亲眼所见。我刚才推门一看……""别说了，我听明白了。"孟母问明了情况，大声斥责儿子说："这分明是你无礼，不是你妻子无礼！"孟子有些茫然，不服气。孟母接着解释说："俗话说'将入门，问孰存；将上堂，声必扬；将入户，视必下'。不管是进谁的门，都要事先敲一下门，或者大声地问一声，好让人家知道有人来了。不能乘人不备，突然闯入。这是常人都懂得的礼貌规矩。可你倒好，到你妻子的燕私之处，进门前不敲门。看见你妻子蹲着，你不赶紧先退出去，却还在看，这叫你妻子怎么办？这不正是你无礼吗？怎么能说是你妻子无礼呢？"孟子没有想到，母亲恰恰从同一事情得出了相反的结论。批评虽很尖锐，但是句句有理有据。于是孟子赶紧认错。

思考：通过这个故事，怎样理解"礼"？

礼仪是社会人际关系中沟通思想、交流感情、表达心意、促进了解的一种形式，是人际交往中不可缺少的润滑剂和联系纽带；是以一定的约定俗成的程序方式来表现律己敬人的过程，涉及穿着、交往、沟通、情商等方面的内容。礼仪是人们在生活中不可缺少的一种能力。从个人修养的角度来看，礼仪是一个人内在修养和素质的外在表现。从交际的角度来说，礼仪是人际交往中适用的一种艺术、方法，是人际交往中约定俗成的示人以尊重、友好的习惯做法。现代社会中，人们的衣食住行，无不有礼可循，也只有重礼、习礼、懂礼、守礼和行礼的人，才能受到他人和社会的尊重。

一、礼仪的含义

"礼仪"最初是从法语 etiquette 演化而来的，原意是一种长方形的纸板，上面写着进入法庭该遵守的规矩、秩序，因而这种纸板就被视为"法庭上的通行证"。后来，礼仪引申为"人际交往的通行证"。

"礼"在《辞海》中的解释：①本谓敬神，引申为表示敬意的通称；②为表敬意或表隆重而举行的仪式；③泛指奴隶社会或封建社会贵族等级制度的社会规范和道德规范。

礼仪是指人们在社会交往活动中约定俗成的一种敬重他人、美化自身行为的规范与准则。其宗旨是指每个人都感到舒适、得体，其本质是通过各种规范的言行表示人与人之间的真诚、尊重、友好和体谅，是人的社会关系的集中体现。

二、礼仪的起源与发展

关于礼的起源，说法不一，归纳起来有五种起源说：一是天神生礼仪；二是天地人的统一体；三是礼产生于人的自然本性；四是礼为人性和环境矛盾的产物；五是礼生于理，起源于俗。

（一）礼仪的起源

1. 从理论上看，礼的产生是人类协调主客观矛盾的需要

首先，礼的产生是人类维护自然的"人伦秩序"的需要。人类为了生存和发展，必须与大自然抗争，不得不以群居的形式相互依存。人类的群居性使人与人之间相互依赖又相互制约。在群体生活中，男女有别，老少有异，既是一种天然的人伦秩序，又是一种需要被所有成员共同认定、保证和维护的社会秩序。人类面临着的内部关系必须妥善处理，因此，人们逐步积累和自然约定出一系列"人伦秩序"，这就是最初的礼。其次，礼仪起源于人类满足自身欲望与实现欲望的条件之间动态平衡的需要。人对欲望的追求是人的本能，人们在实现欲望的过程中，人与人之间难免会发生矛盾和冲突，为了避免这些矛盾和冲突，就需要为"止欲治乱"而制礼。

2. 从仪式上看，礼产生于原始宗教的祭祀活动

原始宗教的祭祀活动是最早（也是最简单的）以祭天、敬神为主要内容的"礼"。《礼记·礼运》记载："夫礼之初，始诸饮食，其燔黍捭豚，污尊而抔饮，蒉桴而土鼓，犹若可以致其敬于鬼神。"意思是说，在远古时代，人们把黍米和猪肉放在滚烫的石头上烤炙而食，在地上凿坑作为酒樽而饮，用茅草茎捆扎成鼓槌敲击土鼓，以表示对鬼神的祭祀。这便是远古时代拜祭神灵的礼仪。上古时代，社会生产力水平低下，人们不了解各种自然现象，也无法解释这些自然现象，当山崩地裂、风雨雷电、月食星陨等自然现象发生时经常惶恐不安。人们无法解释这些自然现象，便对神灵产生了敬畏，开始祭神。这便是礼仪的最早溯源。《说文解字》对"礼"字的解释："礼，履也，所以事神

致福也。从示从豊，豊亦声。"意思是，礼是实践约定的事情，用来给神灵看，以求得赐福。"礼"字是会意字，"示"指神，从中可以分析出"礼"字与古代祭祀神灵的仪式有关。

这些祭祀活动在历史发展中逐步完善了相应的规范和制度，正式形成祭祀礼仪。随着人类对自然与社会各种认识的逐步深入，仅以祭祀天地鬼神祖先为礼，已经不能满足人类日益发展的精神需要和日益复杂的现实关系。于是，人们将事神致福活动中的一系列行为，从内容和形式扩展到各种人际交往活动，从最初的祭祀之礼扩展到社会各个领域的各种各样的礼仪。

以上是礼仪的最初形态。当社会发展到今天，礼仪也有了更新的解释和发展。

（二）礼仪的发展

礼仪在其传承沿袭的过程中不断发生着变革。从历史发展的角度来看，其演变过程可以分四个阶段。

1. 起源时期：夏朝以前

礼仪起源于原始社会，在原始社会中晚期（约旧石器时代）出现了早期礼仪的萌芽。整个原始社会是礼仪的萌芽时期，此时的礼仪较为简单和虔诚，还不具有阶级性，内容包括：制定了明确血缘关系的婚嫁礼仪；区别部族内部尊卑等级的礼制；为祭天敬神而确定的一些祭典仪式；制定一些在人们的相互交往中表示礼节和表示恭敬的动作。

2. 形成时期：夏、商、西周时期

人类进入奴隶社会，统治阶级为了巩固自己的统治地位把原始的宗教礼仪发展成符合奴隶社会政治需要的礼制，礼被打上了阶级的烙印。在这个阶段，中国第一次形成了比较完整的国家礼仪与制度。例如，"五礼"就是一整套涉及社会生活各方面的礼仪规范和行为标准。古代的礼制典籍亦多撰修于这一时期。例如，周代的《周礼》《仪礼》《礼记》就是我国最早的礼仪学专著，在汉以后 2000 多年的历史中，它们一直是国家制定礼仪制度的经典著作，被称为《礼经》。

3. 变革时期：春秋战国时期

这一时期，学术界形成了百家争鸣的局面，以孔子、孟子、荀子为代表的诸子百家对礼仪的起源、本质和功能进行了系统阐述，在理论上全面而深刻地论述了社会等级秩序划分及其意义。孔子对礼仪非常重视，认为"礼"是治国、安邦、平定天下的基础。他认为"不学礼，无以立""质胜文则野，文胜质则史。文质彬彬，然后君子"。他要求人们用礼的规范来约束自己的行为，要做到"非礼勿视，非礼勿听，非礼勿言，非礼勿动"；倡导"仁者爱人"，强调人与人之间要有同情心，要相互关心，彼此尊重。孟子把礼解释为对尊长和宾客严肃而有礼貌，即"恭敬之心，礼也"，并把"礼"看作人的善性的发端之一。《荀子·礼论》有云："礼者，人道之极也。"荀子把"礼"作为人生哲学思想的核心，把"礼"看作做人的根本目的和最高理想。他认为"礼"既是目标、理想，又是行为过程。管仲把"礼"看作人生的指导思想和维持国家的第一支柱，认为礼关系到国家的生死存亡。

4. 强化时期：秦汉到清末

在我国长达 2000 多年的封建社会里，尽管在不同的朝代，礼仪文化具有不同的社会政治、经济、文化特征，但有一个共同点，就是礼仪一直为统治阶级所利用，成为维护封建社会等级秩序的工具。这一时期的礼仪的重要特点是尊君抑臣、尊夫抑妇、尊父抑子、尊神抑人。在漫长的历史演变过程中，它逐渐变成妨碍人类个性自由发展、阻挠人类平等交往、窒息思想自由的精神枷锁。纵观封建社会的礼仪，内容大致有涉及国家政治的礼制和家庭伦理两类。这一时期的礼仪构成了中华传统礼仪的主体。

🔲 知识拓展

从古沿用至今的礼貌用语

中途先走说"失陪"　　请人勿送说"留步"　　送人远行说"平安"　　宾客来到说"光临"
等候别人说"恭候"　　没能迎接说"失迎"　　需要考虑说"斟酌"　　无法满足说"抱歉"
请人谅解说"包涵"　　希望照顾说"关照"　　赞人见解说"高见"　　归还物品说"奉还"
看望别人说"拜访"　　求人指点说"赐教"　　向人询问说"请问"　　请人协助说"费心"
问人姓氏说"贵姓"　　客人入座说"请坐"　　陪伴朋友说"奉陪"　　请人赴约说"赏光"
请人接受说"笑纳"　　欢迎购买说"惠顾"　　求人办事说"拜托"　　麻烦别人说"打扰"
仰慕已久说"久仰"　　长期未见说"久违"　　求人帮忙说"劳驾"

5. 现代时期：辛亥革命以后

受西方资产阶级"自由、平等、民主、博爱"等思想的影响，中国的传统礼仪规范、制度受到强烈冲击。20 世纪初期的新文化运动对腐朽、落后的礼教进行了清算，符合时代要求的礼仪被继承、完善、流传，那些繁文缛节逐渐被抛弃；同时，接受了一些国际上通用的礼仪形式，新的礼仪标准、价值观念得到推广和传播。中华人民共和国成立后，逐渐确立以平等相处、友好往来、相互帮助、团结友爱为主要原则的具有中国特色的新型社会关系和人际关系。改革开放以来，随着中国与世界的交往日趋频繁，西方一些先进的礼仪、礼节陆续传入我国，同我国的传统礼仪一道融入社会生活的各个方面，构成了社会主义礼仪的基本框架。许多礼仪从内容到形式都在不断变革，现代礼仪的发展进入了全新的发展时期。大量的礼仪书籍相继出版，各行各业的礼仪规范纷纷出台，礼仪讲座、礼仪培训日趋红火，人们学习礼仪知识的热情空前高涨，讲文明、讲礼貌蔚然成风。今后，随着社会的进步、科技的发展和国际交往的增多，礼仪必将得到新的完善和发展。

三、礼仪的主要特性

礼仪虽然与很多学科都有着密切联系，但它作为人的行为规范，有着自身的特性，主要表现在以下几个方面。

1. 共同性

人是社会的人，只要人类存在着交际活动，就需要有相应的礼仪来表达彼此之间的尊重和友好。因而，尽管各国家、各地区人民的种族、民族、生活方式有所不同，但对于礼仪的需要却是共同的。此外，尽管各国、各地礼仪的具体内容有所不同，但都具有一些共同之处，如敬老爱幼、真诚守信等。这是因为礼仪是文明社会的产物，有其道德要求，而人们对于道德方面的要求很多是一致的。

2. 差异性

礼仪的形式和内容都是由文化决定的，不同的文化背景会产生不同的礼仪文化。由于各个国家、地区和民族的文化传统、宗教信仰、地理环境、交通条件普遍存在着差异，礼仪也就具有了差异性。例如，中国人请客时习惯先说没有什么好菜以示谦虚；如果桌子上的食物被客人全部吃光会使主人很没面子，因为这意味着主人准备的饭菜不够。但是西方人请客时，主人习惯自己夸赞食物的精美，而且以菜肴被客人吃光为荣，因为那说明菜肴味道极好。礼仪的差异性除了地域性的差异外，还表现在等级差别上。礼仪规范要求对不同身份地位的对象采用不同的礼仪形式。身份地位高的人一般会受到较高规格的礼遇，而身份地位低的人所受到的礼遇则相对低一些。例如，当师生相遇时，学生应向老师行鞠躬礼，而老师对学生则不必以鞠躬礼相还，只要向学生微笑致意并问候即可。礼仪的这种差异性要求人们在社交和礼仪活动中，既要注意各民族、国家、区域文化的共同之处，又要谨慎地处理相互间文化差异及身份差异。

3. 时代性

任何社会行为都要受到时代因素的影响，礼仪也不例外，它总是随着时代的发展而不断变化。例如，我国古代妇女的社会地位较低，所以人们拜见长辈或平辈的时候都要先问候男人，然后问候女人。如果反其道行之，就会被视为不懂规矩。但是随着中国步入现代社会，人们受西方文化的影响日益加深，目前在社交场合都是先问候女宾，然后问候男宾。再如，20 世纪初，少妇外出遛狗被视为有失风度，但多年后欧美遛狗成风，反而成为很有风度的行为。因而，礼仪必须正确反映时代精神，体现新的社会规范，确立新型的人际关系，并且在实践中不断地更新其内容，改变其形式。

4. 传承性

礼仪的产生和完善，是历史发展的产物。任何国家的礼仪都具有自己鲜明的民族特色，任何国家的当代礼仪都是在本国古代礼仪的基础上继承、发展而来的。离开了对本国、本民族既往礼仪成果的传承和扬弃，就失去了礼仪文化的根基，就不可能形成现代礼仪，这就是礼仪传承性的特定含义。可见，礼仪变化的继承性必将随着人类历史的不断进步而发展。礼仪一旦形成，通常会长期沿袭，经久不衰。例如，我国古代流传至今的尊老敬贤、父慈子孝、礼尚往来等民族传统美德，代代相传并发扬光大。

四、礼仪的基本原则

任何事物都有自己的规则，礼仪也不例外。凝结在礼仪背后的共同理念和宗旨就是礼仪的原则，它是人们在践行每一项礼仪规则的时候应该遵守的共同法则，也是衡量人们在不同场合、不同文化背景下言行是否适当、得体的标准。

1. 尊敬原则

孔子对于礼仪曾有一句精辟的概括："礼者，敬人也。"敬人，就是尊敬他人，这是礼仪的核心与重点。作为一种社会性的高级动物，人类不仅有满足物质生活的需要，更有获得精神、心理满足的渴求。一般来说，人们对于那些尊重自己的人会产生一种自然的亲和力和认同感。尊敬的原则要求人们在自尊、自爱的同时尊重他人的人格、劳动和价值，以平等的身份与人交往；同时，人们还要尊重他人的爱好和感情。可以说，在与人交往之时，最要紧的就是敬人之心长存。互谦互让、互尊互敬是交际成功的关键。在人际交往中，只要不失敬于人，即使具体做法一时失礼，一般也能够获得对方的谅解。

2. 自律原则

礼仪规范是为了维护人与人之间的和谐关系，为了维护社会稳定和发展而存在的，它符合每个社会成员的根本利益要求。作为社会的一员，每个人都应该严格自律，自觉遵守并执行礼仪规范，以促进人际关系的和谐与社会的稳定。自律是自我约束、自我控制、自我反省。

3. 平等原则

礼仪的核心是尊重交往对象。尽管在具体运用礼仪的时候要因人而异，根据不同的交往对象采取不同的礼仪形式，但是在面对众多各方面相同或相近的交往对象时，必须一视同仁，给予他们同等的礼遇，不能因为交往对象之间存在着年龄、性别、种族、文化、职业等方面的差异而厚此薄彼。例如，握手时可以先与职位高者握手，然后与职位低者握手；也可以先与年长者握手，然后与年轻者握手。但是不能只与职位高者或年长者握手而置其他人于不顾。在涉外交往中尤其要注意：不能根据对方所属国家的大小、贫富而区别对待外国人士，那样会破坏彼此间的关系，甚至会产生国际争端。

4. 适度原则

适度是指在实行礼仪的过程中必须熟悉礼仪的准则和规范，把握好人们彼此之间的情感尺度，并据此确定自己的行为尺度，控制好与人交往的距离。只有这样，才能够建立并保持健康、良好、持久的人际关系。凡事过犹不及，运用礼仪时如果做得过了头，或者做得不到位，都不能正确地表达自己的自律、敬人之意，进而影响到交际效果。一般来说，在人际交往过程中如果言行过于拘谨，就难以形成宽松融洽的氛围，影响深入交流。但如果与他人交往时我行我素、目中无人，则会走向另一个极端，易招人反感。适度原则要求人们在交际中做到感情适度、谈吐适度、举止适度，既要彬彬有礼，又不能低三下四；既要友好坦率，又不能言过其实；既要优雅得体，又不能夸张做作。要做到这些，就必须注意技巧，把握分寸，在社会交际实践中勤学多练，使礼仪行为成为自己的习惯性行为。

五、礼仪的功能

礼仪传承了几千年，并且越来越受整个社会的重视，其原因在于礼仪有多重社会功能。

1. 德育功能

道德与礼仪有着非常密切的关系，礼仪之所以能成为人际交往中调节人际关系的卓有成效的工具，原因在于礼仪的核心是建立在道德规范的基础之上的。英国的哲学家约翰·洛克曾有过精彩的论述："美德是精神上的一种宝藏，但是使它生出光彩的则是良好的礼仪；凡是一个能够受到大家欢迎的人，他的动作不但要具有力量，而且要优美……无论做什么事情，必须具有优雅的方法和态度，才能显得漂亮，得到别人的喜欢。"不难看出道德与礼仪之间的关系应该是互为里表、相得益彰的辩证关系。礼仪是道德的外在表现形式，而道德则是礼仪的灵魂，两者应该有机地统一在一个人的言行之中，所以礼仪训练离不开道德修养。显然，礼仪的德育功能在于它有助于提高人们的自身修养。在人际交往中，礼仪往往是衡量一个人文明程度的准绳。它不仅反映着一个人的交际技巧与应变能力，还反映着一个人的气质风度、阅历见识、道德情操、精神风貌。因此，在这个意义上完全可以说礼仪即教养，而有道德才能高尚，有教养才能文明。这也就是说，通过一个人对礼仪运用的程度，可以察知其教养的高低、文明的程度和道德的水准。由此可见，学习、运用礼仪有助于提高个人的修养，有助于用高尚的精神塑造人，真正提高个人的文明程度。

2. 交际沟通功能

礼仪的功能主要体现在人际交往之中。卡耐基认为，一个人事业上的成功，只有15%来自他的专业技术，另外的85%要靠人际关系、处世技巧。卡耐基对人际交往的重视程度基于他对人生的深刻理解和领悟。今天尽管我们无法认定卡耐基的量化数值的精确程度，但是几乎没有人否定人际交往对人生、家庭、事业的重要性。作为组织同样也离不开交往，市场经济的发展带来了大范围内的协作与交流，国内、外的交往空前增多。如何进行良好的沟通与合作呢？非常重要的一点就是保持礼仪。古人云，"世事洞明皆学问，人情练达即文章"，一个人只要与其他人打交道，就不能不讲礼仪。运用礼仪，除了可以使个人在交际活动中充满自信、胸有成竹、处变不惊之外，还能够帮助人们规范彼此的交际活动，更好地向交往对象表达自己的尊重、敬佩、友好与善意，增进彼此间的了解与信任。从心理学角度讲，人都有自尊的需求，都希望得到他人的重视，而礼仪的实质就是表达对他人的敬重。在交往中，得到对方周到的礼遇能够满足彼此自尊的需要，由此就会产生肯定的情感体验，营造出良好的交往氛围，架起沟通的桥梁。从这个意义上说，礼仪是人际交往的"通行证"。反之，如果在人际交往中表现得粗鲁无礼，就是对他人的不敬，就会产生否定的情感，阻塞人际沟通的心理通道，严重的还会酿成事端。

礼仪案例

1912年1月1日，孙中山在南京就任临时大总统。举行了盛大的就任典礼后，他亲自把代表们送到大堂阶沿。代表们请孙中山先生留步，他却说："我是人民的公仆，诸位是人民的代表，所以诸位就是主人，我应当送你们到大堂阶下。"

3. 维护协调功能

社会的文明发展程度决定着礼仪的发展水平，同时，反过来礼仪也对社会的风尚产生广泛、持久和深刻的影响。礼仪也会重塑民族的性格，一个社会讲礼仪的人越多，人际关系就会越和谐。礼仪讲究的是自我约束、尊重他人，在这个前提下，人们相互理解、相互合作，自觉地认识和处理个人与他人以及社会的关系，表现出良好的社会公德和职业道德，有助于形成良好的社会风气并创造和谐温馨的人际环境和社会环境。另外，礼仪通过评价、劝阻、示范、熏陶、感染等教育形式来纠正人们不良的行为习惯，倡导人们按礼仪规范的要求来行事，从而协调人际关系，维护社会生活的有序运转。2000多年前，荀子曾说过："人无礼则不生，事无礼则不成，国家无礼则不宁。"遵守礼仪，应用礼仪，有助于净化社会的空气，提升个人乃至全社会的精神品位。当前，我国正在大力推进社会主义精神文明建设，倡导建设和谐社会，其中的一项重要内容就是要求全体社会成员讲文明、讲礼貌、讲秩序、讲道德。这些内容与礼仪要求是完全吻合的。

4. 形象塑造功能

礼仪不仅是人际交往的通行证，还是人的"第二张脸"。不过这张脸展示的不是五官，而是修养、气质和风度，即个人整体形象。塑造形象是现代社交礼仪的又一重要职能，包括塑造个人形象和组织形象两方面。个人形象是一个人仪容、表情、举止、服饰、谈吐、教养的集合，而礼仪在上述诸方面都有自己详尽的规范，如"正仪容，齐颜色，修辞令"（《礼记》）。因此，学习礼仪和运用礼仪，无疑将有益于人们更好地、更规范地设计个人形象、维护个人形象，更好地、更充分地展示个人的良好教养与优雅的风度。这种礼仪美化自身的功能，任何人都不能否定。当个人重视了美化自身，大家都以礼待人时，人际关系将会更和睦，生活将变得更加温馨，这时美化自身便会发展为美化生活、美化社会，这也是礼仪的运用所发挥的作用。

另外，礼仪还有塑造组织形象的功能。现代社会企业的竞争，实质上就是企业形象的竞争。所以，大多数企业尤其是知名企业特别重视塑造良好的组织形象。塑造企业形象一方面有赖于企业的产品，另一方面则有赖于企业员工的形象。我们说，人总是社会的人，大部分人总是隶属于一个部门、一个组织，即人是组织化的个人。人在工作中总是代表着自己为之工作的组织，工作中的个人形象也就代表着组织的形象。例如，统一的着装、规范的举止、优雅的谈吐、整洁的仪容……往往让人联想到正规、严谨、高效、优质等词语，于是良好的组织形象自然就建立起来了。再如，作为一个秘书，他的职业角色决定了他的工作性质，自然也决定了应有的形象。作为个人，工作时更多的是属于组织的，故待人接物必须注重组织规定的礼仪要求。与个人交往时，若不喜欢交往的对象，那么就不必与之交往。但在工作中，没权选择与谁交往、不与谁交往，工作的需要、组织的形象是首要的。所以，在现代组织管理中，特别强调员工对组织的忠诚心和责任心。这种忠诚心和责任心在个人的工作中应体现良好的礼仪，如得不到充分体现，那么你个人所代表的组织形象是不佳的，由此会给你所服务的组织带来损害。很简单的一个例子：企业服务部门接线员的声音就具有很强的渗透性，如果声音是温文尔雅、彬彬有礼的，自然留给客人的印象是组织形象优秀；相反，则差矣。故从组织形象塑造的角度出发，无论是领导者还是员工，都应具备良好的礼仪修养。

课后训练与实践

第二节　商务礼仪

导入案例

1960年，周恩来总理赴印度新德里就中印边界问题进行磋商、谈判，努力在不违背原则的前提下与印方达成和解。期间，周恩来召开记者招待会，从容应对西方和印度记者的种种刁难。

当时，一位西方女记者忽然提出一个非常私人化的问题。她说："据我所知，您今年已经62岁了，比我的父亲还要大8岁。可是，为什么您依然神采奕奕，记忆力非凡，显得这样年轻、英俊？"

这个问题使紧张的会场气氛松弛下来，人们在笑声中等待周恩来的应对。

周恩来略作思考，回答道："我是东方人，我是按照东方人的生活习惯和生活方式生活的，所以依然这么健康。"

会场顿时响起经久不息的掌声和喝彩声。

思考：这个故事有什么启发？

一、商务礼仪的含义

商务礼仪是礼仪的重要分支，是人们在长期的商务交往活动中，为了保证商务活动有序而友好地进行，结合不同国家、不同地区的习俗，并根据一些约定俗成的惯例，逐渐形成的适用于商务交往和各种商务活动的礼仪规范。商务礼仪涵盖了商务交往的各个方面，是商务活动中约定俗成的行为模式，也包括商务交往中所需的各种交流技巧和规范，是礼仪在商务活动中的具体体现和运用。商务礼仪主要遵循相互尊重、平等互利的原则，通过一些行为准则去约束人们在商务活动中的行为方式，具体包括仪表仪态礼仪、接待礼仪、宴会礼仪、电话礼仪等方面的内容。

二、商务礼仪的主要内容

商务礼仪包括商务礼节和商务仪式。

1. 商务礼节

商务礼节就是人们在商务交往活动中，为表示尊重对方而采取的规范形式，如商务着装礼仪、举止礼仪等。

2. 商务仪式

商务仪式就是按照一定程序和规范进行的商务活动形式，如签字仪式、开业仪式等。

在商务活动中，遵循一定的商务礼仪规范，不仅有利于营造良好的交易氛围，促进交易与合作的成功，还能体现个人与企业的良好素质，树立与巩固个人与企业的良好形象。因此，商务礼仪对于企业文化建设、客户关系建立、公共关系处理、市场拓展开发等具有积极的意义。

三、商务礼仪的基本特点

（一）普遍认同性

虽然礼仪在不同的国家、民族和地区有不同的规范要求，但是我们也看到许多商务礼仪规范几乎是世界通用的，具有普遍认同的特点。例如，在正式商务场合中的座次安排，各国普遍遵循以右为尊的原则等。随着经济全球化进程的加快，商务礼仪的普遍认同性使商务礼仪成为不同国家、不同民族、不同地区人们之间开展商务活动、进行商务交往的"通行证"。

（二）形式规范性

商务礼仪的表现形式在一定程度上具有一定的规范性。例如：两人相见握手时，要相向站立，伸出右手相握；在正式的商务场合，男士一般要穿西装，并且要符合一定的穿着规范。许多商务仪式，对于其程序的要求必须符合一定的规范性，如签字仪式、轮船下水仪式等。如果你执意要违反礼仪规范，就会在与他人交往时传达错误的信息，轻则会使自己陷入尴尬的境地，重则会伤害他人的感情。因此，人们要想在商务场合表现得体、彬彬有礼，就必须严格遵守各项礼仪规范。

商务礼仪各种规范的表现形式都具有很高的审美品位，可给人带来视觉、听觉、感觉等立体和全方位的审美享受。

（三）时代变化性

世界上任何事物都是不断发展变化的，商务礼仪也伴随着时代的发展而不断发展变化。例如，在现代快节奏、高效率的生活、工作环境之下，现代商务礼仪也摒弃了很多繁文缛节，向着更加简洁、更加务实的方向发展。

（四）地域差异性

不同的文化背景会产生不同的地域文化，从而产生不同的商务礼仪内容和形式。例如，不同的国家、地区、民族的人见面问候致意的形式就大不一样，有脱帽点头致意的，有拥抱的，有双手合十的，有手抚胸口的，有握手致意的等。总之，这些礼仪形式的差异均是由不同地方风俗文化决定的。

礼仪案例

曼谷的东方宾馆坐落在泰国首都曼谷风光秀丽的湄南河畔，曾被美国权威的《公共事业投资者》杂志评为"世界最佳饭店宾馆"。

东方宾馆具有 120 多年的历史，宾馆经理认为："最佳宾馆是由最佳员工创造的，而最佳员工则是靠严格的培训产生的。"

该酒店有员工 2980 人，年培训费高达 11 万美元，酒店的新员工在上岗前均需经过为期半年的与业务技能相关的礼仪训练，以后每隔一段时间还要进修。酒店规定，员工不能与客人争吵，否则将立即被解雇。东方酒店员工训练有素的优质服务为酒店赢得了声誉，同时树立了良好的形象，许多客人从世界各地慕名而来。

四、商务礼仪的作用

（一）规范行为

商务礼仪的一系列行为准则和活动程序能够规范个人和组织在商务活动中的行为，使商务活动以更加体面和友好的方式进行。例如，在签字仪式上，按照商务礼仪程序进行操作，能够体现仪式的正规和隆重。

（二）塑造形象

商务礼仪能够为商务人员塑造良好的形象，有助于其更顺利地进行商务交流。商务人员的良好形象能够代表和宣传其所在企业的形象，从而提高企业的知名度和美誉度，有利于提升企业的经济效益和社会影响力。

（三）沟通信息

商务礼仪能够表达不同的信息，人们可以通过言语、行动、表情、礼品馈赠等礼仪形式向商务伙伴表达感情、传递信息。例如，人们通过面带微笑与对方握手来传递"你好"或"很高兴见到你"的信息。

（四）联络感情

商务礼仪要求商务人员衣着整洁、谈吐得体、举止优雅，有助于商务人员更好地向商务对象传达敬意和友好，促进双方良好人际关系的建立和发展，联络双方的感情。例如，人们通过馈赠商务礼品来巩固相互之间的感情。

五、商务礼仪的主要原则

商务礼仪的内容复杂多样，且在不同情况下的运用方法不同。因此，商务人员要想在商务活动中把握得体的礼仪尺度，充分发挥商务礼仪的沟通协调作用，就必须掌握商务礼仪的基本原则。

（一）注重形象原则

在商务交往中，人们往往根据交往对象的第一印象来初步判断其修养和素质，且第一印象一旦形成就很难再改变。因此，商务人员在商务活动中一定要注重塑造良好的个人形象，以体现自我尊重和对交往对象的重视，给对方留下美好的印象。

（二）尊重原则

尊重是商务礼仪的灵魂。在商务交往中，商务人员应将对交往对象的尊重放在首位，自己的言行举止千万不可伤害对方的尊严和人格。

（三）真诚原则

在商务活动中，商务人员千万不可把商务礼仪当作一种伪装道具，待人口是心非、弄虚作假，而要以诚待人、言行一致、表里如一，应发自内心地表达对交往对象的尊重和友好。

（四）平等原则

商务人员在商务活动中切不可因交往对象的年龄、性别、种族、文化、职业、身份、地位、财富及其与自己的亲疏远近而厚此薄彼、区别对待，而应该对任何交往对象都一视同仁，给予同等的礼遇。

（五）适度原则

商务人员在商务活动中应做到举止适度、恰如其分。例如，与他人交往时，应做到既彬彬有礼又不低三下四，既热情大方又不轻浮，既坦诚又不粗鲁，既老练稳重又不圆滑世故等。

（六）入乡随俗原则

在涉外商务活动中，商务人员一定要做到入乡随俗，充分尊重当地的礼仪习俗，按照东道主的礼仪习惯来完成商务活动。例如，阿拉伯人忌食猪肉、忌酒、忌用左手与人接触、忌送塑料玩偶，那么商务人员在与阿拉伯人进行商务活动时，就必须尊重他们的礼仪习俗，否则就会冒犯对方。

课后训练与实践

第七单元　商务形象礼仪

学习目标

1. 掌握仪容礼仪的基础知识。
2. 掌握服饰礼仪的原则。
3. 掌握商务场合的服饰搭配。
4. 掌握仪态礼仪中坐姿、站姿、行姿、手势、表情等姿态的基本要领和注意事项。

第一节　仪　容　礼　仪

导入案例

小文在一家公司从事文秘工作，有着一头令人羡慕的长发。周末，小文来到了理发店，在理发师的建议下，她决定尝试一下挑染，并选择了紫红色，从各方面来说，这个颜色很适合小文这种年轻女性。

第二天，当小文出现在公司时，大家都为之一惊。总经理把她叫到办公室，说："今天与外商的谈判你就不要参加了，先去把头发染回正常颜色，我不希望'火鸡'出现在我的谈判桌旁。"

小文心里很委屈，但无奈只好把头发恢复原样……

思考：这个案例给予你什么启示？

在商务活动中，商务人员留给对方的第一印象至关重要，它往往会影响到他人对商务人员的评价，并会对此后的交往产生较大的影响。第一印象一旦形成就很难改变，这就是首因效应。根据首因效应，第一印象通常是由个人的仪容仪表、言谈举止、待人接物等方面决定的。因此，仪容礼仪被视为商务形象礼仪的基础。

仪容主要指人的容貌，而且是经过修饰以后能给人留下良好印象的容貌。良好的仪容是人的第一张名片，而仪容美是内在美、自然美和修饰美的高度统一。在商务活动中，商务人员的仪容会引起商务交往对象的关注，并将影响对方对自己乃至所在企业的整体评价。仪容之美体现了自然美和修饰美的和谐统一。俗话说"三分长相，七分打扮"，恰到好处的修饰能弥补人的某些先天缺陷。

一、发型修饰

头发是仪容不可或缺的组成部分，而发型修饰主要包括头发的护养、修剪，以及发型的选择。男性商务人员的发式应给人以得体、整齐的感觉，彰显成熟、稳重。女性商务人员则比较适合清秀典雅的发型，彰显持重、干练、成熟。

（一）发型的基本要求

1. 干干净净

商务人员应勤洗发、勤理发，使头发保持清洁。第一，应当至少 3 天洗一次头发；第二，需随时检查头发的清洁度，以保证头发整洁、无头屑、无异味。

2. 长短适当

商务人员的头发宜短不宜长，讲究前不遮眉、侧不盖耳、后不过肩。不论是女士还是男士，留短发都有诸多好处。短发梳洗方便，使人显得朝气蓬勃、精神焕发，而且符合商务人员工作节奏快的特点。商务人员头发宜短，但并不是越短越好。男士头发长度以 6 厘米左右为佳，最长不应后及领口、前过额头；女士头发的长度相对来说要求要宽松一些，但最好不要长过肩部或挡住眼睛，若确实对潇洒飘逸的长发情有独钟，头发可留长些，但在正式的工作场合，则必须将长发梳成发髻，盘在头上。

3. 整整齐齐

商务人员必须把头发梳理到位，不允许蓬松凌乱。为了保持发型，商务人员可以使用美发用品定型。如果要出席重要的商务活动或参加社交活动，商务人员最好请理发师对自己的头发精心修剪或修饰一番。这样做往往可以体现出对此次活动的重视程度，让他人有被尊重的感觉。

（二）发型设计

头发处在人的显著部位，除了要保持干净整洁、长短适宜外，发型的选择也十分重要。好的发型能弥补头型、脸形的某些缺陷，使人显得神采奕奕，体现出内在的文化修养和良好的精神状态。应注意的是，发型应与脸形协调。

1. 鹅蛋脸形

鹅蛋脸形给人以端庄娴静、性格柔和的感觉，适宜任何发型，尤其适合中分发型。这种发型会增添端庄典雅的美感。梳理的时候，要注意线条的柔和自然，不必刻意梳理。

2. 圆脸形

圆脸形要避免将头发全部往后梳的后掠式和将头发烫成齐耳的内卷式，这两种发型会使脸显得更圆。圆脸形的商务人员可采用轻柔的大波浪发型，眼睛以上层层削薄。头发宜侧分，以减弱圆脸的偏中性特征。有刘海的发型不太适合这一脸形。

3. 长脸形

对于长脸形，要避免头顶的头发吹得太高，也不能梳成旁立的发髻，这样会使脸显得更长。例如，长脸形的商务人员可以采用松散的发型，前发下垂而略厚，形成刘海；同时增加面部两侧的发量，使面部显得宽一些。

4. 三角脸形

三角脸形，由于左右下颌骨的间距过宽，显得前额狭窄，因此要注意将头部的头发向后梳时，不论中分还是侧分，都要向左右两侧展开，以表现出额部的宽阔感。同时，应尽量运用发型将脸部遮盖一些；颧骨两侧的头发要往外蓬，后脑的头发也要做得蓬松一些，使面部有丰满感。

5. 倒三角脸形

倒三角脸形的特征是上宽下窄，即上额宽阔下颌尖窄。一般来说，这种脸形的商务人员不宜留超短发，而且头顶的头发不宜吹得过高，最好是让头发紧贴头顶和太阳穴部位，这样可以从视觉上减少额角和颧骨的宽度。

6. 方形脸形

方形脸形的商务人员要尽量用发型缩小脸部的视觉宽度，头顶的头发可以梳得蓬松些，刘海要往两侧太阳穴部位梳，以掩盖方额角。

（三）注意事项

商务人员在正式场合，发型应当传统一些，切勿过分新潮、怪异，做到不染发（不染黑色以外的其他颜色）。

此外，女性商务人员不宜添加过分花哨的发饰，不宜不分场合地把用于室外或社交场合的帽子（如公主帽、发卡帽、贝雷帽、学士帽、棒球帽、太阳帽等）戴进办公室；有些需要戴发卡的发型，应搭配常规款式的发卡。

美国的雷·怀尔德在《管理大师如是说》中写道："身为一名职业女性，必须时时注意自己的外表仪容，但造型别太标新立异，尽量固定自己外表的形象，过多的变化会让其他人吃不消，发型最好固定，不要频频改变。"对于商务人员，发型风格应以庄重、简约、典雅和大方为主。

二、皮肤护理

（一）洁肤

洁肤是保持肌肤美丽的第一步。卸妆后，可取洁面用品，用无名指以向上向外打圈的手法揉洗面部及颈部，清除尘垢、多余油脂及化妆物，促进新陈代谢，让肌肤清新、爽洁。

（二）爽肤

爽肤是指用棉球蘸取爽肤水轻轻擦拭脸部及颈部，注意避开眼部。擦爽肤水可起到进一步清洁皮肤、补充水分、帮助收缩毛孔的作用。

（三）润肤

润肤是指将润肤品抹于脸部及颈部，以向上向外打圈的手法轻轻抹匀，为肌肤补充必要的水分与养分，令肌肤柔润而有弹性。

三、面部化妆

化妆是指使用化妆品按一定技法对自己进行修饰、装扮，以使自己容貌变得更加靓丽。在商务活动中，商务人员进行适当的化妆是必要的，既提升了自身的形象，也表现出对交往对象的尊重。

（一）化妆的基本原则

1. 美化原则

化妆的目的是使人变得更加美丽，因此在化妆时要注意适度矫正、修饰得法。

2. 自然原则

化妆既要美化、生动，又要真实、自然。

3. 协调原则

高水平的化妆，强调的是其整体效果，所以在化妆时，应努力使妆面与着装、场合、身份协调。

（二）性别妆容

1. 男士妆容

对男士来说，做到面颊干净整洁即可，不要留胡须。此外，注意修剪鼻毛。

2. 女士妆容

女士妆容应坚持素淡的原则，让面容更精致、更显精神的同时给人以爽洁、大方、清新的感觉，切不可浓妆艳抹。

眼部：可只画眼线，不要涂眼影。画完眼线，可抹上睫毛膏，使睫毛显得长而密，眼睛明亮有神。

唇部：不建议女士涂画色彩浓重的唇膏，如紫色、金黄色、大红色等，应选色泽接近自己唇色的唇膏，或色泽稍艳丽的红色唇膏。

（三）化妆的基本程序

1. 清洁面部

用温水及洗面奶彻底洗去脸上的油脂、汗水、灰尘等，使妆面光艳美丽。

2. 护肤

将收缩水或爽肤水适量倒入掌心，轻拍在前额、面颊、鼻梁、下巴等处，然后根据肤质抹上护肤霜（液）或美容隔离霜（液）。

3. 基础底色

选择适合自己皮肤的粉底，不要使用太白的底色，否则会显得不自然。

4. 定妆

柔和妆色和固定底色，要用粉饼或散粉定妆，粉的颗粒越细越自然。

5. 修眉

脸盘宽大者，眉毛不宜修得过长过直，相反应修得适度弯一些、柔和一些；五官纤细者，不宜将眉修饰得过于浓密。描眉时，应将眉笔削成扁平状，沿眉毛的生长方向一根根地描画，这样描出的眉毛有真实感，而不要又浓又粗的画成一片。

6. 画眼线

沿睫毛根部贴近睫毛，由外眼角向内眼角方向画出眼线，上眼线应比下眼线重些（上眼线为从外眼角向内眼角描眼线的 7/10 长，下眼线为从外眼角向内眼描眼线的 3/10 长）。

7. 涂眼影

眼影的颜色要适合自己的肤色和服装的颜色。

8. 涂抹睫毛膏

先用睫毛夹使睫毛卷曲，然后用睫毛刷把睫毛膏均匀地涂抹在睫毛上。注意，不宜抹得过厚，否则会让睫毛粘住，给人以造作之感。

9. 涂腮红

用胭脂刷将胭脂涂扫在面颊的相应部位。

10. 涂口红

涂口红可加深嘴的轮廓，让脸部更加生动，富有魅力。涂口红时先用唇线笔画出理想的唇型，然后按上嘴唇从外向里、下嘴唇从里向外的顺序填入唇膏。口红的颜色应根据不同肤色、不同服装的颜色、不同的场合来选用。

（四）常用妆容

1. 工作妆

工作妆是适合日常工作场合的妆容，应为淡妆。发型要简洁、整齐。不要把指甲留得太长，可涂淡色或无色指甲油，手部以保持清洁。

2. 晚妆

对于晚妆，粉底与皮肤的颜色不可相差太远，但要遮盖力强。晚妆的发型比较讲究，男性可吹发、定型，以显潇洒；女性可盘发、卷发，尽显妩媚动人。

3. 舞会妆

舞会妆是适合舞会场合的妆容。因为灯光较暗，舞会妆以浓妆为宜。舞会妆的发型可比晚妆随意一些，可用彩色喷发剂喷洒在头发上以增强发型的华丽感，也可用假发加以修饰。

4. 休闲妆

休闲妆追求清丽洒脱的化妆效果，宜淡妆轻描。休闲妆的发型可简洁、随意，前额的刘海不能遮住眼睛，最好将长发束紧固定，以免出汗后发丝粘在颈上，让人产生不适感。

总之，化妆的目的是修饰自己，要在自己不尽满意的部位做专门的润色调整，不要对整个面部做全方位的描画修饰。高明的化妆，既要显出漂亮的仪表，又要几乎不露人工痕迹。

课后训练与实践

第二节　仪　表　礼　仪

📝 导入案例

张女士是财税专家，她有很好的学历背景，常能为客户提供优质的服务，在公司里表现得一直很出色。但当张女士到一家大公司提供服务时，对方主管对她不太认可。为此，她很苦恼。

一次偶然的机会，张女士结识了一位时装设计师。时装设计师指出了张女士在着装方面的缺陷：她32岁，身高152厘米，体重48公斤，圆圆的娃娃脸看起来很可爱，且她平时也喜欢穿可爱型的服装，打扮得像个十六七岁的少女。其外表与她所从事的工作反差巨大，导致客户对她缺乏安全感、信赖感。时装设计师建议张女士用服装来强调财税专家的气质：深色的套装、对比色的上衣、镶边帽子来搭配，戴上稳重大方的眼镜。

张女士一一认真照办。结果，客户的态度有了明显的转变。

思考： 时装设计师的建议你认同吗？为什么？你对职业女性的着装有什么建议？

商务人员的个人形象至关重要。商务人员的仪表礼仪是个人道德品质、文化素养、教养良知等精神内涵的外在表现，往往通过举手投足表现在商务活动中。商务人士良好的仪表礼仪，会给人留下美好而深刻的印象，使人从内心产生信任感，并激发出与之合作的想法。

一、仪表礼仪的基本原则

服饰是透视商务人员仪表礼仪的重要窗口，体现着商务人员的性格、文化修养、气质、品位及职位等。服饰美不仅表现人的外在美，还反映着人的精神面貌。整洁得体的服饰能给人留下干净、利落、干练的形象，容易取得他人的信任和好感，也是尊重他人的具体表现。为了使着装达到一种和谐统一的整体视觉效果，商务人员必须掌握着装的以下四个原则。

（一）TPOR 原则

目前，国际上通行的着装原则是 TPO 原则，是指人们在着装时要兼顾时间（time）、地点（place）、场合（occasion）这三个基本因素，并与之相适应。该原则产生于 1963 年，现已成为世界服装界公认的着装审美原则之一。有一些礼仪专家把 TPO 原则进行了拓展，增加了一个角色（role），形成了着装的 TPOR 原则。

1. 时间

商务人员的穿着要应时。时间一般包含三个含义：第一个含义是指每天的日间和晚间的变化；第二个含义是指每年的春、夏、秋、冬四季的不同；第三个含义是指时代的差异。在不同的时间里，着装的类别、式样、造型应有所变化。例如，冬天要穿保暖、御寒的冬装；夏天要穿通气、吸汗、凉爽的夏装。又如，白天穿的衣服需要面对他人，应当合身、庄重；晚上在家时穿的衣服不为外人所见，应当舒适、随意等。

2. 地点

商务人员的穿着要因地制宜。在不同的地方，着装的款式理当有所不同，切不能以不变应万变。例如，穿泳装出现在海滨、浴场是司空见惯的，但若是穿着泳装去上班、逛街，则定会令人瞠目结舌。

3. 场合

商务人员的穿着要注重场合。工作场合的着装，要求与职业气氛相协调。社交场合的着装，应该根据所处场合气氛的变化来选择。例如，在宴会、联欢会等喜庆的场合，服装颜色可相对鲜亮，款式可相对新颖；在庆典、接见外宾等庄重的场合，着装应规范得体；在追悼会等悲伤、肃穆的场合，服装款式应该简洁庄重，颜色则应以深沉的颜色来应时应景。

4. 角色

人的社会活动是多方面、多层次的，经常在不同的社会场合扮演不同的社会角色。在社会活动中，人的仪表、言行必须符合自己的身份、社会角色，只有这样，才能被他人理解、接受。例如，一位成功的企业家以蓬头垢面、破衣烂衫的形象出现在众人面前，就很难让人相信他的经济实力。因此，得体的着装可以满足他人对商务人员社会角色的期待，促成商务活动的成功。

（二）整洁原则

整洁是指整齐洁净，这是着装的基本原则。无论是商务场合的正装还是休闲场合的便装，均应以整齐、洁净为原则。一个穿着整洁的人总能给人以积极向上的感觉，并表现出对交往对象的尊重和对社交活动的重视。整洁并不意味着时髦和高档，只要保持着装的干净合体、整齐有致即可。

（三）和谐原则

和谐原则是指商务人员的着装要与自身的年龄、体形、肤色、性格、职业和所处的场合协调。

1. 与年龄相适宜

商务人员在着装选择上要注意与自己的年龄相协调。不论是年轻人还是年长者都有权利装扮自己、展示自我，但是不同年龄的人有不同的着装要求：①年轻人着装以自然、质朴为原则，鲜艳、活泼、简洁和随意的服装可充分体现年轻人热情奔放、朝气蓬勃的青春美；②中年人的着装要庄重、雅致、含蓄，体现出成熟、端庄和冷静的气度；③老年人可选用砖红、海蓝、墨绿等色彩来掩饰倦怠之相，并展现雍容华贵、稳重雅致的气质。

2. 与体形相适宜

服饰能掩饰一个人体形的某些不足，若能巧妙利用这一点就能创造出理想的效果。不同体形的人在着装方面应有不同的侧重点：①体形高大者，服色宜选择深色、单色；②体形较矮者，服色宜稍淡、明快且上下色彩一致；③体形较胖者，服色以冷色调为好；④体形偏瘦者，服色以明亮柔和为好。除此之外，还要注意款式与体形相协调。

3. 与肤色相适宜

服饰的色彩可使人的肤色发生视觉变化，因此，商务人员应根据个人的肤色进行服装的选择和搭配，从而起到相得益彰的效果：①肤色偏黑的人，如果着装的颜色过深，会使肤色看起来更黑，所以宜选用明亮的浅色调，如浅粉色、月白色等；②肤色偏黄的人，如果穿着黄色、紫色、青黑色的服装，会使人产生肤色更黄的感觉，所以宜选用蓝色或浅蓝色；③面色苍白的人，如果选用近似于白色的冷色调（如淡蓝色），会给人一种病态的感觉，宜选用纯度偏高的色彩组合（如暖色调的橙黄色、紫红色等）；④肤色发红的人，如果穿着浅绿色和深蓝色，强烈的色彩对比会使肤色显得发紫，宜选用稍冷或浅色的服色。

4. 与性格相适宜

不同性格的人对服装颜色亦有偏爱：①性格内向的人一般喜欢较为深沉的颜色，如灰色、蓝色、黑色等；②性格外向的人一般喜欢暖色，如红色、橙色、黄色等。服装颜色与性格相匹配会给人带来舒适和愉快之感。

5. 与职业相适宜

不同的职业有着不同的着装要求，特别是工作场合的着装，更应体现职业服装的实用性、象征性和审美性。职业服装表明了商务人员的社会身份，也表明了商务人员的责任感和可信度，以及对他人的尊重。

（四）个性原则

不同的人由于年龄、性格、职业、文化修养等各方面的不同，形成了各自不同的气质，因此在选择服装时，不仅要符合个人的年龄、性格、职业等，还要凸显出个人的独特气质。因此，商务人员必须深入了解自我，正确认识自我，选择适合自己的服饰，这样才能用服饰彰显自己的风采。要使着装富有个性，还要注意：首先，不要盲目追赶时髦，因为最时髦的东西往往是最没有生命力的；其次，要穿出自己的个性，不要盲目模仿别人。

📖 礼仪案例

一位明星曾因在可口可乐签约广告的仪式上误穿了一条用英文写满脏话的裤子，引起媒体的指责。

这位明星有着青春、清纯的外貌，健康、健美的体魄和很高的知名度，颇受年轻人关注。可口可乐公司选择她做广告代言人，也正是看中了这一点。可是这件事使她的形象大打折扣，也使"可口可乐"品牌形象受到负面影响。

可口可乐公司本来要宣传自己的良好品牌形象，一不留神却被"脏裤"抢了"戏"。

二、职业装

（一）男性职业装

1. 基本要求

西装是男性商务人员在正式场合理想的职业装。西装应搭配衬衫、领带和皮鞋。

2. 重要原则

1）三色原则，即服饰的颜色不宜超过三种，最好选择深色西装、白色衬衫和黑色鞋袜。袜子与皮鞋颜色应相近，至少都是深色。①西装颜色：深色为主，如深（藏）蓝色、深灰色、黑色、棕色等。②衬衫颜色：要与西装相协调，一般为蓝色、灰色、白色、浅棕色等。③领带颜色：蓝色、灰色、黑色、紫红色等。

2）三一律原则，即要求鞋子、皮带、公文包三者的颜色要一致，而且首选黑色。

3. 注意事项

1）要拆除衣袖上的商标和其他标志。
2）要熨烫平整，裤子要熨出裤线。
3）衣袖不挽、不卷。
4）口袋里要少装东西。
5）要注意巧配内衣。西装的标准穿法是内穿衬衫，衬衫内一般不穿棉纺或毛织背心或内衣。如非要穿内衣，其色彩应与衬衫的色彩相近，且内衣的领口应比衬衫的领口低，以免外露。
6）扣好纽扣，并注意纽扣的扣法。

知识拓展

西装纽扣的扣法

1）单排扣西装，适合较苗条者。
① 单排双粒扣，扣上面一颗。
② 单排三粒扣，扣上面两颗或中间一颗。
③ 单排多粒扣，扣上面三颗或扣中间一颗。
2）双排扣西装，适合身体健硕者。纽扣一般要全扣上。

在重要场合，站立时，西装上衣的纽扣应扣上，以示郑重；就座之后，西装上衣的纽扣可解开，以防其"扭曲"走样。

4. 搭配

（1）与衬衫的搭配

在商务场合，正装衬衫的要求：必须是长袖衬衫；面料以纯棉或纯毛为主；单一色彩，以白色最佳，蓝色、灰色、棕色也可以；以无任何图案为最佳，较细的竖条衬衫也可以。

衬衫与西装相配套时，必须注意：衣扣要系上，袖长要适度，下摆要收好。在商务场合，西装必须和衬衫同时穿着。但在自己的办公室里，商务人员可暂时脱下西装上衣。不穿西装上衣，而直接穿着衬衫、打着领带去参加正式的商务活动是不符合礼仪规范的。

（2）与领带的搭配

挑选领带时应注意：①面料。一般选用真丝或羊毛面料的领带。②款式。下端为箭头的领带，比较传统、正规；下端为平头的领带，显得时尚、随意一些。③色彩。以蓝色、灰色、黑色、棕色、红色等单色领带为主（在正式场合佩戴的领带颜色不要多于三种）。④图案。以无图案的领带或以条纹、圆点、方格等规则几何图案的领带为主。

佩戴领带应注意场合、服装、结法及长度。领带打好后，标准的长度以下端到皮带扣处为宜，过长、过短都不合适。不同花色的领带适合不同的场合：①无图案或斜纹领带，成熟、稳重、大方，适合商务谈判、主持、演讲场合；②圆点或方格领带，中规中矩，适合初次见面或在拜见长辈、上级时佩戴；③不规则领带，活泼、有个性，适合在酒会、宴会、舞会上佩戴。

不同颜色的西装与衬衫、领带的搭配：①黑色西装，庄重大方，搭配白衬衫+红、黑领带；②中灰色西装，格调高雅、端庄，搭配暗灰衬衫+银灰色圆点领带；③咖啡色西装，大方、风度翩翩，搭配黄褐色衬衫+咖啡色的小方格领带；④深蓝色西装，精神，有活力，搭配白衬衫+蓝色小方格领带。

知识拓展

领带的打法

1. 双环结

一条质地优良的领带搭配双环结（图 7-1），能营造时尚感，适合年轻的上班族。其特色就是第一圈会稍露出于第二圈，不可刻意盖住。

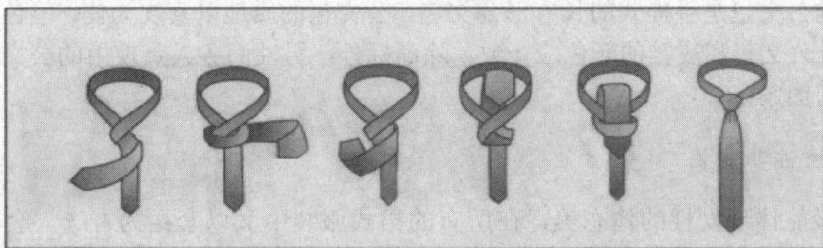

图 7-1　双环结

2. 交叉结

单色素雅且质地较薄的领带可采用交叉结（图 7-2），适合喜欢展示流行感的男士。

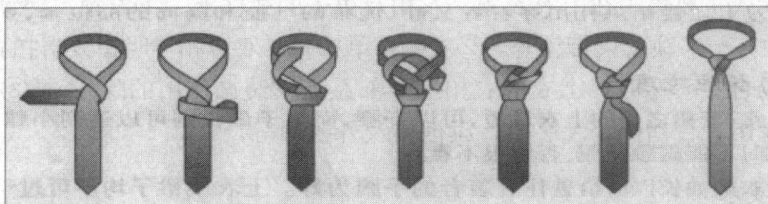

图 7-2　交叉结

3. 平结

平结是男士选用较多的领带打法，要诀是领结下方所形成的凹洞需让两边均匀且对称（图 7-3）。这种打领带的方法几乎适用于各种材质的领带。

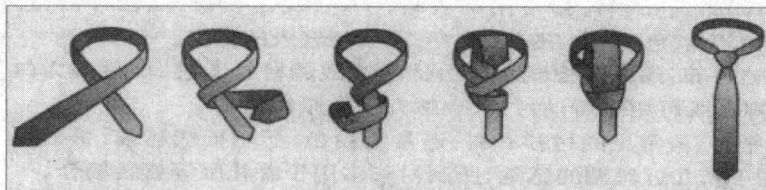

图 7-3　平结

4. 双交叉结

双交叉结给人以高雅且隆重的感觉，适合正式活动场合选用，多运用在素色丝质领带上，若搭配大翻领的衬衫，能产生尊贵感（图 7-4）。

图 7-4　双交叉结

（3）与公文包的搭配

标准的公文包是手提式的长方形公文包。公文包的质地以真皮为佳，颜色以黑色或棕色为宜。公文包和皮鞋的颜色应一致。除商标外，男性商务人员使用的公文包外表不要带有任何图案。

（二）女性职业装

裙装最能体现女性的体态美，在所有的裙式服装中又以套裙为首选。套裙是西装套裙的简称，上身是女式西装，下身是半截式裙子。另外，也有三件套的套裙，即女式西装上衣、半截式裙子和背心。

1. 套裙的款式

套裙的款式主要集中在上衣衣领、衣扣及裙子的式样上。①衣领：翻领、V 字领、U 字领、圆领、一字领及束带领等。②衣扣：单排扣、双排扣（明扣或暗扣式）及无扣。女性在正式场合穿套裙时，上衣的衣扣应全部系上（装饰作用的除外）。③裙子式样：西装裙、一步裙、百褶裙、A 字裙、旗袍裙及开衩裙等。

2. 着装要求

女性职业装的着装要求是整洁、大方，符合职业特征。

3. 套裙的色彩要求

1）以冷色、单色为主，如炭黑色、棕色、深蓝色、紫红色、土黄色等稍冷的色彩。

穿套裙可搭配不同色的衬衫、丝巾、胸针等，以体现着装者的典雅、端庄。

2）以简洁为主。套裙一般以无任何图案，或以小圆点、细条纹、格子图案为主。一套套裙的色彩一般不要超过两种。

4．注意事项

（1）长短适度

一般套裙的上衣最短可齐腰，上衣的袖长要恰好盖住手腕；而裙子的长短应适度，最长到小腿中部。

（2）注意场合

女性商务人员在商务场合中（尤其是在涉外商务活动中），一般以穿套裙为宜。在出席宴会、舞会时，女性商务人员可选择礼服、连衣裙或时装。特别要注意的是，商务场合女性商务人员不宜穿超短裙、牛仔裙、皮裙、吊带裙。

（3）协调妆饰

女性商务人员应讲究着装、化妆与佩饰的风格协调。穿套裙时的基本原则如下：①应化妆，但不能化浓妆；②佩饰应合乎身份，最多不应超过三种（应同质同色），每种不多于两件。在商务场合要讲究"首饰三不戴"：有碍于工作的首饰不戴；太炫耀财力的首饰不戴；过分张扬个性魅力的首饰不戴。

5．搭配

（1）与衬衫的搭配

与套裙搭配时，最好选择无图案的单色衬衫，除白色外，其他色彩的衬衫应与所穿的套裙色彩相协调。套裙搭配衬衫时须注意：①衬衫的下摆须掖入裙腰内；②衬衫的纽扣要系好；③衬衫在公共场合不宜直接外穿。

（2）与鞋子的搭配

与套裙配套的鞋子，应为皮鞋，且以黑色的牛皮鞋最好（与套裙色彩一致的皮鞋也可以）。鞋子应是高跟或半高跟的船式皮鞋。皮靴和皮凉鞋等都不合适，但正装凉鞋可以。

（3）与皮包的搭配

女性商务人员在出席重要商务场合时，皮包的颜色应与皮鞋一致。在其他场合，女性商务人员穿套装时，皮包与皮鞋没必要同色，但皮包的颜色须与所穿服装相协调。

知识拓展

女性着装禁忌

1．丝袜
不要穿有勾丝、破洞的丝袜；不要将袜口露在裙外。

2．内衣
如同隐私，内衣不可外露。

3. 裙、裤

女士穿踏脚健美裤，曾非常流行，殊不知这是从欧美妇女的内裤袜演变而来的，只能在家里或进行健身运动时穿。

皮短裙也曾十分流行，但不应在商务场合穿着。

露背低胸的吊带装在休闲娱乐时可以穿，而在办公室、图书馆、教室就显得不妥，如此装束去推销商品则更不合适。

4. 凉鞋、拖鞋

凉鞋、拖鞋是绝对不能在商务场合穿着的。《完美服饰：从鞋子看人》的作者克利里说："鞋子表露了女人的心情，穿凉鞋显示她很轻松，带着度假的心情，这是在办公室里传达了负面的信息，可能影响升职加薪。"

课后训练与实践

第三节　仪态礼仪

导入案例

有 3 名毕业生同时到一家公司应聘。他们进入人事部主任办公室时，主任请他们入座。

当主任回到办公桌前，抬头一看：其中两名学生坐在沙发上，一个跷起二郎腿，而且两腿不停地抖动；另一个身子斜靠在沙发一角，右手不断在抠着鼻子。只有第三名学生端坐在椅子上，静静地等候面试。

人事部主任非常客气地对坐在两位沙发上的学生说："对不起，你们的面试已结束了，请退出。"

两名学生四目相对，不知为何面试还没开始就结束了。

思考： 通过本案例你得到什么启示？

仪态是指人的姿势和风度。其中，姿势是指身体所呈现的样子；风度则是内在气质的外部表现。仪态在心理学上称为"形体语言"，是指人的肢体动作，包括手势、坐姿、站姿、行姿等，是风度的具体体现。

仪态在社交活动中有着特殊的作用。在与人交往中，我们可以通过一个人的仪态来判断他的品格和修养。仪态美是一种综合的美、完善的美。这种美应是身体各器官相互协调的整体表现，同时也是一个人内在素质与仪表特点的和谐。容貌的美只属于那些幸运的人，而仪态美的人往往是一些出色的人，因而仪态的美更具永久魅力。

一、站姿

古人云"站如松"，男性站姿要体现出阳刚之美，女性站姿要体现出阴柔之美。

（一）男性站姿

1. 肃立

头正，脖颈挺直，双目平视，嘴唇微闭，下颌微收，面容平和自然，两肩放松，稍向下沉，自然呼吸，躯干挺直，做到收腹、立腰、挺胸、提臀，双臂自然下垂于身体两侧，手指并拢自然弯曲，中指贴拢裤缝，双膝并拢，两腿直立，脚跟靠紧，双脚掌呈"V"字形分开 45°～60°。肃立适用于隆重集会的场合，如升旗、庆典、剪彩等仪式。

2. 直立

两脚平行分开，两脚之间距离不超过肩宽，以 20 厘米为宜，两手手指自然并拢，右手搭在左手上，轻贴在腹部，双目平视，面带微笑；或者两脚平行分开，与肩同宽。

（二）女性站姿

1. 肃立

女性肃立站姿要求与男性肃立站姿相同。

2. 直立

头部抬起，面部朝向正前方，双眼平视，下颌微微内收，颈部挺立，双肩自然放下、端平且收腹挺胸，但不显僵硬，双臂自然下垂，处于身体两侧，将双手自然叠放于小腹前，右手叠加在左手上。直立时，两脚展开呈 90°，右脚向前，将脚跟靠于左脚内侧中间位置，呈右丁字步，左手背后，右手下垂，身体直立，重心置于两脚，双目平视，面带微笑；或者两脚展开呈 90°，左脚向前，将脚跟靠于右脚内侧中间位置，呈左丁字步，面带微笑。

（三）站姿禁忌

在商务场合，商务人员站立时切记：双手不可叉在腰间，也不可抱在胸前；不可驼背、弓腰、眼睛不断向左右斜视、一肩高一肩低、双臂左右乱摆、双腿不停抖动；不宜将手插在裤兜里，更不要下意识地做小动作，如摆弄打火机、香烟盒，玩弄皮带、发辫、咬手指甲等，这样不但显得拘谨，给人以缺乏自信和经验的感觉，而且也有失庄重。

（四）站姿训练方法

1. 靠墙训练

"五点一线"，即脚跟、小腿、臀、肩胛骨、头五点在一条直线上，尽量收腹贴墙站立，并由下往上逐步确认姿势要领，练习站立动作的持久性。

2. 背靠背训练

两人一组练习，要求背靠背，以双方的髋部、肩部、后脑勺为接触点，练习站立动作的稳定性。

3. 顶书训练

练习者在头顶放一本书，使其保持水平，能使自己将颈部挺直，下巴向内收，上身挺直，目光平视前方。每次训练 20 分钟左右，每天一次。

二、坐姿

（一）男性坐姿

男性标准坐姿要求"坐如钟"，即体态稳重，不摆动身体，不抖腿踢脚。

头部挺直，双目平视，下颌内收。身体端正，两肩放松，勿倚靠座椅的背部。挺胸收腹，上身微微前倾。采用中坐姿势，坐椅面的 2/3。日常手的姿势，双手自然放在双膝上或椅子扶手上。手放在桌面上时，双手自然交叠，将腕到肘部的 2/3 处轻放在桌面上。双腿可并拢，也可分开，但分开间距不得超过肩宽。

（二）女性坐姿

头部挺直，双目平视，下颌内收。身体端正，两肩放松，勿倚靠座椅的背部。挺胸收腹，上身微微前倾。采用中坐姿势，坐椅面的 2/3。日常手的姿势：双手自然放在双膝上或椅子扶手上。手放在桌面上时，双手自然交叠，将腕至肘部的 2/3 处轻放在桌面上。双腿靠紧并与地面垂直，也可将双腿稍稍斜侧，调整姿势。

（三）入座礼仪

1. 在别人之后入座

出于礼貌，和他人同时入座时，要分清主次，先请对方入座，自己不要抢先入座。

2. 从座位左侧入座

如果条件允许，最好从座椅的左侧入座。这样做不但能表现出自己的礼貌，而且容易就座。

3. 向周围的人致意

就座时，如果附近坐着熟人，应该主动打招呼；即使不认识，也应该点头示意。因为在公共场合，想要坐在别人身旁，必须征得对方的允许。

4. 入座动作

入座时，应以背部接近座椅，最好背对着自己的座椅，这样就不至于背对着对方。入座时双脚与肩同宽并行，同时尽量轻稳，避免座椅乱响。

女士在入座时应右手按住衣服前角，左手抚平后裙摆，缓缓坐下。女士如因久坐而感到疲劳，可以变换腿部姿势，即在标准坐姿的基础上，双腿可向右或向左自然倾斜。

（四）离座礼仪

1. 事先说明

离开座椅时，身边如果有人在座，应该先用语言或动作向对方示意，然后站起身来。

2. 注意先后

和别人同时离座，要注意起身的先后次序。若自己地位低于对方，应该稍后离座；若自己地位高于对方，可以首先离座；双方身份相似时，可以同时起身离座。

3. 起身缓慢

起身离座时，最好动作轻缓，不要拖泥带水、弄响座椅，或将椅垫、椅罩弄掉在地上。起身后，应从左侧离座，从容离开。

（五）坐姿禁忌

1）忌正面与人对坐。正面与人对坐，会使对方产生压迫感，应当稍微偏斜，这样双方都会感觉轻松自然。

2）坐在椅子上时勿将双手夹在两腿之间。因为这样不但显得胆怯害羞、缺乏自信，而且不雅观。

3）坐在椅子上时，忌双腿叉开过大，或双腿伸出很远，或双腿过分伸张，或腿呈"4"字形，或把腿架在椅子、茶几、沙发扶手上。同时，忌用脚打拍子。

4）坐时应避免内八字；当跷二郎腿时，悬空的脚尖应朝下或朝向他处，切忌朝天或朝向他人，且不可上下抖动。

5）与客人交谈时，要坐正。另外，不可摆弄手指，或将手里的东西不停地晃动，或把手中的茶杯转来转去，或一会儿拉拉衣服，一会儿整整头发、抠抠鼻子耳朵，这些都会破坏坐姿。

6）不可过于放松，瘫坐椅内。

三、行姿

（一）标准行姿

行姿就是走姿，属于动态美，凡是协调稳健、轻松敏捷的行姿，都会给人以美感。标准的行姿要求方向明确，身体协调，姿势稳健，步伐从容，步态平衡，步幅适中，步速均匀，走成直线；双臂自然摆动，挺胸抬头，目视前方。

（二）女性行姿注意事项

女性行姿的注意事项包括以下几个方面。

1）保持颈部姿态优雅。颈部是最能体现女性美的部位，体现颈部最佳曲线的关键是将颈部完全拉伸起来。

2）保持肩背部姿态优雅。两肩打开，背部挺立，这样才能显得女性身体的优雅挺拔。

3）保持腰、腹、臀部仪态优雅。挺腰、收腹、提臀，才能把女性的魅力充分展示出来。

4）保持腿部仪态优雅。站立时腿用劲，膝关节也用劲。

5）保持手部仪态优雅。把手的侧面向着对方，手指会显得更修长雅致。

6）女士穿高跟鞋时，由于鞋跟较高，身体重心自然前移，为了保持身体平衡，必须挺胸、收腹、提臀，膝盖绷直，全身有挺拔向上的感觉。行走时步幅不宜过大，膝盖不要过弯，两腿并拢，两脚内侧落到一条线上，脚尖略向外开，足迹呈柳叶状，俗称"柳叶步"。这样会显得温婉动人，体现女性轻盈、妩媚、秀美的特质。

（三）不同着装的行姿

1. 穿西装时的行姿

西装以直线为主，穿着西装行走时应表现出挺拔、优雅的风度。身体要保持平正，两脚立直，步幅要略大些，下臂放松，伸直摆动。行走时，男士不要晃动身体，女士不要左右摆髋。

2. 穿裙装时的行姿

职业套裙能体现女性身材的修长和曲线美。女性穿裙装行走时步伐要平稳，步幅不宜太大，两脚内侧要落到一条线上，脚尖略向外开，手臂自然摆动（幅度也不宜过大），髋部可随着脚步和身体重心的移动而稍左右摆动，体现出柔和、含蓄、典雅的风度。转动时，要注意头和身体相协调，调整头、胸、髋三轴的角度。

（四）行姿注意事项

商务人员行姿的注意事项包括以下几个方面。

1）行姿必须用双胯向上提的力量带动双腿，这样方显得轻快敏捷。如果以腿部为主动，尤其是以小腿为主动，便有身体下沉、步履蹒跚之感。

2）走路不要大甩手、扭腰摆臀、左顾右盼，或歪肩晃膀、弯腰驼背，或吸烟、手插裤兜。

3）切忌走成内八字或外八字，双腿不要过于弯曲，不要上下颤动或脚蹭地面。停步、拐弯、上下楼梯时应从容不迫、控制自如。

4）三人或更多人一起行走时，应避免排成横队或勾肩搭背。有急事要超过前面的行人时，不得跑步，可以大步超过，并在超越时向被超越者致意道歉。

四、手势

手势是一种极富表现力的体态语言，通过手和手指的活动传递信息。俗话说"心有所思，手有所指"，手的魅力并不亚于眼睛，甚至可以说手就是人的第二双眼睛。在商务活动中，商务人员正确地运用手势，可以增强感情的表达，提高交往效果。

（一）手势规范

五指伸直并拢，注意将拇指并严。腕关节伸直，手与前臂成直线。做动作时，肘关节既不要呈90°，也不要完全伸直，以弯曲140°为宜，掌心斜向上方，手掌与地面呈45°，位于头和腰之间。身体稍前倾，肩下压，眼睛随手走。运用手势时，一定要目视交往对象，面带微笑，体现出对对方的尊重。

一般来说，掌心向上的手势有诚恳、尊重他人的意义；掌心向下则不够坦率，缺乏诚意。掌心向下有时是权威性的，如对女士行礼，开会时领导要求"安静"等。

（二）指引方向手势

五指伸直并拢，屈肘由腹前抬起，手臂的高度与肩同高，肘关节伸直，向要行进的方向伸出前臂。在指引方向时，身体要侧向来宾，眼睛要兼顾所指方向和来宾，直到来宾明白了，再把手臂放下。注意：指引方向时不可用一个手指指出，那样显得很不礼貌。

（三）请进手势

五指并拢伸直，掌心向上，手掌平而与地面呈45°；肘关节微屈为140°左右，腕关节要低于肘关节。做手势时，手从腹前抬起，至上腹部处，然后以肘关节为轴，向右摆动，摆到身体右侧稍前的地方停住。手臂摆动时身体和头部微由左向右倾斜，视线也随之移动。双脚并拢或呈右丁字步，左臂自然下垂或背在身后，目视来宾，面带微笑。

（四）请坐手势

一只手曲臂由前抬起，再以肘关节为轴，前臂由上向下摆动，使手臂向下呈一斜线，表示请来宾入座。

（五）手势禁忌

商务人员在使用手势时应注意以下禁忌。

1）很多人喜欢将单手或双手抱在脑后，这一体态的本意是放松。但在别人面前特别是在为他人服务时这样做会给人一种目中无人的感觉。

2）反复摆弄自己的手指，要么活动关节，要么捻响，要么攥着拳头，往往会给人一种无聊的感觉。

3）在工作中，通常不允许把一只手或双手插在口袋里，这种表现，会让人觉得你在工作上不尽力，忙里偷闲。

4）手势宜少不宜多，多余的手势，会给人留下装腔作势、缺乏涵养的感觉。

在商务活动时，还有些手势会让人反感，严重影响形象，如当众挠头皮、掏耳朵、抠鼻孔、咬指甲、手指在桌上乱写乱画等。

五、表情

表情是指人的面部情态，即通过面部眉、眼、嘴、鼻的动作和脸色的变化表达出来的思想感情。表情在人际沟通上占有相当重要的位置。现代心理学家总结出一个公式：感情的表达=7%的言语+38%的语音+55%的表情。健康的表情可以给人留下良好的第一印象。

📖 礼仪案例

国外许多城市在塑造自己的形象时，十分注重市民的微笑。如美国爱达荷州的波卡特洛市要求全体市民遵守该市几十年前通过的一项法令：市民在公开场合下不得愁眉苦脸或拉长面孔，违者到"欢容检查站"去学习微笑，微笑成功后方可离开。该市现在还被称为美国的"微笑之都"，并每年举行一次"微笑节"。

当人们问美国希尔顿集团的董事长，如何把一家名不见经传的旅馆迅速发展成为遍及世界五大洲，并拥有多家豪华宾馆的跨国公司时，他自豪地说是靠"微笑的影响力"。希尔顿说："如果缺少服务员的美好微笑，好比花园里失去了春日的太阳和风。假如我是顾客，我宁愿住进那虽然只有残旧地毯，却处处见到微笑的旅馆，而不愿走进有第一流的设备而见不到微笑的地方……"因此，他经常问下属的一句话便是："你今天对顾客微笑了没有？"

（一）微笑

人的笑容有许多种，如微笑、狂笑、冷笑、嘲笑、傻笑、皮笑肉不笑等，不同的笑表达不同的情感。其中，微笑是人类最富魅力、最有价值的体态语言。微笑既是一种人际交往的技巧，也是一种礼节。微笑是人们对美好事物表达愉悦情感的心灵外露方式，是善良、友好、赞美的象征。微笑表现出对他人的理解、关心和爱，是礼貌修养的外在表现，是谦逊、含蓄、自信的反映，是心理健康的标志。微笑可以调节情绪，消除隔阂，提高人的自信心，促进人的身心健康，提高服务质量。

📖 礼仪案例

飞机起飞前，一位乘客请空姐给他倒一杯水吃药。空姐很有礼貌地说："先生，为了您的安全，请稍等片刻，等飞机进入平衡飞行后，我会立刻把水给您送过来，好吗？"

15 分钟后，飞机已进入平衡飞行状态。突然，乘客服务铃急促地响了起来，空姐猛然意识到：糟了，由于太忙，忘记给那位乘客倒水了。当空姐来到客舱，看见按响服务铃的果然是刚才那位乘客，她小心翼翼地把水送到那位乘客眼前，微笑着说："先生，实在对不起，由于我的疏忽，延误了您吃药的时间，我感到非常抱歉。"这位乘客抬起左手，指着手表说道："怎么回事，有你这样服务的吗？你看看，都过了多久了？"空姐手里端着水，心里感到很委屈。但是，无论她怎么解释，这位挑剔的乘客都不肯原谅她的疏忽。

接下来的飞行途中，为了弥补自己的过失，每次去客舱给乘客服务时，空姐都会特意走到那位乘客面前，面带微笑地询问他是否需要水，或者别的什么，然而那位乘客余怒未消，并不理会她。

临到目的地前，那位乘客要求空姐把留言本给他送过去，很显然，他要投诉这名空姐，此时空姐心里很委屈，但是仍然非常有礼貌而且面带微笑地说道："先生，请允许我再次向您表示真诚的歉意，无论您提出什么意见，我都会欣然接受！"

那位乘客脸色一紧，准备说什么，可是没有开口，他接过留言本，开始在本子上写了起来。

等到飞机安全降落，所有的乘客陆续离开后，空姐本以为这下完了，没想到，等她打开留言本却惊奇地发现，那位乘客在本子上写下的并不是投诉信，相反，这是一封热情洋溢的表扬信。

在表扬信中，空姐读到这样一句话："在整个过程中，你表现出的真诚歉意，特别是你的 12 次微笑深深打动了我，使我最终决定将投诉信写成表扬信！你的服务质量很高，下次如果有机会，我还将乘坐你们的这趟航班。"

1. 微笑的礼仪规范

（1）真诚

微笑要亲切、自然、诚恳，要发自内心，切不可故作笑颜、假意奉承。发自内心的微笑既是一个人自信、真诚、友善、愉快心态的表露，又能营造一种富有人情味的融洽的气氛，它能温暖人心，消除冷漠，获得理解和支持。发自内心的真诚微笑应是笑到、口到、眼到、心到、意到、神到、情到。

（2）适度

微笑的美在于文雅、适度，而不是随心所欲、不加节制。微笑的基本特征是不出声、不露齿，嘴角两端略提起。微笑时，既不要故意掩饰笑意，压抑内心的喜悦以影响美感，也不要咧着嘴哈哈大笑。只有笑得得体、笑得适度，才能充分表达友善、真诚、和蔼、融洽等美好情感。

（3）适宜

微笑时应注意场合、对象。例如，在特别严肃的场合，不宜笑；当别人做错了事、说错了话时，不宜笑；当别人遭受重大的打击心情悲痛时，不宜笑。相反，当两人初次见面时，微笑可以拉近双方的距离；同事见面时点头微笑显得亲切；商务洽谈时微笑显得潇洒大方、不卑不亢；当别人与自己争执时，不愠不火的微笑能缓解对方步步紧逼的势头；当对方提出一些不好回答或不便回答的问题时，轻轻一笑不予作答，更能彰显微笑的特殊功能。

2. 微笑训练

1）对镜练习：使眉、眼、面部肌肉、口形在微笑时和谐。
2）诱导练习：调动感情，发挥想象力，或回忆美好的过去或憧憬美好的未来等，使微笑源自内心，有感而发。
3）在众人面前练习：使微笑规范、自然、大方，克服羞涩和胆怯心理。
4）讲话练习：练习讲话的同时脸上保持微笑。

（二）目光

目光是面部表情的核心，是一种真实的、含蓄的体态语言。眼睛是心灵的窗户，是人体传递信息最有效的器官，而且能表达出最细微、最精妙的情感。

1. 注视时间

在商务活动中，在不同场合、不同情况下，目光的注视时间亦有所不同。见面时，不论是熟人还是初次见面之人，尤其是向对方问候、致意、祝贺时，都应面带微笑，用真诚的目光注视对方，以示尊敬和礼貌。在与对方交谈中，应经常与对方目光保持接触，长时间回避对方目光而左顾右盼，是对对方不感兴趣的表现；而过长时间地盯视对方则是失礼的。与对方目光接触的时间，一般以与之相处的总时间的 1/3 为宜。

2. 注视位置

与人交往时，不能死盯对方某部位，或不停地在对方身上上下打量，这都是失礼的行为。注视对方不同位置，所传递的信息、营造的氛围是不一样的。

1）公务型注视。在进行业务洽谈、商务谈判、布置任务等谈话时，注视对方额头。

2）社交型注视。注视范围是对方眼部至唇部。这是人们在普通社交场合采用的注视区间。注视这一区域最容易形成平等感，能够营造良好的社交氛围。

3）亲密型注视。注视范围是对方的眼部至胸部。这是具有亲密关系的人在交谈时采用的注视区间。恋人之间、亲朋好友之间，注视这些区域能激发感情、表达爱意。

3. 自然有神

注视对方时应自然、稳重、柔和。一个具有良好个人修养的商务人员，目光应当是坦然的、亲切的、友善的、和蔼的、诚恳的、有神的，这是内心愉悦、充满信心的反映，也是尊重对方的表现。

4. 正视对方

在商务交往中应礼貌地正视对方，是商务人员坦荡、自信的表现，也是尊重他人的体现。商务人员在谈话中切忌眼睛往上或往下翻、眯眼、斜眼、白眼、左顾右盼，这是傲慢、怯懦、漫不经心的表现。但当别人难堪时、交谈休息时或停止谈话时，则不要正视对方。

课后训练与实践

第八单元 商务活动礼仪

学习目标

1. 掌握商务活动中常用的称呼礼仪、致意礼仪、鞠躬礼仪。
2. 掌握介绍的要点，以及名片的递送、接收、存放的注意事项。
3. 了解握手礼仪，掌握商务场合握手的标准姿势及注意事项。
4. 掌握交谈礼仪要点。
5. 掌握拜访和接待礼仪要点。
6. 掌握商务馈赠礼仪要点。
7. 掌握商务宴请礼仪要点。

第一节 见面礼仪

导入案例

一天，有位斯里兰卡客人来到南京的一家宾馆准备办理入住手续。

前厅服务人员为了确认客人的身份，在办理相关手续及核对证件时花费了较多的时间。看到客人等得有些不耐烦了，前厅服务人员便用中文向陪同客人的女士作解释，希望对方谅解。谈话中前厅服务人员用"老外"这个词称呼客人。陪同客人的女士听到这个称呼后脸色不悦，表示出极大的不满。原来这位女士是客人的妻子，她认为服务人员的称呼有失礼貌。

见此情形，前厅服务人员赶紧赔礼道歉，但客人的心情已经大受影响，并对这家宾馆产生了不良的印象。

思考： 本案例给你什么启示？

心理研究成果表明：人们第一次见面给对方留下的印象最为深刻，而且第一印象对以后的人际交往起着指导作用。因此，人们应特别重视日常见面礼仪规范。

一、称呼礼仪

礼仪案例

曹禺剧作《日出》中的顾八奶奶，最忌讳别人说她老。不识相的福生当着她的面说："怪不得她老人家听腻了，您想，她老人家脾气也是躁一点，再者……"没等说完，惹得顾八奶奶火冒三丈，呵斥道："去！去！去！什么'她老人家、她老人家'的，我瞅见你就生气，谁叫你进来给我添病？"

称呼语在不同的环境条件中的运用应恰到好处，称呼得不妥，常常会引起对方的不快，进而影响交谈的效果。

称呼是指人们在日常交往中所采用的彼此之间的称谓语，用以指代某人或引起某人的注意。人际称呼的格调有雅俗、高低之分，它不仅能反映人的身份、性别、社会地位和婚姻状况，还能反映对对方的态度和亲疏关系。不同的称呼可以使人产生不同的情感。在交际开始时，只有使用适宜的称呼，才会使交际对象产生同你交往的欲望。

（一）称呼礼仪的基本原则

在商务活动中，我们应对称呼的原则及禁忌细心掌握，认真区别。在商务场合，称呼要庄重、正式、规范。要想正确、适当地称呼对方，应遵循以下三个原则。

1. 礼貌原则

礼貌原则是人际交往的基本原则之一。每个人都希望被他人尊重，合乎礼节的称呼，正是表达对他人尊重和表现自己有礼貌、有修养的一种方式。商务活动中，称呼对方要用尊称，对任何交际对象都忌用诨号、绰号。

2. 尊重原则

一般来说，对同龄人，可称呼对方为"哥""姐"；对科长、处长等，可以直接以"科长""处长"等相称。

3. 适度原则

一般来说，要视交际对象、场合、双方关系等选择恰当的称呼。例如，有些人喜欢称别人为"师傅"，虽然亲热有余但文雅不足，且普适性较差。与众多人打招呼的时候，还要注意亲疏远近和主次关系，一般以先长后幼、先高后低、先亲后疏为宜。

（二）称呼的种类和用法

1. 泛尊称

"先生""夫人""女士"等均为泛尊称。

2. 姓名称

称呼姓名有三种情况：一是称呼姓名；二是只称其姓，不呼其名；三是不称其姓，直呼其名。

1）称呼姓名，一般适用于同事、同学、平辈的好友、熟人。另外，长辈对晚辈也可以直接称呼姓名，如"张平""李燕"等。

2）只称其姓，不呼其名。为了表示亲切，可以在被称呼者的姓名前面加上"老、大、小"字相称，而免称其名。例如，对年长者，可以称呼"老王""老李"；对于年幼者，可称呼"小李""小张"。

3）不称其姓，直呼其名。对于朋友、熟人，若关系亲密，可以不称其姓，而直呼其名，如"小华""丽婷"等。

3. 职业称

对于从事某种特定职业的人，可直接称呼对方的职业，如"老师""医生""会计""律师""护士"等，也可以在职业前面加上姓氏、姓名。

4. 职务称

职务称是一种以被称呼人担当的职务来作为称呼语的称呼，如"经理""厂长""主任"等。

由于商务活动的复杂性，我们还要注意在不同环境下不同称呼的灵活运用。中国幅员辽阔，方言繁多，即使同一个称呼也会因地区不同而含义迥异。来到异地他乡，若不了解当地的方言，则以"通称"相称较为妥当。在当今社会，虽然不同于等级森严的封建社会，但是用合适的称呼体现出上下长幼，以示亲切或尊敬，也是很有必要的。对年长者、知名人士要用尊称；对上级领导或其他单位负责人可用职务称；对职务低于自己的，也要选择有敬重含义的称呼，一般不宜直呼其名。例如，很多人兼有几种身份，对他们的称呼也要因时因地而定。有的称呼本身就带有明显褒奖的感情色彩，如"老厂长""老模范""老同志"等。称呼别人的绰号，有时有亲切感，如陈赓将军就喜欢别人称他为"小木瓜"（头脑迟钝者）等。社交场合以别人生理缺陷为绰号，是对别人人格的侮辱，是缺乏教养的表现。还要注意，同样的称呼，有人乐于接受，有人就非常忌讳。渔民忌"沉"字，假如他正好姓陈，你若叫"老陈、老陈"，他肯定会不高兴。

（三）称呼的主要禁忌

1. 使用错误的称呼

常见的错误称呼无非就是误读或误会。误读也就是念错姓名，这样是很不礼貌的。为了避免这种情况，对于不认识的字要事先查证读音；如果临时遇到不认识的字，就要谦虚请教。误会是对对方的情况不了解，主要是对被称呼者的年纪、辈分、婚否及与其他人的关系等作出了错误判断。例如，将公司的董事长称为"经理"，将未婚妇女称为"夫人"等，这都是很无礼的。

2. 使用不通行的称呼

有些称呼具有一定的地域性，如北京人爱称"师傅"，山东人喜欢称"伙计"，但南方人认为"师傅"等于"出家人"，"伙计"是"打工仔"。

3. 使用庸俗的称呼

有些称呼在正式场合不适合使用，如"兄弟""哥们儿""姐们儿"等一类的称呼。

4. 使用外号称呼

对于关系一般的人，不要自作主张地给对方起外号，更不能用道听途说的外号去称呼对方，也不能随便拿别人的姓名开玩笑。

5. 使用过时称呼

有些称呼具有一定的时效性，若采用，难免贻笑大方，如"老爷""大人"。

6. 使用不当语音

在商务活动中还应注意上级的姓氏与职务的语音搭配，如称呼姓傅、姓戴的正职领导为"傅局长""戴主任"，对方可能会不高兴，因为外人一听，会误以为他们是副职和临时代理的职务。此种情况，可以直接称呼其职务。

二、致意礼仪

（一）致意的含义

致意是已相识的友人之间在距离较远或不宜多谈的场合，用无声的动作语言，相互表示友好与尊重的一种问候礼节。一般来说，相互致意的顺序是地位低者先向地位高者致意。

（二）致意的方式

1. 微笑致意

微笑可以传递友好，它既可以用在与不相识者初次会面中，也可以用在同一场合经常见面的老朋友身上。

2. 举手致意

在公共场合，倘若离相识的人过远，一般要默不作声，将右臂抬起，向前方延伸，或挥帽致意即可。

3. 点头致意

在一些不能交谈的场合，双方可以采用微微点头的方式表示礼貌。点头致意时，点头者应注视对方，面含微笑，并将上体略微前倾。点头致意适用的场合：在公共场合遇到相识的人而相距较远时；与相识者在一个场合多次见面时；与一面之交或不太相识的人在社交场合见面时等。这时均可微笑点头向对方致意，以示问候，而不应视而不见、不理不睬。注意：施礼时不要戴帽子。

点头致意的具体做法：身体要保持正直，两脚跟相靠，双手下垂置于身体两侧或搭放于体前，目视对方，面带微笑，然后点头。注意：不宜反复点头，也不必幅度过大。

4. 欠身致意

在目视被致意者的同时，全身或身体的上半部分应略微向上、向前倾斜。这是对他人恭敬的一种表现，可以向一个人或者几个人同时欠身致意。

5. 脱帽致意

脱帽致意即摘下帽子以表示对他人的尊敬。通常来说，向别人致意，距离不能过远，一般以 3～20 米较为适宜；也不能在对方的侧面或背面。当然，有时与相遇者侧身而过，施礼者在用非语言信号致意的同时，也可用"您好""早上好"等问候语，增加致意的亲切感，受礼者应用同种方式答谢。

知识拓展

脱　帽　礼

脱帽礼起源于冷兵器时代。当时，作战要戴头盔，头盔多用铁制，十分笨重。战士到了安全地带，首先把头盔摘下，以减轻头上的重量。这样脱帽就意味着没有敌意。如到友人家，为表示友好，也可以以脱盔示意。这种习惯流传下来，就是今天的脱帽礼。

三、鞠躬礼仪

（一）鞠躬的含义

鞠躬，即弯身行礼，是表示对他人敬重的一种郑重礼节，中国、日本、韩国、朝鲜等国家普遍使用此礼节。鞠躬一般是下级对上级或同级之间、学生向老师、晚辈向长辈、服务人员向宾客表达由衷的敬意所行的礼节。

知识拓展

鞠躬礼的来源

鞠躬礼源于中国的先秦时代，两人相见弯腰曲身待之。这样做有两层含义，一是缩小个人的势力圈，二是降低身势减少易受攻击的部位。它最早用来表示鞠躬者对敌方的惶恐、畏惧，显现自己精神的劣势，后来才演变成表示尊敬对方的礼貌动作。中国的跪拜礼在原始含义上是与鞠躬礼相同的，只是跪拜礼比鞠躬礼的意义更强烈些。

日本的鞠躬礼

由于特殊的历史背景和地缘文化，日本形成了进出房门低头俯身、日常交际低姿势待人的民族习惯。

据有关资料显示，日本的商店、宾馆、酒店的服务员，平均每人每天要向客人鞠躬近 1 000 次。日本人即使在打电话时也会不自觉地向看不见的对方鞠躬。

在日本，鞠躬礼一般分为站礼和坐礼两种。

站礼分为三种：①见面时的 30°鞠躬礼，称为见面礼；②分手时的 45°鞠躬礼，称为告别礼；③对上级、长辈行最高鞠躬礼，腰弯到脸面几乎与膝盖平行的程度。

坐礼也分为三种：①双手礼。脊柱和脖颈挺直，整个身体向前倾伏，与此同时双掌向前靠拢着地，整个身体向前几乎面着地。这种礼一般是在下级向上级、晚辈对长辈、主人对尊客所用的礼节。②屈手礼。身体向前倾约 45°，脸面向下，双掌着地，这种礼一般用于同辈间和向对方请教时。③指尖礼。双手垂于两膝侧，指尖着地，身体前倾 5°，这种礼一般用于在榻榻米上长辈接受晚辈施礼和接受对方的问候。

（二）鞠躬礼的动作规范

行鞠躬礼时，立正站好，保持身体端正；面向受礼者，距离为两三步远；以腰部为轴，并拢双脚，整个肩部向前倾，视线由对方脸部落至自己的脚前 1.5 米处（15°礼）或脚前 1 米处（30°礼），同时问候"您好""早上好""欢迎光临"等。男性双手放在身体两侧，女性双手合起放在身体前面。

（三）鞠躬礼的注意事项

鞠躬时要注意，如戴着帽子，应先将帽子摘下，因为戴帽子鞠躬既不礼貌，也容易滑落，使自己处于尴尬境地。鞠躬时目光应向下看，表示一种谦恭的态度，不要一面鞠躬，一面试图翻起眼睛看对方。

四、介绍礼仪

在商务活动中，与初次见面的客户交往通常会用到介绍礼。介绍是进入社会大门的一把钥匙，它是初次会面的陌生双方开始交往的起点。介绍在人与人之间起着沟通与桥梁的作用，它可以缩短人与人之间的距离，为进一步交往做好准备。介绍的形式主要分为自我介绍、他人介绍和集体介绍。

（一）自我介绍

自我介绍，也就是人们常说的自己向他人介绍自己，通常用在想和某人结识但又没有合适的介绍人，或者在某些场合他人需要了解自己的情况时。在自我介绍时，可以先主动打招呼说声"您好"来引起对方的注意，然后说出自己的姓名、身份，也可以在与对方握手时进行自我介绍。恰到好处的自我介绍，能给他人留下深刻的印象。

1. 自我介绍的场合

需要自我介绍的场合：应聘求职；在社交场合，有不相识者表现出对自己感兴趣、有不相识者要求自己进行自我介绍；在公共聚会上，与身边的陌生人组成新的交际圈，并打算介入陌生人组成的交际圈；交往对象记不清自己，或自己担心这种情况可能出现；有求于人，而对方对自己不甚了解或一无所知；拜访熟人遇到不相识者挡驾，或是对方不在，需要请不相识者代为转告；前往陌生单位进行业务联系；在出差、旅行途中，与他人不期而遇，并且有必要与之建立临时关系；因业务需要，在公共场合进行业务推广；

初次利用大众传媒向社会公众进行自我推荐、自我宣传等。

2. 自我介绍的礼仪举止

以标准站姿为基础，身体稍向前倾15°，表情坦然亲切，注视对方，举止庄重、大方，态度镇定而充满信心，表现出渴望认识对方的热情。另外，也可将右手放在自己的左胸上，使人产生信赖感。

3. 自我介绍的形式

1）应酬式，适用于一般性的社交场合，这种自我介绍最为简洁，往往只包括姓名一项内容。例如，"您好，我叫陈波""您好，我是王强"。

2）工作式，适用于工作场合，它包括本人姓名、供职单位及其部门、职务或从事的具体工作等。例如，"您好，我叫张勇，是××计算机公司的销售经理""我叫赵伟，我在湖北工作"。

3）交流式，适用于希望与交往对象进一步交流与沟通的情况，它大体应包括介绍者的姓名、工作、籍贯、学历、兴趣及与交往对象的某些熟人的关系。例如，"您好，我叫李俊，在××银行上班。我是周芳的老乡，都是四川人""我叫孙倩，是吴敏的同事，在武汉大学外语系，我是教英语的"。

4）礼仪式，适用于讲座、演出、报告、仪式或庆典等一些正规而隆重的场合，其内容包括姓名、单位和职务等，同时还要加入一些谦辞、敬辞。例如，"各位来宾，中午好！我叫张勇，我是××计算机公司的销售经理。我代表本公司热烈欢迎大家光临我们的展会现场"。

5）问答式，适用于应试、应聘和公务交往。例如，面试主考官说："请介绍一下你的基本情况。"应聘者回答："各位中午好！我叫郑兵，现年26岁，湖北武汉人，汉族……"

4. 介绍语言要求

1）流畅。语言表达要流畅自如，不带口头禅，中间不停顿，要求内容熟练。

2）完整。介绍的语言要完整，介绍单位要用全称，如"作家协会""应用技术学院""中国人民大学""消防协会""上海吊车厂"等，而不能说"作协""技院""人大""消协""上吊"等。

5. 介绍技巧

在自我介绍中，特别要注意说好"我"字。"我"字说得太重，有意拖长仿佛要通过强调"我"来树立自己的高大形象。更有甚者，说"我"时神态洋洋自得，目光咄咄逼人，大有不可一世的气势，这样会给人留下骄傲自大的印象。要想给人留下好的印象，就要在关键的地方以平和的语气说出"我"字，目光亲切，神态自然，如此才能给人留下自信、自立而又自谦的良好形象。可以从以下角度掌握介绍技巧。

1）从姓名入手。

礼仪案例

一位大学毕业生在公司的新人欢迎会上这样进行自我介绍："我姓苏，苏东坡的苏，名杰，杰出人才的杰。自古以来姓苏的人才辈出，因此父母也希望我成为一个杰出的人才。不过我刚毕业，事业刚刚开始，但我相信在同志们的帮助下，成功之路就在自己的脚下。"

分析：这位毕业生从自我姓名的含义的角度进行自我介绍，给大家留出联想的空间，让人记忆深刻，同时还恰当地表露了自己的谦虚和抱负，不失为聪明之举。

2）从生肖入手。

礼仪案例

一位礼仪小姐在参赛时的自我介绍："我的生肖第一，属老鼠。我去年进入信宜宾馆工作，今天是我参加工作以来的第一个'五一节'，我也是第一次参加如此大规模的比赛，但愿这么多的'第一'会给我带来好运，谢谢大家。"

分析：这位礼仪小姐恰当引出自己的年龄、职业、参赛信心，给人留下深刻的印象。

3）从职业特征入手。

礼仪案例

一位公关先生在比赛中的自我介绍："我叫张伟，在上海宾馆公关部工作，也许有的人心目中认为公关工作都是一些漂亮小姐担任的，一个男人怎么从事公关工作呢？其实这是一种误解，公关是塑造形象和协调工作的学科，只要是有公关知识和素养，男人也同样能从事公关工作，今后希望各位在工作中多多关照。"

分析：张先生的自我介绍，使人了解了公关工作，理解了公关先生。

（二）他人介绍

他人介绍又称第三者介绍，通常是经第三者为彼此不认识的双方相互进行引见，或把一个人引见给其他人的一种介绍方式。

礼仪案例

《钢铁是怎样炼成的》一书中有这样一段描写：保尔深深地爱着安娜，两人关系非常密切。但是有一天，保尔发现安娜房里来了一位陌生的男子，而且两人非常亲昵，于是保尔对安娜产生误会，断绝了与她的来往，他的爱情也由此夭折。其实这位男子是安娜的表哥，如果安娜一开始就向保尔介绍她的表哥也就不会产生误会了。

1. 被介绍者的礼节

作为被介绍者，当介绍者询问自己是否有意认识某人时，一般不要扭扭捏捏或加以拒绝，而应欣然接受。

当介绍者为自己进行介绍时，应表现出非常愿意结识对方，主动热情，正面对着对方，面带微笑。一般情况下，他人介绍时自己应起立，站姿要优美，宴会或谈判会上只略欠身致意即可。在介绍的过程中，双方按礼仪规范微笑致意、握手或递送名片。

2. 介绍者的礼节

在社交中，东道主、长者、家庭聚会中的女主人、专职人员（公关、礼宾、文秘、办公室接待者等），在正式活动中地位、身份较高者或主要负责人，以及熟悉双方者、指定介绍者，都可以为他人进行介绍。如家里来了客人，客人之间彼此不认识，主人有义务为大家做介绍。单位来了客人一般有三种情况：一是由专职人员、公关、文秘、办公室主任介绍；二是由对口人员介绍；三是由本单位的领导介绍。

📖 礼仪案例

天强贸易公司的销售部李经理到恒讯贸易公司找销售部张经理联系业务，恰逢恒讯贸易公司销售部的副经理及业务骨干小王在办公室，张经理赶紧招呼李经理，同时将副经理和小王介绍给了李经理，又向副经理及小王全面介绍了李经理。

分析：这种介绍在介绍礼节中为对口介绍，张经理此时应将在场的同事介绍给李经理，否则大家会产生尴尬和猜忌，影响彼此的交往。

若单位来了贵宾，应该由本单位职务最高者做介绍。例如，市长到一公司检查工作，公司董事长就有义务把市长向公司员工做介绍。这是对贵宾的一种尊重。

3. 介绍者的姿势

具体做法：手势动作文雅，手心朝上，四指并拢，拇指张开，胳膊肘向外伸，指向被介绍一方，并向另一方点头微笑，上体前倾 15°，手臂与身体呈 50°～60°。在介绍一方时，应微笑着用自己的视线把另一方的注意力引导过来，态度热情友好，语言清晰明快。

4. 介绍的顺序

在社交场合，将男士介绍给女士；将年轻者介绍给年长者；将职位低者介绍给职位高者；将主人介绍给客人；将未婚者介绍给已婚者（当双方地位、年龄相当，性别相同时）。

（三）集体介绍

集体介绍是介绍他人的一种特殊情况，此时被介绍者中的一方或双方都不止一人。

1. 集体介绍的顺序

（1）少数服从多数
当被介绍者双方地位、身份大致相当时，应先介绍人数较少的一方。

（2）强调地位、身份

若被介绍者双方地位、身份存在差异，应将地位、身位较高者最后加以介绍，即便人数较少或只有一人。

（3）单向介绍

在演讲、报告、比赛、会议、会见时，往往只需要将主要人物介绍给广大参加者。

（4）人数多一方的介绍

若一方人数较多，可采取笼统的方式进行介绍，如"这是我的家人""这是我的同学"。

（5）人数较多各方的介绍

若被介绍的不止两方，需要对被介绍的各方进行位次排列。排列的方法：①以其负责人身份为准；②以其单位规模为准；③以单位名称的英文字母顺序为准；④以抵达时间的先后顺序为准；⑤以座次顺序为准；⑥以距介绍者的远近为准。

2. 集体介绍的常用方法

（1）单项式

被介绍者双方中的一方为一人，另一方为多人时，只将前者介绍给后者。

（2）笼统式

被介绍者双方均人数较多，而又确无必要或不可能对其逐一加以介绍时，只扼要介绍一下双方的概况。例如，"介绍一下，这些人都是我的家人，这几位是我生意上的伙伴"。

（四）介绍的注意事项

1. 介绍得不唐突

介绍时要向双方打招呼（但不是命令形式），使双方有思想准备。例如，"请让我介绍你们认识一下好吗"就是比较合适的介绍招呼语。"小王，来见一下张小姐"这样的介绍招呼语就不妥。

2. 语言清晰、明确、完整

介绍他人时的语言不能含糊其词，而要使双方听清并记清对方的名字。卡耐基说过："一个人的姓名是他自己最熟悉、最甜美、最妙不可言的一种声音，它不仅是礼仪的需要，而且也是开启友谊之门的钥匙，是寻找合作伙伴的桥梁。"美国企业家比特·杜波尔说："如果你能记住一个人的姓名，他可能给你带来 100 个新朋友。"所以，要想在商务活动中取得成功，记住对方的名字非常重要。

3. 介绍的内容应适宜

1）选择对方感兴趣的内容。例如，将一位教师介绍给一位生意人时说"他叫×××，是一位教学经验丰富的老师"，不如说"×××是一位老师，她丈夫是××贸易公司的经理"。

2）介绍特长促进了解，如"×××是我们单位的歌坛新秀""××是市里乒乓球比赛冠军，现在仍不减当年，有机会的话你们俩可以比试比试"。

3）给予评价，促进合作，如"×××在建筑方面很有经验，开发过好几个大的项目，希望你们以后能够合作"。

4. 避免过度赞扬某人

不合时宜的吹捧会使被介绍者尴尬，介绍者也会给人留下不良的印象，从而使被介绍者产生反感。另外，介绍时也不要开过分的玩笑，不要捉弄人。

5. 掌握好为他人介绍的时机

若为他人介绍只起牵线搭桥的作用，则介绍双方后的停顿时间要适当。一般介绍后应停顿片刻，引导双方交谈，待他们展开交谈后，介绍者再借机离开；否则，双方会陷入尴尬的境地。

五、名片礼仪

礼仪案例

B公司新建的办公大楼需要添置一系列办公用具，价值数百万元。B公司总经理决定从A公司购买这批办公用具。

某天，A公司销售部负责人打电话告知要上门拜访。B公司总经理打算对方来后就定下这笔生意。

不料对方比预定的时间提前2个小时到达。原来对方听说B公司的员工宿舍要在近期内落成，希望员工宿舍需要的设备也能向他们购买。为了谈妥这件事，A公司销售部负责人准备了大量资料。B公司总经理没料到对方会提前到访，刚好有事，便请秘书让对方等一会儿。这位销售部负责人等了不到半小时，就显出不耐烦了，他一边收拾资料一边说"我还是改天再来吧"。

这时，B公司总经理发现对方将自己的名片掉在了地上，而对方并没发觉，还从名片上踩了过去。但这个无心之举令B公司总经理改变了初衷。A公司不仅失去了与B公司商谈员工宿舍设备购买计划的机会，价值数百万元的生意也告吹了。

这个失误看似很小，其实是不可原谅的。名片在商业交际中是一个人的化身，是名片主人的"自我延伸"。弄丢了对方的名片已经是对他人的不尊重，更何况还踩上一脚，顿时会令对方产生反感。

名片是现代社会生活中一种精致而实用的交际工具，是一种最为经济实用的介绍性媒介。现代社会人际交往中，一张做工考究的名片，不仅是一个人身份、地位的象征，还是一个人尊严和价值的体现，也是使用者要求社会认同、获得社会理解与尊重的一种方式。名片上一般印有公司名称、头衔、姓名、联络电话、地址等，有的还印有业务介绍及个人的照片。有人把名片称为另一种形式的身份证。所以，在交往中，熟悉和掌握名片的有关礼仪是十分必要的。要使名片在人际交往中正常地发挥作用，应重视其礼仪效应，恰到好处地使用名片。

（一）名片的用途

1. 自我介绍

名片最主要的用途是介绍自身。会客交友时，取出一张名片，自我的基本情况跃然纸上，让他人一目了然。名片在介绍中的好处是简明扼要、节省时间、介绍方便，能使对方印象深刻。口头自我介绍总是很简短，几乎只有姓名、单位，有时候职务不便介绍；而名片上面的信息较完整，便于他人多了解自己。

2. 结交朋友

在对他人有好感，希望与对方进一步交往的情况下，可以主动把名片递给对方。巧用名片，可以为结交朋友"铺路架桥"，但也没有必要每逢陌生人就递自己的名片。

3. 维持联系

名片犹如通讯录，利用它所提供的资料，即可与名片的提供者保持联系。当晋升职务、变换单位、迁居或更换电话号码时，送给亲朋好友一张注明上述变动的名片，等于及时而又有礼貌地打了招呼，还通报了本人的最新情况。把个人或企业的变更信息印在名片上送给朋友，可以使彼此联系更加畅通，使对方对自己或企业的相关情况了解得更加充分。正因为有了名片上提供的各种联络方式，人们的交往才变得更加方便。

4. 业务介绍与宣传

公务式名片上有所属单位、地址、经营范围等内容。在进行业务往来时，名片是公司的招牌，具有广告的作用，可使对方了解自己所从事的业务。利用名片也可以为本人及所在单位进行业务宣传，扩大交际面，争取潜在的合作伙伴。

5. 拜访他人

初次前往他人住所或单位时，可以把自己的名片交给对方的接待者，由其转交给被拜访者，以便对方确认，再决定是否会面。这种做法比较正规，可以避免冒昧造访引起他人反感。

（二）名片制作礼仪

1. 名片的一般规格

常见的标准名片有两种，即普通名片与折卡名片。普通名片的设计尺寸为55毫米×90毫米，折卡名片的设计尺寸为95毫米×90毫米。

名片的色彩切忌鲜艳、花哨，讲究淡雅端庄，以白色、米色、淡蓝色、淡黄色、淡灰色为宜。但是现在有些人为了突出自己的个性，给对方留下深刻的印象，在名片设计时别出心裁，使名片呈现心形、树叶形等，材质也五花八门。这类名片虽有特色，但不宜在严肃的商务活动中使用。在比较正式的商务场合一般要用正规的名片，即较为规则的长方形纸质名片。

2. 名片的主要类型

1）社交名片。此类名片用于社交场合，以及新朋友交换或与老朋友联络时，内容一般包括姓名、地址、邮政编码、电话、邮箱等。

2）商务名片。此类名片用于商务场合及拜访客户等，内容包括姓名、单位名称、单位地址、邮政编码、职务等。

3. 名片的主要内容

除单位名片外，通常一张标准的名片应包括以下三个方面的内容：本人所属的单位及自己所在的具体部门；本人的姓名、学位、职务或职称；与本人联络的方法，包括单位地址、办公电话号码、住宅电话号码和邮政编码等。

此外，名片上还可酌情列出本单位的传真号码。注意，商务名片一般不提供本人家庭住址。

名片的背面可以印上相应的英文，以便对外交往时使用。有些名片背面印有公司的简介、经营范围、产品及服务范围，以方便客户了解和扩大宣传。

（三）名片使用礼仪

1. 递送名片

（1）递送规则

递送名片时，态度要恭敬，表示对方能接受自己的名片很荣幸。递送名片时还应注意以下规则：用双手的大拇指和食指拿住名片的两个角，将名片正面对着对方，以便对方观看；起立或者欠身递送，身体前倾，面带微笑，注视对方，态度要庄重大方，动作要轻缓；还要说如"请关照""欢迎联系""请多指教"之类友好客气的话语等。

（2）递送顺序

一人对一人时，地位低者将名片递给地位高者；一人对多人时，按照地位由高到低、由近到远的顺序递送名片。

2. 接受名片

接受名片时，应起身或欠身，面带微笑，恭敬地用双手的拇指和食指接住名片的下方两角，并轻声说"谢谢"或"久仰大名"等。接过名片后，认真过目阅读，最好能小声地读出来，尽快记住对方的主要信息，以示尊重。双方同时交换名片时，可以右手递名片，左手接名片。

3. 索取名片

索取名片有以下几种方法。

（1）交易法

交易法是指"将欲取之，必先予之"。也就是说，想要索要别人的名片时，可以先把自己的名片递给对方，而不回赠名片是失礼的行为，这时对方一般也会回赠名片。

（2）谦恭法

谦恭法是指在索取对方名片之前，稍作铺垫，以便索取名片。例如，见到一位电脑专家时可以说："认识您我非常高兴，虽然我研究电脑已经四五年了，但是与您这种专业人士相比差远了，希望以后有机会能够继续向您请教，不知道以后如何向您请教比较方便？"前面一席话都是铺垫，只有最后一句话才是真正的目的——索取对方名片。谦恭法一般是对地位高的人使用的，而对平辈或者晚辈就不太适用。

（3）联络法

面对平辈和晚辈时，不妨采用联络法。联络法的典型说法是："认识您太高兴了，希望以后有机会能跟您保持联系，不知道怎么跟您联络比较方便？"

4．存放名片

接过别人的名片后切不可随意摆弄或扔在桌子上，也不要随便地塞进口袋或丢在包里，而应放在衬衣左侧口袋、西装的内侧口袋或名片夹里。注意：口袋不要因放置名片而鼓起来，不要将名片放在裤袋里。

（四）名片使用注意事项

1）名片要放在易取的地方，应平整干净。
2）接过名片后应仔细看，切忌随手放在一边或桌上。
3）切忌用手玩弄名片。
4）不允许随意涂改名片。
5）对方递来名片时，自己应表示感谢，当自己没带名片而不能回赠时要表示歉意。
6）男士不宜主动给自己朋友的妻子或女朋友留名片，以免发生不必要的误会。

六、握手礼仪

握手礼多用于见面时的问候与致意。例如，对久别重逢和多日不见的老朋友，以握手表示对对方的关心和问候；人们彼此之间经过他人介绍相识，通过握手，向对方表示友好和愿意与对方结识；告别时，以握手表示愿意保持联系并期待再次见面。

（一）握手的历史起源

据说握手礼起源可以追溯到人类"刀耕火种"的原始社会。有一种说法是，在原始社会，人们时常手上拿着石块、棍棒等"武器"以防不测。当人们在路上遇到不属于自己部落的人时，如果双方都没有恶意，就主动放下手中的东西，双手伸开让对方摸掌心，表示自己手中没藏着武器，以此来证明自己的友好、亲善。这种习惯逐渐演变成今天见面和告辞时的握手礼节，被大多数国家所采用。

还有人说，中世纪骑士在格斗中势均力敌时，会脱下铁盔铁甲，把平时持剑的右手伸向对方，证明手中没有武器，相互握手言和，后来便演变为国与国之间握手言和的礼仪。

（二）常见的握手方式

不同的人握手时掌心朝向不同、时间长短不同。握手礼包括多种不同的握手方式。了解这些，既有助于我们通过握手了解交际对方的性格、情感状况及待人接物的基本态度，也有助于我们在实际交往中根据不同的场合、不同的对象去应用各种具体的交往方式。

1）支配式握手，又称控制式握手，是以掌心向下或向左下的手势与对方握手，表达自己的优势、主动、支配地位或高人一等的握手方式。据说丘吉尔经常使用这种握手方式。

将支配式握手用于商务谈判中，一般是想给对方下马威，以示强悍或威胁，平等交谈的场合则不宜使用。特别是对上级、长辈，这样握手容易引起对方的反感。商务人员在商务沟通的过程中千万不能用这种握手方式，否则容易使客户对你产生戒备心理，不利于业务的开展。

2）谦恭式握手，又称乞讨式、顺从型握手，是以掌心向上或向左上的手势与对方握手的方式，此握手方式表现出对对方的谦卑恭敬。

3）双握式握手，又称扣手式握手，美国人称其为政客式握手。运用此种握手方式时用右手紧握对方右手的同时，再用左手加握对方的手背、前臂或肩部。

双握式握手表达的是热情真挚、诚实可靠，显示自己对对方的信赖和友好。从手背开始，对对方的加握部位越高，其热情友好的程度越深，表示更加亲切、感激、更加尊重对方，有时也表示有求于人。但此握手方式不能用于初次见面的人、仅有几天交情的人及异性，否则会令人怀疑你的动机和意图。

一般握手的亲密程度是双手相握→左手握腕→左手握臂→左手按肩→左手拥肩，越往后表明亲密程度越深。

4）死鱼式握手，也称无力型握手。采用此种方式握手的人，其手无任何风度、质感，不显示任何信息，给人的感觉就好像握住一条三伏天腐烂的死鱼。这种握手方式力量很轻，表示此人性格懦弱、优柔寡断、没有气魄、缺乏热情。这样的人可能对人冷漠无情，待人接物消极傲慢。

5）抓尖式握手。这种握手不是两手虎口相触对握，而是有意或无意地只握住对方的几根手指或手指尖部。女士与男士握手时为表示自己的矜持（庄重）与稳重，常采用这种握手方式。抓尖式握手经常使人与清高、冰冷联系在一起。采用此种握手方式的人会与对方保持一定的距离，纵然态度诚恳也会给人一种冷冰冰的感觉。

6）抠手心式握手。这种握手是两手相握后不是很快松开，而是双手缓缓滑落，让手指在对方手心适当停留。握手时让手指在手心轻轻滑过，无疑会使对方热血沸腾、情绪高涨。因此，抠手心式握手一般用于恋人、情人或心有灵犀的好朋友之间。

7）标准式握手，也称平等式握手。这种握手是一种单纯的礼节性的表达友好的方式，其动作标准：握手时两人相距约一步（约 75 厘米），上身稍向前倾 15°，伸出右手，四指并齐，拇指张开，掌心向左，两人的手掌与地面垂直相握，上下轻摇，一般以 2～3 秒为宜；右臂自然向前伸出与身体呈 50°～60°。除年老体弱、有病或身有残疾者外，都应站立握手。握手时，要双目注视对方，面带笑容，并使用适当的敬语，如"您好""见到您很高兴""恭喜""再见"等。

（三）握手的顺序

1. 一人对一人

在一人对一人的情况下，根据握手礼仪规范，一般遵守"地位高者先伸手"的原则，应由地位高者首先伸手，地位低者给予响应，不可贸然抢先伸手。在社交场合，男女之间握手，应由女士先伸手；长幼之间握手，年幼的要等年长者先伸手；上级和下级握手，应由上级先伸手。

2. 宾客之间

宾客之间握手，主人有向客人先伸出手的义务。在宴会、酒店或机场接待宾客，当客人抵达时，不论对方是男士还是女士，主人都应该主动先伸手，表示热情欢迎。而在客人告辞时，则应由客人首先伸手来与主人相握，在此表示"再见"之意。

3. 一人对多人

若是一个人需要与多人握手，则握手时需要讲究先后次序，即先年长者后年幼者，先老师后学生，先长辈后晚辈，先已婚者后未婚者，先女士后男士，先上级后下级，先职位、身份高者后职位、身份低者。

注意：在商务场合，握手时伸手的先后次序主要取决于职位、身份高低；而在社交、休闲场合，则主要取决于年龄、性别、婚否。

（四）握手的禁忌

1）不要戴着帽子和手套与他人握手，但女士在社交场合戴着薄纱手套与人握手是被允许的。

2）握手时，不要左顾右盼、心不在焉或面无表情。

3）握手时，不要左右晃动或僵硬不动。

4）握手时，不要用力不当，敷衍鲁莽。

5）握手时，不要用左手同他人握手。

6）握手时，时间不要过长，以免让人无所适从。

7）握手时，不要另一只手插在裤袋里或拿着东西。

8）握手后不要马上擦拭自己的手掌。

9）手不干净则不要与他人握手。

10）不要拒绝与他人握手。

11）握手时不要争先恐后，造成交叉握手，要等他人握完再伸手。

课后训练与实践

第二节　交谈礼仪

导入案例

某人请 5 个人吃饭，等了很久还有一个没到。见此情景，主人说道："该来的怎么还没来？"

客人甲听了，心想："这不是说我们不该来的倒来了吗？真气人！"于是说："对不起，我有点儿事，得先走了！"

主人见他走了，很着急，就说道："不该走的怎么走了呢？"

客人乙心想："这分明在暗示我该走却赖着不走。"于是说："我有点儿事，失陪了。"主人更着急了，脱口而出："唉，他俩真多心，我说的又不是他们！"

客人丙、丁大怒，心想："那你说的肯定是我们俩了！"于是他们铁青着脸一言不发，拂袖而去。

一场宴席还没有开始就不欢而散。也许这只是一则笑话，但是告诉了我们表达的重要性。

思考：为什么会发生这样的事情？

亚里士多德曾说："交谈由谈话者、听话者、主题等三个要素组成，要达到施加影响的目的，就必须关注此三要素。"语言作为人类的主要交际工具，是不同个体沟通的桥梁。在社交中，不注意交谈的语言艺术，或用错了一个词，或多说了一句话，或不注意词语的色彩，或选错话题等而导致交往失败或影响人际关系的事时有发生。

因此，在交谈中必须遵从一定的规范，如此才能达到双方交流信息、沟通思想的目的。从广泛意义上来讲，交谈是人们交流思想、沟通感情、建立联系、消除隔阂、协调关系、促进合作的一个重要渠道。

一、话题技巧

所谓话题，是指人们在交谈中所涉及的题目范围和谈话内容。话题是一些由相对集中的同类知识、表述语汇和语气风格、信息构成的谈话资料及其相应的语体方式的总和。要营造良好的、融洽的谈话氛围，关键在于选择合适的话题。只有选择大家都感兴趣的话题，才能使交谈过程生动活泼、轻松愉快。在公众场合探讨什么样的话题，最能迅速反映出一个人的性格和生活品位，往往被视为个人品位、志趣、教养和阅历的集中体现。

（一）宜选话题

1. 选择既定的话题

既定话题即双方业已约定，或者一方先期准备好的话题，如征求意见、传递信息或研究工作等。

2. 选择内容文明、格调高雅的话题

文学、哲学、艺术、地理、历史和建筑等话题，其内容文明、格调高雅，适合作为各类交谈的话题。在交谈此类话题时忌不懂装懂。

3. 选择轻松的话题

轻松的话题主要包括文艺演出、流行时装、美容美发、体育比赛、电影电视、休闲娱乐、旅游观光、风土人情、名胜古迹、烹饪小吃、名人逸事和天气状况等。这类话题令人比较放松，适用于非正式交谈，允许各抒己见、任意发挥。

4. 选择时尚的话题

选择时尚的话题即以此时此刻正在流行的事物作为谈论的中心，但这类话题变化较快，不太好把握。

5. 选择擅长的话题

交谈中，应选择双方擅长的尤其是交谈对象有研究、有兴趣的话题。例如，青年人对于体育运动、流行歌曲、影视明星的话题较多关注，而老年人对于健身运动、饮食文化之类的话题较为熟悉；普通市民多关注家庭生活、个人收入等，而公职人员多关注时事政治、国家大事；男人多关心事业、个人的专业，而妇女对家庭、孩子、物价、化妆和服饰等更为津津乐道。

（二）忌选话题

1）不要打探、讨论对方的隐私，包括收入、年龄、婚姻、健康、经历、私生活等。
2）不要在众目睽睽之下，较多谈及自己或自己的家人。
3）话题不要太专业化或总是以与自己有关的事情为话题。
4）不要在别人不幸的时候讨论自己的好运气。
5）不要选择让对方感到沉闷、压抑、悲哀、难过的话题。
6）不要选择另一方一无所知的话题。
7）不能嘲笑其他人的糗事。
8）不要谈论朋友的身体特征。
9）不要在社交场合讲低俗的段子。
10）不要谈论格调不高的话题。
11）回避不利于宗教、民族团结的话题。
12）不要非议国家和政府。
13）不要谈论涉及国家、行业和单位秘密的话题。

（三）扩大话题储备

人们的经历、兴趣、职业、学习状况存在差异，每个人所熟悉的话题也各不相同，都会有一定的局限性，因此我们必须尽量扩大话题储备。对话题广度影响较大的是自身的学习状况和进取精神。一个人如果有理想、有追求，思想境界高，而且刻苦学习、事事关心，拥有较多的朋友，把看到、听到的东西有意识地加以记忆和积累，就会变得学识渊博，加之视野开阔，知识面自然会比常人广得多。

（四）避免冷场

在谈话中时常会出现冷场，这时就需要迅速寻找下一个话题。在与熟人、朋友交谈时，作为谈资的话题很多。在与陌生人或是不太熟悉的人交谈时选择比较简单的话题较安全，这样不容易引起误会。正是这些简单的话题可能引出有意义的甚至是精彩的谈话。

总之，谈话的本质是一种交流与合作，在选择交谈话题时，应当多为谈话对象着想，根据对方的性别、年龄、性格、民族、阅历、职业、地位来选择适宜的话题。正是由于交谈各方往往有着不同的性别、年龄、阅历和职业等条件，交谈中经常会发现彼此有不同的兴趣爱好、关注的话题等。遇到此种情况，应当本着求同存异的原则，选择双方都感兴趣的话题作为谈话内容，使各方在交谈过程中有来有往、彼此呼应、热情参与、皆大欢喜。如果选择了双方都不感兴趣或者只有一方感兴趣的话题，交谈只能不欢而散。因此交谈必须"求同"。如果交谈各方对某一问题产生了不同的意见或观点分歧，不妨心平气和地向对方摆明自己的观点，进行适度的辩论，但一定要注意风度。如果谁也不能说服谁，就应当克制自己的情绪，保留歧见。切不可为了强行说服别人而争得面红耳赤，导致不欢而散。因此交谈必须"存异"。

二、表情举止

（一）交谈表情

表情是仅次于语言的一种交际手段。交谈时表情应自然，目光应专注，或注视对方，或凝神思考，从而和谐地与交谈进程、交谈内容相配合。与下级谈话，应当亲切而温和；与上级谈话，应当恭敬而大方。俗话说"眼睛是心灵的窗户"，眼睛的表现力是极强的，眼神能够明显、自然、准确地展示人的心理活动。在人的千变万化的面部表情中，微笑与眼神是最具有礼仪功能的。

1. 微笑

微笑是一种情绪语言，它在人际交往中发挥着重要的作用。在不同的场合、面对不同的情况，用微笑来接纳对方可以反映出一个人高超的修养、待人的至诚。微笑是处理好人际关系的一种重要手段。微笑的要求：发自内心，自然大方，和蔼亲切。

2. 眼神

在交谈中，人们都期盼别人看着自己的眼睛，通过目光接触可以更好地了解对方的思想和情感。当一个人用诚恳、坦然、友好的眼神看着对方的眼睛的时候，表示他在诚恳、认真地听，这样会让人产生亲近、信任、受尊敬的感觉。在工作中，热情、友好、轻松、自然、自信与认真的眼神及真诚的微笑，会让人觉得和蔼可亲，值得信赖；而游离、茫然、轻蔑的眼神，则会让人产生被轻视、不被重视的感觉。因此，交谈中不但要观察别人的眼神，也要把握好自己的眼神，应采用恰当的目光反馈，使整个交谈融洽而和谐。

当然，由于场合的不同、交往对象的不同，目光所及之处和注视区间是有差别的。见面时，不论是熟悉的人还是初次见面的人，不论是偶然见面还是约定见面，首先都要正视对方片刻，面带微笑，表达喜悦、热情的心情；对初次见面的人，还应微微点头，行注目礼，表达尊敬和礼貌。

在进行业务洽谈、商务谈判时，目光要有神、坚定、诚恳。目光局限于两眼底部、前额上部为顶点所连成的三角区。因为注视这一部位能造成居高临下、气势上压住对方的氛围，所以多为商人、外交人员采用。

在做商业服务时，目光要平视，并且要表现出自然、稳重、亲切，应使目光局限于上至对方额头、下至对方上身第二个纽扣以上。注视这一区域容易使对方感到受尊重，从而创造良好的服务气氛。

（二）交谈举止

人们在交谈时往往会伴随一些有意无意的动作举止。这些肢体语言通常是自身对谈话内容和谈话对象的真实态度的反映。因此，我们必须对自己的举止予以规范和控制。

1. 交谈距离

每个人都会下意识地为自己划定一个私人的空间距离，如果他人无意识地闯进自己的私人领域，一般人会感到紧张和不安。因此，交谈时，要注意使双方都处在私人的空间领域之外。私人的空间距离随着双方关系密切程度的不同而不同。原则是：双方关系越密切，私人的空间距离就越小；双方关系越疏远，私人的空间距离就越大。一般来说，私人的空间距离的半径在 0.5～1 米，只有双方关系特别密切时才可以在 15 厘米以内。

2. 交谈手势

交谈手势虽然有助于表情达意，但并非所有的手势都会为自己的谈话增色，有时会起反效果。

恰当的手势应该是：自然大方，任何做作的手势都是让人讨厌的；手势应该适可而止，不可幅度过大，不可太频繁；手势与谈话内容应该一致。注意：手势的使用要正确，不同地区和国家，手势的使用是有差别的。

适度的举止既可表达敬人之意，又有利于双方的沟通和交流。例如，发言者可用适度的举止来补充说明其所阐述的具体事由，倾听者则可以点头、微笑来反馈"我正在注意听""我很感兴趣"等信息。另外，交谈时要避免过分、多余的动作。与人交谈时可以配合动作，但动作幅度不可过大，更不要摇头晃脑、手舞足蹈，切勿在谈话时心不在焉、东张西望，或做出一些不雅的动作。交谈时应尽量避免打哈欠、伸懒腰、身体后仰、不停地抖腿，更不要在交谈时以手指指人。

三、交谈声音

语言变化主要是声调、语音、语速和音量的变化，如果这些要素变化运用得好，会为交谈增加光彩，为讲话者增添独特的魅力。

（一）控制声调、语音

声音也是表现个人魅力的重要元素。在与人交谈时，深厚、宽音域的声音能够让人觉得舒服，过于尖利或者刺耳的声音则会让人难以忍受。注意：避免将讲话的力气都集中在喉部。

（二）控制音量

谈话音量应以让对方听见和听清为准，音量不要过高过大，否则会让人反感；在与人交谈时，试着把自己的声音降低，会收到意想不到的效果。当然，音量太小，或声音过于低沉、单调平板、有气无力，也会让人有平淡乏味、昏昏欲睡的感觉。所以，在讲话时保持适中的抑扬顿挫的音调，会让人感到自己对交谈的话题很有兴趣。

（三）语速适中

交谈时，语速应适中，讲话过快会让人听不清楚、听得吃力；而讲话过慢则会让人着急，失去耐心。最好在讲话的过程中留一些停顿，以便让人有一个反应的过程。

四、交谈语言

（一）礼貌用语

常用的礼貌语包括：

1）请、对不起、麻烦您、劳驾、打扰了、好的、是……
2）您好、××先生或小姐、欢迎、贵公司、请问、哪一位、请稍等、抱歉……
3）没关系、不客气、见到您很高兴、请指教、有劳您了、请多关照、拜托、再见（再会）、非常感谢……

📋 礼仪案例

小王是刚刚参加工作的秘书，一次奉命接待公司的一位客户。

客户来到公司大厅，小王走近客户说："陈先生，我们经理让你上楼去谈。"

这位陈先生一听，心想："我又不是你的下属，凭什么让我上去就上去，哪有这样做生意的？"一气之下客户对小王说："你们要想做生意，自己来找我，我回宾馆了。"

（二）谦敬用语

1. 称呼

称呼尊长可用老先生、老同志、老师傅、老领导、老首长、老伯、大叔、大娘等；称呼平辈可用老兄、老弟、先生、女士、贤弟、贤妹等；自谦可用鄙人、在下、愚兄、晚生等。

2. 敬辞

称姓名敬辞可用贵姓、尊姓大名、尊讳、芳名（对女性）等；称年龄敬辞可用高寿（对老人）、贵庚、尊庚、芳龄（对女性）等；称住处可用府上、尊寓、尊府等；称见解可用高见、高论等；称身体可用贵体、玉体等。

3. 自谦

称姓名可用草字、敝姓等；称朋友可用敝友等；称住处可用寒舍、舍下、蓬荜等；称见解可用愚见、拙见等；称年龄可用虚度××。

4. 祈使语

请人提供方便、帮助可用借光、劳驾、有劳、劳神、费心、操心等；托人办事可用拜托；麻烦别人或打断别人可用打扰；求人解答可用请问；劝告别人可用奉劝；邀请别人可用大驾光临、欢迎光临、恭候光临；请别人不要送可用请留步；请别人提意见可用请指教、请赐教；请别人原谅可用请包涵、请海涵。

5. 迎送语

欢迎顾客可用欢迎光顾、敬请惠顾；初次见面可用久仰、久仰大名；许久未见可用久违；访问时可用拜访、拜望、拜见；没有亲自迎接可用失迎、有失远迎；自责不周可用失敬；拜别可用告辞、拜辞；送别可用请留步、请回、不必远送；中途辞别可用失陪。

6. 其他

归还东西可用奉还；赠送东西可用奉送；陪伴可用奉陪；祝贺可用恭贺；请对方宽容可用恕……

五、谈话礼仪

（一）说服礼仪

说服，即在交谈中对他人郑重其事地加以劝告，劝说其改变立场、改正错误。说服他人要讲究一定的方式、方法，应考虑到对方的合理需要。人生在世，要求得生存和发展，必然有各种各样的需要，包括物质的、精神的、生理的等，了解到这些，双方交谈也就有了共同的语言，就可以从这些方面入手有的放矢地去说服对方。

说服过程中必须把握对方的心理，入情入理地帮助对方发现和满足其需要，针对其特定需要来劝说。如果对方认识到他的需求与你的观点、主张等可以求得一致，接受你的劝说可以满足他的某种需求时，他也就会认可你的劝说。反之，对方会持与你不同甚至对立的意见。

人有的时候一旦固执己见、自以为是，或者沉醉入迷、心灰意冷，往往很难听得进别人的好言相劝。要想在这种情况下说服人，是很困难的。但巧用类比，有时可起到意想不到的效果。另外，我们还可以通过对比说服对方。例如，将双方的观点进行比较，通过对比证明对方思路有失偏颇，存在漏洞，同时阐明自己观点的正确，让对方在对比中权衡利弊，以放弃他的观点。有时候，人们会忘却某些教训。但切肤之痛毕竟感受深刻，只要他人提及，其利害得失不难记起。了解对方，并设身处地为对方着想，只有这样才会缩短心理距离，才容易打动对方。对一些听不进劝告的人，可以给其讲述自己亲身经历的类似事件，利用两件事的相似之处，或借甲事说乙事，让对方有所感悟，以达到委婉说服的目的。

（二）批评礼仪

批评就是对他人的缺点提出意见。批评往往会使对方产生一种对立情绪，如果批评的方式不得当，就很容易给双方的关系和工作带来消极的影响。因此，当你要对别人发表看法，对他人的错误进行批评时，一定要掌握批评的礼仪。

批评他人，可以从自身谈起。在批评他人之前，可以先谈一谈自己从前做过的类似的错事。这样一方面可以为对方提供活生生的例证，让他从例证中认识到犯错的严重后果；另一方面也可以拉近彼此的心理距离，营造出心胸开阔、坦诚相见的良好的批评氛围，从而使对方更容易接受。有时候，碍于所处的场合或批评对象的面子，批评者不便以过于直白的方式进行批评。这时候，批评者可以不明确表明自己的态度，而将批评之意蕴藏在中性的表白之中，既不破坏特定场合的气氛，又能够使批评对象领会其批评的意图，并引起所有在场者的思考。

有时候批评也需要营造适宜的氛围，因为在冷冰冰的气氛里很难收到良好的批评效果。如果在批评之前先表示对对方某一长处的赞赏，肯定对方的价值，满足其某种心理需要，就能够营造出良好的气氛，这样既削弱了批评本身让人难以接受的程度，又使被批评者不致产生逆反心理。

在批评中引入幽默是调节气氛最好的方式，可以达到意想不到的效果。但如果把握不好往往会使批评带有讽刺的意味，这样就会招人反感。

另外，在批评他人时，要善于运用词汇。例如，"意见"和"建议"两词，相比之下，人们更容易接受建议而不是意见。建议性的批评可以削弱批评中的否定因素，营造出良好的解决问题、改进工作的气氛。在这样的气氛中，被批评者既不会从批评中感受到不快，又能够自然地放弃原先不正确的做法。

值得注意的是，当事人犯了错误，最忌讳别人说他的短处。批评者过多地纠缠于错误本身及其后果只会让他厌烦痛苦、丧失信心，甚至生发顶撞的心态。既然错误已经发生，倒不如既往不咎，引导犯错者着眼未来，为做好明天的事情而吸取教训、细心准备。许多人之所以做出错误的行为，并不是因为他不懂得行为本身的违法、违规和不道德性，而是一时被不良的念头所驱使。遇到这种情况，批评者可以采用含蓄的方式，暗示对方忽略了基本的道德尺度和法律法规，使之从贪婪的念头中清醒过来，从而自觉地放弃错误的行为。

课后训练与实践

第三节　拜访礼仪

导入案例

小张具有丰富的产品知识，对客户的需求也很了解。在拜访客户之前，小张总是会先了解客户的一些基本资料。小张常常以打电话的方式与客户约定拜访的时间。

现在是下午4点刚过，小张5点半有一个约会。为了充分利用这段时间，小张便打电话与客户约定拜访的时间，以便为下星期的推销拜访做安排。

打完电话，小张拿出数十张卡片，卡片上记载着客户的姓名、职业、地址、电话号码等资料及资料的来源。卡片上的客户都居住在市内东北方的商业区内。

小张选择客户的标准涉及客户的年收入、职业、年龄、生活方式和嗜好。小张的客户来源有三种：一是现有的顾客提供的新客户的资料；二是小张从报刊上的人物报道中收集的资料；三是从职业分类上寻找客户。

在拜访客户以前，小张一定会先了解清楚客户的姓名。例如，他想拜访某公司的执行副总裁，但不知道他的姓名，小张便会打电话到该公司，向前台人员询问副总裁的姓名。知道姓名以后，小张才进行下一步的推销活动。

小张拜访客户是有计划的。他把一天当中所要拜访的客户都选定在某一区域之内，这样可以减少来回奔波的时间。根据小张的经验，利用45分钟的时间做拜访前的电话联系，即可在某一区域内选定足够的客户供一天拜访之用。

思考： 小张的做法对你有什么启发？

拜访又叫拜会、拜见，是指前往他人的工作单位或住所，去会晤、探望对方，进行接触与沟通。在社会交往过程中，拜访是最常见的社交活动。作为商务人员，经常会有到其他公司拜访的机会。只有掌握拜访的礼仪规范，多注重礼节，才能够不损自己和单位的形象，才能够融洽感情、增进了解、提高交往的效果，从而为拜访增添色彩。要想成为受欢迎的拜访者，应注意以下几个方面的礼仪。

一、准备礼仪

（一）提前预约

提前预约是最基本的礼仪。在我们身边，经常有人不约而至，打乱受访者的工作或生活计划。这样很不礼貌，也是对主人的不尊重，既令人难堪，也使人不快。所以，当决定去拜访前，一定要记得事先与对方预约，简单说明拜访的原因和目的，确定拜访时间和地点，经对方同意以后再前往。

预约的方式有很多种，其中电话预约是最常用、最方便的预约方式。

拜访的时间和地点最好由对方来决定。商务性拜访宜选在对方上班时间。若去办公场所拜访，一般不要约在刚上班半小时和下班前半小时内；若到对方的家中拜访，不要选择吃饭和休息的时间；若去异性朋友处做客，尤其要注意时间安排，以对方方便的时间为宜。考虑到交通拥挤或其他影响因素，可约定一个较为灵活的拜访时间，如"我在上午 7 点半～8 点到达"，以免给人留下不守时、不守信的印象。

此外，在公务性拜访中，还要约定拜访参加人的身份和人数。

（二）准备周到

1）拜访必须明确目的，出发前对此次拜访要解决的问题应做到心中有数。如果是商务性拜访，尤其是一些重要的拜访，应事先做认真的设想、相应的准备和安排：拜访时是否与他人一同前往？需要商量什么事？如何与对方交谈？该说哪些话？拟请对方做哪些工作？自己需要做什么准备？是否需要准备名片、介绍信、笔、记录本、现金、合同或产品？所需资料是否齐全？另外，名片夹一定要放在容易拿取的地方。

2）拜访者的仪容仪表对拜访效果有直接影响。正式拜访前，要修饰好自己的仪容仪表，注意头发的整齐，妆容服饰的整洁、得体、大方，以及身体的气味，以免有损个人和公司的形象。

3）确定拜访时是否需要带礼物，如果需要，要有针对性地选择礼物。在人际交往中，向交往对象赠送适当的礼物，可以增进双方的理解，促进双方的友谊。礼品的选择要能反映送礼者的心意和思想感情，并使其与送礼者的形象有机地结合起来。

二、过程礼仪

（一）如期赴约

时间约定好后，拜访时尽量准时到达。一般来说，一旦约定拜访的时间，若无其他事情，双方应该严格遵守，不要轻易变动或失约。这是拜访活动中最基本的礼仪之一。

如果没按约定时间登门（也就是迟到），或因特殊情况不能按时到达，一定要给对方打电话说明晚到的原因，态度诚恳地致歉并取得对方原谅，以便被拜访者重新安排工作。必要时还需约定好下次拜访的日期、时间。

（二）拜访通报

进行拜访时，倘若抵达约定的地点之后，未与拜访对象直接见面，或是对方没有派员在此迎候，则在进入对方的办公室或私人居所的正门之前，有必要用电话向对方进行通报。

（三）进门礼仪

到他人办公场所或家中拜访，即使门是敞开着的，也应敲门或以其他方式告知主人，当有人应声允许进入或出来迎接时方可进门，切不可不打招呼自行闯入。如果门是关着的，有门铃则先按门铃，没有门铃则要敲门。

1. 按门铃方式

先按一下（有的门铃按一下就会连续响几声），如果屋内没有反应，再按一次。按住门铃不放，使铃声持续不停地作响的方式，暗含催促之意，是失礼的。

2. 敲门方式

较得体的敲门方式是用中指与食指的指关节有节奏地轻叩房门两三下，如果门没开，隔一会儿再敲两三下，切忌长时间连续不断地敲门。敲门的响度要适中，不宜太重太急或太轻，太轻别人听不见，太重太急别人会反感。敲门时，不可用整个手掌拍门，更不能用拳头使劲捶、用脚踢或大声呼喊受访人的名字，这都是不合乎礼节的。

（四）进门后礼仪

1. 进入办公室礼仪

在被引领到接待室时，不能像在自己的办公室那样随意。坐姿要规范，公文包放在自己的身边，外套应放置在合适的位置，不可随意乱扔、乱搭，接待人员递送茶水时应表示感谢。在等待过程中，不可与其他人大声说话或打电话，或乱翻对方公司的物品。

进入受访人的办公室，一般由接待人员引领进入。如果没有接待人员带领，自己进入时一定要轻叩对方的房门，得到对方的应允后方可进入。

见到受访人时，主动问候和寒暄的同时，递上自己的名片，说明自己的来意。一定要等对方伸出手后，方可与其握手。

如拜访的对象是相识的老朋友，则不必拘泥于礼节，但毕竟是办公区域，也不要过于随便。

注意自己的姿态，行为要大方得体。面对受访者，要站有站相，坐有坐相。

2. 进入家中礼仪

（1）进门寒暄

见面后，打招呼是必不可少的。如果双方是初次见面，拜访者必须主动向对方致意，简单地做自我介绍，然后热情大方地与被拜访者行握手礼。如果双方不是初次见面，主动问好致意也是必要的，这样可显示出你的诚意。拜访者进门后应随手将门带上，并在主人示意下脱下外套，摘下帽子、手套等物品（戴着墨镜，也要摘下来），将它们一起放在主人指定的地方，不可任意放置。去别人家里做客，进门时要记得询问主人是否需要换鞋。需要脱鞋时，应将鞋脱在门口，穿拖鞋后进屋；若无须脱鞋，则应先将鞋在门外的擦鞋毡上擦净灰尘后方可进屋。因为把鞋穿进屋内，会带入鞋底的尘土，女性的高跟鞋底还有可能破坏地板。换鞋就会露袜子，一定要保证你的袜子是干净、无破损、无异味的。如果主人没有示意，则表示无意让你进屋，这时不可匆忙地脱下衣帽。对室内的人，无论认识与否，都应主动打招呼，礼貌寒暄，但也不要随意攀谈或乱插话。如果你带孩子或其他人来，要介绍给主人，并教孩子如何称呼主人，之后按主人指示的座位坐下。

（2）举止礼仪

主人端茶送果时，应从座位上欠身，双手捧接，并表示感谢。上门做客最好不吸烟，非吸不可，应在主人敬烟或征得主人同意后，方可吸烟。主人递烟时，可接过并主动为主人点烟。坐姿要端正，不要东倒西歪，不能把整个身体陷在沙发内，也不要双手抱膝，更不要跷二郎腿。若觉得疲劳，可变换坐姿，但不能抖动两腿。女士应注意两膝要靠拢。

（3）不随意走动或翻动物品

在别人家里做客，是有一定的活动区域限定的，没有得到主人的示意不能随意走动，特别是不能随意进入主人的卧室。一般卧室是很私密的地方，除非你跟主人关系很熟悉，否则不能随意进入主人卧室参观，在会客厅就座即可。

另外，拜访者不能随意翻动主人的物品，对屋内观赏性的饰品可以稍作赞美，不可妄加评论。

（4）卫生间的使用

如果短时间拜访，尽量避免使用主人家里的卫生间。

（五）交谈礼仪

拜访时应尽量创造轻松的沟通氛围，有要事与主人商量或向对方请教时，在适当的寒暄后，应尽快表明来意，切入主题，不可过多询问主人家的生活和家庭情况。交谈时，要尊重主人，不可反客为主，喋喋不休；要做到"客随主便"，不要过于随意，也不要过于拘谨，不失礼节，以自然为宜。忽视交谈对象的反应，是谈话技巧之大忌，也是失礼的表现。

（六）时间控制

拜访交谈时，一定要把握好在对方的办公室或家里停留的时间，拜访时间不宜过久，毕竟受访者还会有其他的事情安排。要注意观察受访者的表情举止，谈话要适可而止。一般情况下，目的性的拜访，话题要明确；如果是礼节性拜访，话题要轻松。

礼节性拜访，尤其是初次登门拜访，应控制在 15 分钟至半小时，最长的拜访通常也不宜超过 2 小时。有些重要的拜访，往往需由宾主双方提前预订拜访的时间，绝不单方面延长拜访时间，不要因自己停留的时间过长而打乱对方既定的其他工作日程。

三、结束礼仪

在拜访期间，若遇到其他重要的客人来访，受访者有结束会见的意思表示，应立即起身告辞，或主人一方表现出厌客之意，应当机立断，知趣地告退；如果主人心神不定，不停地看表或接听电话，面露难色，欲言又止，说明主人已无心留客，这时就应主动提出告辞，也可以用一些动作示意即将结束此次拜访。例如，可以把交谈用的文件轻轻收拾好，或者把对方的名片慢慢放进名片夹内，然后慢慢起身，并伸手向受访者握手，表示感谢。

告辞时，即使主人有意挽留，也不要犹豫不决，仍须执意离去，但要向对方表示感谢。告辞前要向主人道别，出门时应与主人握手告辞，对引领你的工作人员表示感谢。

一般受访者会送客人到办公室门口或公司的办公区门口、电梯口，拜访者应该请对方留步，不必远送。出门后，拜访者应转身行礼再次道别。回到家后最好给主人打个电话，既让主人放心，又表达感谢之意。

课后训练与实践

第四节　接　待　礼　仪

导入案例

泰国某政府机构为一项庞大的建筑工程向美国工程公司招标。经过筛选，最后剩下4家候选公司。泰国派遣代表团到美国各家公司亲自商谈。

代表团到达芝加哥时，那家工程公司在忙乱中出了差错，没有仔细复核飞机到达时间，未去机场迎接泰国代表团。

泰国代表团尽管初来乍到不熟悉芝加哥，还是找到了芝加哥商业中心的一家旅馆。他们打电话给那位局促不安的美国经理。在听了美国经理的道歉后，泰国代表团同意在第二天上午11点在经理办公室会面。

第二天，美国经理按时到达办公室等候，直到下午4点才接到泰国代表团的电话："我们一直在旅馆等候，始终没有人前来接我们，我们对这样的接待实在不习惯。我们已订了下午的机票飞赴下一目的地，再见吧！"

思考：泰国代表团为什么会"不习惯"？

中国是礼仪之邦，自古以来讲究以礼相待。迎来送往，是社会交往接待活动中最重要的环节，是表达主人情谊、体现礼貌素养的重要方面。热情友好地欢迎来客，可以给客人留下良好的第一印象；周到、礼貌地送别宾朋，可以给客人留下美好的回忆，为以后的往来奠定基础。因此，懂得迎来送往的接待礼仪非常重要。

一、准备礼仪

（一）制订接待方案

在商务活动中，对前来访问、洽谈业务、参加会议的客人，公司负责接待的工作人员要制订好接待方案，首先要对客人数量、身份、工作单位、级别、性别、姓名、职业，以及客人来访的目的、要求、时间长短等因素进行详细的了解，确定客人的迎送规格。根据客人身份、职务等级等的基本情况，安排不同人士迎接，级别较高的客人由有关领导亲自迎接；对于一般客人，可以由部门负责人或有关领导的秘书代为迎接。确定接待人员的分组，详细地列出陪同人员及迎送人员名单；事先准备好即将启用的交通工具；预算支出费用，从而方便日后的工作；制订接待过程中的活动方式及日程安排。接待方案制订好以后，应报送企业领导予以审批。

如果需要到车站、码头、机场迎接，则迎接计划中需要确定以下几个方面的问题。

1. 确定谁迎送

一般应首先了解对方到达的车次、航班，再安排与客人身份、级别、职务相当的人员前去迎送。若因某种原因相应身份的主人不能前往，前去迎接的主人应向客人进行礼貌的解释。主人到车站、机场去迎接客人，应提前到达，恭候客人的到来，绝不能迟到，让客人久等。

2. 确定食宿安排

在客人到来之前，按照客人的具体情况安排食宿。可根据因公出差开支标准安排，不要过高，也不要过低。要求为客人准备的住宿环境必须整洁、安静。

3. 安排物品

一方面，要安排好车辆。安排什么车型，要根据对方的人数、行李多少及对方身份来确定。另一方面，准备好接待的各种物品，如烟、茶、果、点心、咖啡、热冷水或矿泉水，以让客人感受到主人的热情。茶具尽量是瓷杯，因为这样的材质不仅不烫手，而且显得很正规。茶杯必须经过严格的消毒，不要疏忽这一点。有的公司接待客人爱用一次性纸杯，虽说省事方便，但从礼仪的角度来讲，这并不符合规范。

（二）布置待客环境

尽力布置一个令人愉悦的待客环境，整洁有序是最基本的要求。从公司的前台接待到办公区域或是家中的每一个角落，都应该干净、整洁。不需要的纸屑一定要扔进垃圾桶，桌面一定要保持干净，不能有灰尘等，办公室或家中要保持空气清新。

（三）接待人员礼仪

接待人员的仪容仪表、言行举止、礼貌礼节，不仅表现出接待人员自己的生活态度，更展示了公司的整体形象。对于初次来公司的外单位人员来说，接待人员是公司形象、企业文化最直接、最直观的宣传。

接待工作看似简单，却具有特殊性，注重接待人员的综合素质。因此，接待人员的礼仪非常重要。接待人员要做到以下几点。

1. 仪容仪表符合职业要求

接待人员应品貌端正，发饰、服饰、化妆应尽量淡雅，衣着要力求整洁、端庄、得体、高雅、稳重、大方，避免佩戴过于夸张或有碍工作的饰物。

2. 言行举止规范

接待人员应具有一定的文化素养，受过专门的礼仪、形体、语言、服饰等方面的训练；举止大方，口齿清楚，说话有分寸，措辞谨慎到位，有礼有节；站、坐、行、引领等肢体动作不夸张，优雅得体。

3. 待客热情有度

只有热情才能体现诚意。接待人员的热情或冷漠，有可能带给公司利益或损失。如果是家庭接待，也不要忽视待客的仪表仪容，着装要整齐得体，女主人可略施淡妆，这也是对客人的礼貌。穿睡衣待客或衣着不整、蓬头垢面都是失礼的表现。

（四）准时候客

与客人约好接待见面的时间后，一定要守约，不要让客人扑空。如果有急事，应与客人取得联系，并告知缘由。

二、招待礼仪

（一）迎接礼仪

"有朋自远方来，不亦乐乎"，对于来访者（来客），不管是预约好的，还是不速之客，都要热情接待。不速之客大都有不得已的理由，来不及或不方便预先通知，所以应体谅对方。

当客人来访，听到敲门声或门铃声时，接待人员应立即起身迎接。接待人员应主动微笑相迎，表示欢迎。尤其是前台接待人员，一定要起立相迎，礼貌地问明客人的身份和来意，并请客人到接待室交谈。

1. 接待没有预约的客人

对于没有预约的客人，应该与有关的工作人员取得联系，如果相关人员不便接待或因某种原因不予接待，应该有礼貌地向其说明情况，不可直接把客人晾在一边，或态度冷漠。如果客人到来，要拜访的负责人不在，要明确告诉对方负责人的去向，以及何时回来。若客人愿意等，应该向客人提供饮料、杂志，还应该隔一段时间为客人续茶水。

2. 接待有预约的客人

对于有预约的客人，可根据具体情况，或在办公室、大门口、楼梯处迎接客人，或在车站、码头、机场迎接客人。对前来访问、洽谈业务、参加会议的外国、外地客人，应到车站、码头、机场迎接。当客人走下车、船、飞机时，主要迎接人员应走上前去欢迎、握手、问候。如果双方从未见过面，迎接人员应举起提前制作好的迎接牌迎接。如果没有准备迎接牌，相互间电话联系沟通时，要说清楚自己在什么地方恭候，还可以告知对方能识别自己的特征。如果接待的是贵宾，有必要的话，接待人员可以联系机场、火车站的服务部，准备鲜花。接到贵宾以后，由礼宾工作人员将主人介绍给来宾，再由主人向来宾一一介绍其他迎接人员。

3. 乘车礼仪

前去接待客人的车辆要适当，不能过于拥挤，安排时要考虑行李所占的空间。车辆应提前到达，耐心等候安排座次时，要分清主客立场。下车时，接待人员应当为客人打开车门，并且关好车门。

主人亲自开车去接待，车辆座次安排如图 8-1（a）所示（其中 1、2、3、4 分别代表地位由高到低）。专职司机开车去接待，车辆座次安排如图 8-1（b）所示（其中1、2、3、4 分别代表地位由高到低）。

如果客人坐错座位顺序应怎么办？乘车要遵从"主随客便"，只要不是参加非常重要的活动，如果客人做错座位，不用过分墨守成规，只要客人觉得合乎礼仪，就要遵从客人的本意。

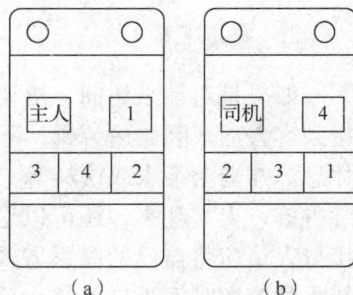

图 8-1　车辆座次安排

4. 引导礼仪

（1）行进中的引导

在行进中，以右为尊，接待人员走在客人的左前方 1～1.5 米处引导。

（2）上下楼梯的引导

当引导客人上楼时，应该让客人走在前面，接待人员走在后面；下楼时，接待人员应走在前面，客人在后面。

（3）电梯的引导

引导客人乘坐升降式电梯时，若电梯无人驾驶，标准化做法是先入后出。接待人员先进电梯，一手按"开"，一手按住电梯侧门，对客人礼貌地说："请进！"到目的地后，一手按"开"，一手做请出的动作，并说："到了，您先请！"客人走出电梯后，自己立即步出电梯。

有人驾驶的电梯：一般的标准化顺序是客人先进先出，接待人员后进后出。

（4）进出接待室或办公室的引导

到达接待室或领导办公室门前时，接待人员应用手指示，并对客人说"这里就是"，如果是领导办公室，要先敲门再进。若门是向外开的，要主动拉开门，请客人先进；若门是向里开的，则自己先进去，按住门，再请客人进入。

（二）款待礼仪

将客人引领到接待室等待，或得到受访者的同意，直接引入受访者的办公室。如果来访者需要与领导或其他人员会谈，应请客人到适当的谈话场所。

当客人与领导见面时，接待人员要进行介绍，介绍完毕后应主动退出领导办公室。

1. 奉茶倒水

接待人员在给客人倒茶水时，首先应征求客人的意见，需要热饮还是冷饮，喜欢喝茶还是咖啡。倒茶时，注意倒"浅茶"，即杯子的七分满即可。递茶水时，应该从来访者身份最高的那位开始，如果不清楚客人的身份，则应该从上席的位置先上茶，或者给自己不熟悉的客人先倒茶。

2. 安排下榻

如果是对前来访问、洽谈业务、参加会议的外国、外地客人，到车站、码头、机场接到客人后，因旅途劳顿，不宜立即谈公事，最好先将其引领到待客厅、会议室或住所休息，并端上茶水或饮料等；也可以向客人介绍一下住所的环境、情况，以及当地的名胜古迹、人文趣事，还可以送上事先安排的日程表，并征求客人的意见。稍作介绍后，接待人员应将自己的联系方式留下，然后告诉客人稍作休息后如何联络、如何就餐。接待人员停留时间不宜过长，应尽快离开，给客人留下充足的休息时间。

3. 组织活动

客人食宿问题安排好以后，应该按照接待方案组织客人参与一系列活动，如商务洽谈、参观游览等。客人在商务洽谈、游览等活动中所提出的意见必须及时向有关领导反馈，尽可能满足客人需求。活动结束后，安排时间让有关领导和客人见面，以示对客人的尊敬。倘若整个活动过程中客人都没有见到公司领导，必然会对公司产生看法，影响公司整体形象。

4. 宴请

宴请时，主人应先征询客人的意见，包括宗教、民族饮食禁忌等。

三、送客礼仪

人们常说"迎人迎三步，送人送七步"，可见送客礼节的重要性。

（一）告辞

除非有重要的事宜需要马上处理，并且主要事宜已落实，接待人员可以主动暗示接待工作结束，否则尽量不要主动结束接待工作，以免有"赶人"之嫌。

送客时，接待人员应主动为客人开门，把客人送到合适的地方道别。根据实际状况，一般送客应至室外。重要的客人还应送至电梯口、楼下、大门口。千万不要在客人还没走远的时候，就转身回房关门且发出响声。试想客人礼貌性地回首与你再次道别，却看不到你，心里的滋味肯定不好受，这样也很失礼。

对于远道而来的客人，接待人员应根据实际情况将其送到码头、机场或车站。

（二）安排返程

如果客人有意要走，则应按照客人要求为其安排返程时间，尽快为其预订机票、车船票，安排专门人员和车辆为客人送行。具体安排如下：

1. 主动协助

首先，协助外地客人办好返程手续。接待人员应准确掌握客人离开本地的时间、乘坐的交通工具；提前为客人预订车、船、机票后，尽早通知客人，让其做好返程的准备并派专车将客人送往机场、码头或车站。

2. 礼貌相送

如果客人坐的是火车、船，接待人员可以为客人准备一些途中吃的食品。在客人离开的当天或前一天，接待方要专门为客人举行一次饯别宴请。临别前一天送行，应到客人的住地，热情、诚恳地向客人表达惜别之情，征求客人的意见，询问客人有什么困难需要帮助解决。为了表达与客人间的深厚感情，还可以赠送客人一些特产或纪念品，以增进双方感情。最后，接待人员还要向客人道别，这样做会使对方产生备受重视的感觉。

客人返程的当天主人应送行，一般应送到车站、码头或机场，陪同客人候车、候船或候机。如果客人乘坐的飞机、火车尚未离开视线，即使有很重要的事情，主人也不要离开，直到客人离开后自己再离开。

如果不能亲自前往送客，应向客人说明原因，并表示歉意。

课后训练与实践

第五节　馈赠礼仪

导入案例

某外贸公司业务员小张为了增进与客户的关系，到法国参加会展期间计划到自己的一位法国客户家中拜访。小张认为初次拜访礼物是不可或缺的，他特意去花店买了一大捧新鲜的黄色菊花回来，准备送给客户的妻子。到了拜访那天，他兴致勃勃地拿着菊花来到客户家，还没送出鲜花，不料女主人面色不悦，以有事为由走开了……

思考：女主人为什么面色不悦？给法国人赠送礼品有哪些禁忌呢？

一、馈赠的类型

（一）交际类馈赠

交际类馈赠是一种为达到交际目的而进行的馈赠，这种馈赠有以下两个特点。

1. 送礼的目的与交际的目的一致

无论是个人还是组织机构，在社交中针对交往中的关键人物和部门，通过赠送一定的礼品达到交际目的。

2. 礼品的内容与送礼者的形象一致

选择礼品的原则就是要使礼品能反映送礼者的寓意和思想倾向，并使寓意和思想倾向与送礼者的形象有机结合起来。

（二）人际关系类馈赠

人际关系类馈赠即人们常说的"人情礼"。在人际交往过程中，无论是个人间抑或是组织机构间，必然产生各类关系和各种感情，人与生俱来的社会性又要求人们必须重视这些关系和感情。围绕如何巩固与维系人际关系和感情，人们采取了许多办法，其中之一就是馈赠。这类馈赠强调礼尚往来，以"来而不往非礼也"为基本行为准则。因此，这类馈赠无论从礼品的种类、价值的轻重、档次的高低、包装的精美、蕴含的情义等方面都呈现多样性和复杂性。

（三）酬谢类馈赠

酬谢类馈赠是为答谢他人的帮助而进行的馈赠，因此在礼品的选择上十分强调物质价值。礼品的贵贱厚薄，首先取决于他人帮助的性质。帮助的性质分为物质的和精神的两类。一般来说，物质的帮助往往是有形的、能估量的；而精神的帮助则是无形的、难以估量的，然而其作用又是相当大的。其次，取决于帮助的目的，是慷慨无私的，还是另有所图的，抑或是公私兼顾的。只有那种真正无私的帮助，才值得真心酬谢。再次，礼品的贵贱厚薄取决于帮助的时机。一般情况下，危难之中见真情。因此，得到帮助的时机是日后酬谢他人的重要衡量标准。

（四）公关类馈赠

公关类馈赠表面上看不求回报，而实质上其索取的回报往往隐藏在日后的交往中，或是金钱，或是权势，或是其他功利。这种为达到某种目的而用礼品馈赠的活动，多发生在对经济、政治利益的追求和其他利益的追逐活动中。

二、馈赠的基本原则

（一）轻重得当

轻重得当，以轻礼寓重情。通常情况下，礼品的贵贱厚薄往往是衡量交往人的诚意和情感浓烈程度的重要标志。然而，礼品的贵贱厚薄与其物质的价值含量并不总成正比。因为礼物是言情寓意表礼的，它仅仅是人们情感的寄托物，人情无价而物有价，有价的物只能寓情于其身，而无法等同于情。也就是说，就礼品的价值含量而言，礼品既有其物质的价值含量，也有其精神的价值含量。"千里送鹅毛"的故事可谓礼轻情意重的典型例子。"折柳相送"也是文人津津乐道的，柳的寓意有三：一表示挽"留"；二是柳枝在风中飘动的样子如人惜别的心绪；三是祝愿友人如柳，能随遇而安。如果仅就这些礼物本身的物质价值而言，的确是很轻的，对于受礼人来说甚至是微乎其微的，然而它所寄寓的情意则是浓重的。人们提倡"君子之交淡如水""礼轻情意重"，但是因种种原因陷入"人情债务链"时，则不妨既要注意以轻礼寓重情，又要入乡随俗地根据馈赠目的和自己的经济实力，选择不同轻重的礼物。对人情礼轻重的把握尺度，目前国内常以个人收入的 1/3 为上限，下限则视情而定。总之，除非是有特殊目的的馈赠，其他馈赠礼物的贵贱厚薄应以对方能愉快接受为尺度。

（二）时机原则

就馈赠的时机而言，及时、适宜是最重要的。中国人讲究"雨中送伞""雪中送炭"，即十分注重送礼的时效性，因为只有在最需要时得到的才是最珍贵的、最难忘的。因此，要注意把握好馈赠的时机，包括时间的选择和机会的择定。一般来说，时间贵在及时，超前、滞后都达不到馈赠的目的；机会贵在事由和情感及其他需要的程度。特别是处境困难者的馈赠，其所表达的情感更显真挚和高尚。

（三）效用性原则

同一切物品一样，当礼以物的形式出现时，礼物本身也就具有了价值和实用价值。就礼品本身的实用价值而言，人们的经济状况、文化程度、追求不同，对于礼品的实用性要求也就不同。一般来说，物质生活水平的高低决定了人们精神追求的不同：在物质生活较为贫乏时，人们多倾向选择实用性的礼品，如食品、水果、衣料、现金等；在生活水平较高时，人们则倾向选择艺术欣赏价值较高、趣味性较强和具有思想性、纪念性的物品作为礼品。因此，我们应视受礼者的物质生活水平，有针对性地选择礼品。

📖 礼仪案例

美国作家欧·亨利在《麦琪的礼物》里讲了这样一个故事：一位妻子十分想在圣诞节来临时送给丈夫一份礼物，她想买一条表链，以匹配丈夫祖上留下的一块表。因为没有钱，于是她把自己秀丽的长发剪下来卖了。圣诞之夜，妻子向丈夫赠送了自己的礼物——一条精美的表链。丈夫在惊愕之中也拿出了他献给妻子的礼物，竟是一枚精致的发卡。原来，丈夫为给妻子买礼物把自己的表卖了。这时，他们紧紧地拥抱在一起，彼此的爱成为这圣诞之夜唯一的又是最珍贵的礼物。

分析：这对夫妻献给对方的礼物，在此时似乎已毫无实际效用。然而它们不仅升华了他们之间的爱，使他们得到了最大的精神满足，而且激发了他们战胜生活困难、追求幸福生活的决心和意志。

（四）投好避忌原则

就礼品本身引发的直接后果而言，由于民族、生活习惯、生活经历、宗教信仰及性格、爱好的不同，不同的人对于同一礼品的态度也是不同的。因此，我们要把握住投其所好、避其禁忌的原则。

此处，尤其强调要避其忌。禁忌是一种不系统的、非理性的、作用极大的心理和精神倾向，对人的活动影响强烈。当自己的禁忌被冒犯的时候，无论对方是有意的还是无意的，心中的不快不满是不言而喻的。当我们冒犯了别人时，就会引起纠纷甚至冲突。所以，馈赠前一定要了解受礼者的喜好和禁忌。例如，中国人普遍有"好事成双"的说法，因而所送之礼多为偶数。但广东人则忌讳"4"这个偶数，因为在广东话中"4"听起来像是"死"，是不吉利的。另外，我国人民还忌讳给老人送"钟"，给夫妻或情人送"梨"，因为"送钟"与"送终"谐音，"梨"与"离"谐音，认为送这些都是不吉利的。

三、馈赠的内容与方法

得体的馈赠恰似无声的使者，给交际活动锦上添花，给人们之间的感情和友谊注入新的活力。然而送给谁（who）、为什么送（why）、如何送（how）、送什么（what）、何时送（when）、在什么场合送（where），是值得思考的问题。因此，人们只有在明确馈赠目的和遵循馈赠基本原则的前提下，在弄清以上 6W 的基础上，才能真正发挥馈赠在交际中的重要作用。

（一）馈赠的主要内容

在礼品的挑选上，要对送礼对象的爱好、兴趣进行简单的调查，以投其所好。此外，还要注意对方的风俗习惯、宗教信仰，了解对方的基本忌讳。如送花时，西方国家比较忌讳双数，喜欢单数；各国对颜色都有忌讳，一些国家以黑色为葬礼的颜色，如灵车用黑色；比利时人忌蓝色；巴西人以黄色为凶丧之色。因此，在选择礼品时，应从以下几个方面入手。

（1）按照对方喜好

选择礼品时一定要考虑周全，有的放矢，投其所好。馈赠者可以通过仔细观察或了解受礼者的兴趣爱好，有针对性地精心挑选合适的礼品，尽量让受礼者感到馈赠者在礼品选择上花了一番心思，是真诚的。

一般来说，对家贫者，送礼以实惠为佳；对富裕者，送礼以精巧为佳；对恋人、爱人、情人，送礼以纪念性为佳；对朋友，送礼以趣味性为佳；对老人，送礼以实用为佳；对孩子，送礼以启智、新颖为佳；对外宾，送礼以特色为佳。

（2）按照对方习俗

送礼前，馈赠者应了解受礼人的身份、爱好、民族习惯，以免带来麻烦。例如在上海，去医院看望病人时不能拿苹果，上海话"苹果"跟"病故"两字发音相同。

（3）按照礼品类别

1）实用型：笔、本子、领带、钱包、香水、打火机、各类球拍等。此类礼品较实用，客户比较容易接受，有利于与客户建立良好关系。

2）摆设型：台历、雕塑、水晶摆设等。此类礼品可用于装饰摆设。

3）代币型：各类超市购物卡、券等。此类礼品送者方便，受者实惠。

4）奢侈型：名牌手表等高级礼品。

知识拓展

各国赠送礼品的禁忌

1. 英国

对于英国人，一般送价钱不贵但有纪念意义的礼物，切记不要送百合花，因为英国人认为它意味着死亡。涉及私生活的服饰、肥皂、香水，带有公司标志与广告的物品，也不宜送给英国人。

2. 美国

不宜送给美国人的礼品主要有香烟、香水、内衣、药品及广告用品。

3. 法国

对于法国人，送花的时候不要送菊花、杜鹃花及黄色的花，不要送带有仙鹤图案的礼物，也不要送核桃。法国人认为仙鹤是愚蠢的标志，而核桃是不吉祥的象征。另外，不宜以刀、剑、剪刀、餐具或是带有明显的广告标志的物品作为礼品。男士向关系一般的女士赠送香水，也被认为是不合适的。

4. 德国

对于德国人，不宜选择刀、剑、剪刀、餐刀和餐叉等作为礼品。另外，不允许以褐色、白色、黑色的彩带包装、捆扎礼品。

5. 意大利

切勿将手帕、丝织品和亚麻织品送给意大利人。因为意大利人认为手帕是用来擦眼泪的，属于令人悲伤之物，故不宜送人。

6. 俄罗斯

在俄罗斯，最忌讳送钱给别人，因为这意味着施舍和侮辱。

7. 日本

在日本，忌送梳子、圆珠笔、T恤衫、火柴、广告帽等，也不要送带有狐狸、獾图案的礼物。在包装礼品时，不要扎蝴蝶结。另外，菊花是王室专用花卉，一般人也不能送菊花。

（二）馈赠的方法

在赠送礼品时，不仅要重视具体品种的选择，还要注意赠送礼品的方法。

1. 重视包装

在商务交往中，礼品的包装是礼品的有机组成部分之一，被视为礼品的外衣。送礼时包装不可或缺，否则会被视为随意应付受礼人，甚至会导致礼品自身因此而贬值。鉴于此，送给商务伙伴的礼品，一定要事先进行精心包装，包装所用材料尽量择优而用。与此同时，送给商务伙伴的礼品外包装，在色彩、形状及缎带结法等方面要尊重受礼人的风俗习惯。

2. 把握馈赠的时机和场合

（1）时机

1）传统节假日。绝大多数人一般选择在春节、端午节、中秋节等传统节日赠送礼品。在中国的传统佳节里送礼往往有意想不到的效果。

2）特有纪念日。主要有两类：①商务相关的纪念日，如对方的晋升、获奖、公司成立纪念日等；②家庭相关的纪念日，如对方的生日、结婚纪念日等。

3）其他时机。①在会见和会谈时，如果准备向主人赠送礼品，一般选择在起身告别之际；②拜访、赴宴、道喜、道贺、酬谢时，如拟向对方赠送礼品，通常选择在双方见面之初；③观看演出时，可酌情为主要演员预备一些礼品，并且在演出结束后登台祝贺时当面赠送；④浏览观光时，如果参观单位向自己赠送礼品，最好同时向对方回赠一些礼品；⑤在商务活动中，若专门为接待人员、工作人员准备了礼品，一般在抵达见面地后尽早赠送给对方；⑥朋友遭遇意外事故，自己去看望时可带一份礼品，即使是一份薄礼，也会加深自己和朋友之间的感情。

（2）场合

馈赠礼物要考虑场合，不同的场合要选送不同的礼物，这样既符合礼仪要求，又能使对方心情愉悦。例如，赴宴做客时应给女主人带些小礼品，有孩子的可给孩子送件玩具；参加婚礼可送上一束鲜花或一件艺术品，并致以美好的祝福；逢年过节，可送日历、烟酒、糖茶等礼物。

如果赠送的礼品实用价值不高却具有某种象征意义，不妨在公开场合赠送。例如一束鲜花、一枚徽章、一张贺卡等礼品，赠送者可以直接将其送到对方办公室。

3. 馈赠的途径

馈赠的途径，此处是指如何将礼品送交受礼人。在商务交往中，馈赠的途径主要有两种。①亲自交给受礼人；②专程派遣礼宾人员前往转交，礼品可以提前送达受礼人手中。转送的礼品应附上一张送礼人的名片，既可以放在礼品盒之内，也可以放在写有受礼人姓名的信封里，然后设法将这个信封固定在礼品的外包装上。注意：尽量不要采用邮寄的途径赠送礼品。

四、馈赠的接受

（一）接受礼品

在商务礼仪中，接受友人赠送的礼品时须注意以下三个方面的问题。

1. 欣然接受

当友人向自己赠送礼品时，一般应大方、愉悦地接受，不必过分地客套。在接受礼品时，应当起身站立、面含笑容，以双手接过礼品，然后与对方握手，并且郑重其事地向对方道谢。面无任何表情，用左手去接礼品，接受礼品后不向送礼人致意等，都是非常失礼的表现。

2. 启封赞赏

西方国家中，受礼人在接受礼品时通常习惯当着送礼人的面拆启礼品的包装，然后认真地欣赏礼品，并且对礼品进行适当的赞赏。接受礼品之后若不当场启封或是暂且将礼品放在一旁，会被视为失礼。在涉外交往中接受礼品时，务必避免此行为。

3. 事后再谢

接受友人赠送的礼品后，尤其接受了对方所赠送的较为贵重的礼品后，最好在一周之内给送礼人打电话，向对方正式致谢。若礼品是由他人代为转交的，则上述做法更是不可或缺的。以后有机会与送礼人见面时，不妨在适当之时再次当面向对方表示谢意。这种令对方感到自己的礼品物有所值、备受重视的做法，会令对方极其开心。

（二）回赠礼品

收到馈赠的礼品后，受礼人一般要回赠，进而加强联系、增进友谊。在回赠礼品时，应该注意以下几点。

1. 选择时机

选择回礼的时机与赠送礼品的时机的要求大致相同，但要注意，如果还礼过早，容易被别人认为是"等价交换"；如果拖延太久后再还礼，效果也不好。但是，一些特殊情况则不受此约束。

例如，在节日庆典时期，可以在客人走时立即回赠；在生日、婚庆、晋级升迁等时接受的礼品，应在对方有类似的情形或适当时候再回赠。

2. 回赠技巧

在还礼的时候要选择得体的还礼形式。如果还礼的形式不当，"还"不如不"还"。在还礼时可以借鉴以下几种形式。

1）回赠的礼品切忌重复，一般要价值相当，也可以根据自己的情况而定，但也不必每礼必回。

2）每当接受他人的馈赠，自己应留心记住礼物的内容，回赠时以选择类似的物品为宜。例如，对方送你书刊，你可以给对方影碟。因为一般人在选择礼物时，无意间会选择自己喜欢的物品。因此，回赠对方时，不妨参考对方馈赠的礼物，这样较易赢得对方的好感。

3）可用某种意在向对方表示尊重的方式来代替，而不必非要还礼，一般对方也是会接受的。例如，受礼后口头或书面向对方致谢，或者见面的时候使用对方的赠礼等。

（三）回绝礼品

某些情况下，有必要拒收礼品。例如礼品的价格超过了公司规定的限度，或者自己不便接受该礼物。在拒绝对方所赠送的礼物时应注意以下问题。

1. 及时退回

在确定要拒收礼品时，一般应在 24 小时之内退回。

如果送礼人是善意的，向他解释将礼品退回的原因（如公司政策）并对他表示感谢。如果送礼人别有用心，则只需告诉他礼品不合适。另外，注意保存一份退还礼品说明书的复印件，并注明退还礼品的日期及退还方式。

2. 回绝方法

（1）先收后退

如果当着众人的面拒绝别人的礼品，无疑会让对方难堪，所以应先将礼品收下，然后单独将礼品原封不动地退给送礼人。要注意，收下的礼品不能拆封，更不能使用，争取在 24 小时内送还，否则容易让人误解你已经接受。

（2）委婉拒绝

如果要拒绝别人的礼物，可以在对方准备送礼品时委婉暗示对方自己可能无法接受该礼品。

（3）直接说明原因

在涉及公务方面的往来中，如果遇到别人赠送贵重礼品，可以采取直接告知对方自己不能收受礼品的原因来拒绝对方。

课后训练与实践

第六节　宴　请　礼　仪

■ 导入案例

某大型企业在某饭店举办大型中餐宴会，并邀请本市某著名演员捧场演出。

这位演员到达后，用了很长时间才找到自己的座位。入座后，她发现与自己同桌的客人大都是接送领导和客人的司机。于是，她没有同任何人打招呼就悄悄离开了饭店。

思考： 该演员为什么会不和任何人打招呼就离开饭店？

商务宴请是商务场合中表示欢迎、应贺、饯行、答谢等，以增进友谊和融洽气氛的重要手段，是一种常见的礼仪招待活动。宴请活动大体可分为礼仪性宴请活动、交谊性宴请活动、工作性宴请活动。商务宴请是兼有交谊性和工作性的宴请。餐桌是社交和商务活动的重要舞台，每个商务工作者都可能在这个舞台上扮演主人或客人，但无论是作为宴会的主人还是客人，都必须遵循宴会和餐饮的相关礼仪。只有这样才能展示个人的良好修养，表达对交往对象的敬重、友好和诚意。

一、一般礼仪

（一）宴会礼仪

宴会的种类繁多，按不同的标准可分为不同的类型。宴会按规格可分为国宴、正式宴会、普通宴会和家宴；按时间可分为午宴和晚宴；按餐型可分为中餐宴会和西餐宴会；按宴请目的可分为欢迎宴会、答谢宴会、告别宴会、团聚宴会、寿宴、婚宴等；按宗教饮食习俗可分为素食宴会和清真宴会等。

1. 便宴

便宴又称非正式宴会，常见的有午宴、晚宴，有时也有早宴。便宴的特征是简便、灵活，偏重于人际交往，而不重规格、档次；可不排席位、不作正式讲话，菜肴也可丰可俭。

2. 家宴

家宴即在家中设便宴招待客人，以示亲切、友好，这是西方人比较喜欢的一种宴会形式。家宴在社交和商务活动中发挥着敬客和促进人际交往的重要作用，通过营造温馨、自然的气氛，有利于彼此加深了解，促进信任。家宴按举行的时间，又可分为早宴、午宴和晚宴；按宴请形式又可分为家庭聚会、家庭冷餐会和饭店请客等。

举行和参加家宴要讲究礼节。按"席不正不坐"的礼规，如在南北朝向的屋内宴客，桌缝应东西向摆置，避免"直冲首席"。在座次上，古代的尊位有尚左的习俗，也有以中为上的习俗，可依不同地区而定。入席的礼节程序是按尊长晚幼的顺序排列，年长而德高者居上，必须等待上座者入席后，其他人方可入席落座，否则被视为无礼或失礼。

（二）招待会礼仪

招待会是指不备正餐较为灵活的宴请形式，常见的有冷餐会、酒会和茶话会。

1. 冷餐会

冷餐会即自助餐，又叫"瑞典席"。此宴请形式肇始于瑞典，是近年来广为流行的一种方便灵活的便宴形式，适用于大型交际场合，能宴请人数较多的宾客。其基本特点是以冷食为主，站着吃；一般不设正餐，但可以有热菜；不排席次，但也设一些散座供老弱妇女使用；菜肴、酒水和饮料连同餐具陈放在长条菜桌上，供客人自取，也可由服务员端送；不设固定席位，客人可以自由活动、边走边吃，便于接触交谈、广泛交往；布置也比正式宴会简便，室内、院子里均可进行。根据宾主双方身份，冷餐会的规格可高可低，还可视财力情况掌握菜肴的丰俭。冷餐会的举办时间一般在中午 12 点～下午 2 点、下午 5 点～7 点。

🌸 知识拓展

参加冷餐会要注意的礼仪

1）循序取菜。取菜按照餐厅设定的方向顺向排队，不可逆向行进，更不可插队。一般也要按冷菜—汤—热菜—甜点—水果—冰激凌的顺序进行。

2）一次少取。根据个人食量酌量取菜，吃完一盘后再去取用，避免在面前同时摆放多个盛满食物的餐盘。

3）同时用餐。如是宴请多人或者聚餐，应等同桌所有人都取完菜后，再一起开始用餐。

4）多次取用。再次取菜时，应用公筷、公勺，不要用自己已使用过的餐具。取到盘中的菜应吃完，不可剩下。

5）只吃不带。自助餐毕，切不可贪小便宜，顺手将所取食物（如鸡蛋、酸奶、饮料等）带出餐厅。

6）送回餐具。用餐结束后，要自觉地将餐具送到指定之处。

总之，参加冷餐会要注意形象、重在交际。须知，参加冷餐会是以吃会友，通过与人交谈广交朋友才是最重要的内容。

2. 酒会

酒会也是用于大型交际活动的宴请形式，以招待酒水为主，略备小吃。酒会不一定都备鸡尾酒，但酒水和饮料的品种应多一些，一般不准备烈性酒。食品多以各色面包、三明治、小泥肠、炸春卷等为主，以牙签取食。酒水和小吃由招待员用盘端送，也可置于小桌上由客人自取。酒会不设座椅，宾主皆可随意走动，自由交往。这种形式比较灵活，便于广泛接触交谈。酒会举行的时间也较灵活，中午、下午、晚上均可，持续时间为两小时左右；在请柬规定的时间内，宾客到达和退席的时间也不受限制，可以晚来早退。酒会多用于大型活动，因此，可以利用这个机会进行社会交际和商务交际。

除了需注意遵循与冷餐会相似的礼仪之外，酒会旨在以酒会友，因此在酒会做客时，切不可喝醉失态。

3. 茶话会

茶话会主要以茶招待与会者，只略备茶点和风味小吃。为便于取食，可同时将擦手巾一并上桌。茶话会不备餐具，但对茶叶和茶具的选择比较讲究，一般选用绿茶，外国人一般选用红茶和陶瓷器皿。举办茶话会的时机一般在辞旧迎新之时、周年庆典之际、重大决策前后和遭受危难挫折之后，时间长短视发言人多少而定。举办茶话会的地点宜在客厅、会议厅而不在餐厅、歌厅。

茶话会也是重"谈"不重"吃"的社交集会。为便于交际，座次尊卑不宜过于明显，客人可随意坐。但如果是为某贵宾举行的茶话会，则入席时要有意识地将主宾同主人安排在一起。

茶话会参与者在针对主题发言的同时，也应略知茶道。品茶时用右手端杯把，用左手端小碟。遇到漂浮在水面上的茶叶，可用茶杯盖拂去或轻轻吹开，切不可用手从杯里拣出来直接扔在地上，也不要吃茶叶。

（三）工作宴会

工作宴会又称工作餐，是一种边谈边进餐的非正式宴请形式。工作宴会不需事先发请柬，只邀与某项特定工作有关联的人员，一般不请配偶，但排席位，席位的排法以参加者职务的高低为序。其形式与安排，均以幽静、雅致、整洁便于交谈为宜。工作餐通常在午间举行，在欧美往往被叫作工作午餐或午餐会。

二、宴请礼节

（一）宴会准备

宴请礼仪包括东道主如何宴客和作为客人如何赴宴两个方面。为了充分发挥宴请的交际作用，无论举行哪一种形式的宴请，主人或主管都要事先做好周密准备，避免因考虑不周而失礼。

1. 确定宴请的目的、对象与形式

宴请有礼节性的、交谊性的、工作性的。只有明确目的，才能便于安排宴请的范围、对象与形式。

明确宴请对象，就是要了解主宾的身份、国籍、习俗、爱好与忌讳（以便确定宴会的规格、主陪人员及餐式等），并根据既定的邀请范围，拟出被邀请人具体名单。明确了宴请的目的、对象与规格，才可以据此确定选择何种宴请形式。

2. 选择时间、地点

确定的宴会时间，应使宾主双方都能接受。例如，宴请外宾的时间最好安排在双方之间的合作取得了一定的进展，或是双方大致就某一项合作达成了意向性协议的时候，（前提是征得主宾的同意）。在具体时间安排上，应注意不要选择对方的重大节假日和有重要活动或有禁忌的日子，如基督教信徒忌讳"13"日和"星期五"，伊斯兰教信徒在斋月内白天禁食等。

宴请地点最好选择在环境幽静、卫生、安全、交通便利的大型饭店，不要在外宾下榻的宾馆举办，因为他们把自己下榻的宾馆看成自己临时的家，在"自己的家里"宴请自己是不合适的。

3. 发出邀请

宴请活动一般要发请柬或邀请卡，这既是礼节，也可对客人起提醒备忘的作用。请柬内容一般包括宴请的主题、形式、时间、地点，主请人的姓名、身份。请柬应打印精美，书写清晰、美观。一般请柬的样式如图 8-2 所示。

请柬行文不用标点符号，其中人名、单位名、节日名一律用全称，中文请柬中不提被邀请人姓名，主人姓名放落款处。请柬信封上被邀请人的姓名、职务要书写准确，如已排好席次可在信封下角注明。请柬应提前 1~2 周发出。

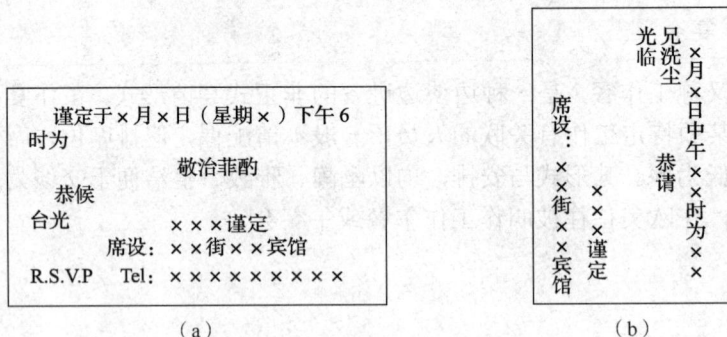

（a）

（b）

图（a）中左下角"R.S.V.P"表示请回复，右下角为联系电话。

图 8-2　一般请柬的样式

（二）选定菜单

菜单应根据宴请规格和形式，符合"餐饮适量"的原则，做到丰盛而不浪费，热烈而不俗气。

宴请外宾，是给予对方的一种礼遇。因此，档次、规格要高，环境、气氛要雅，而菜肴、酒水要少而精，以不铺张浪费为原则。另外，还要尊重客人的饮食习惯与禁忌。

俗话说"无酒不成席"，为了助兴，可备有一定数量的低度酒和饮料。

（三）位次安排

1. 桌次安排

比较郑重的宴请，桌次、位次的安排有较强的礼仪性。为了避免给人以厚此薄彼之感，一般应事前排定来宾的桌次和位次，并提前相告或届时引导。

中式宴请，进行餐桌摆设时，首先必须考虑主桌的摆设位置，把主桌放在最显眼的地方。其次，餐桌排列应力求整齐有序。举办两桌的小型宴会时，可依餐厅、客厅正门的位置横放或竖放，如横排，桌次以右为尊，竖排则以远为上。多桌宴请的桌次安排则以主桌定位，距离主桌越近，桌次越高。三桌可排成品字形或一字形，四桌可排列成菱形，五桌可排列成日字形或立字形，六桌可排列成金字形或梅花形。大型宴会，可根据舞台位置设立主桌的摆设位置，也可以花名（如水仙、兰花等）为标志，以体现各桌之间的平等。桌与桌之间的距离以客人行动自如和服务员方便服务为原则。以上桌次安排如图 8-3 所示。

2. 位次安排

安排位次也是礼仪的一项重要内容。过去中国旧式正房多为坐北朝南，因此方桌的北面为上座。现在许多房屋格局已有所改变，因此多以面门为上座。

图 8-3 桌次安排示意图

中国公务或商务宴请中一般以职务高低顺序排列，主方出席者中职务最高者为主人，客方出席者中职务最高为主宾。如有女宾出席，通常将女士安排在一起。即以男性为准，男主人面对正门而坐；女主人背对正门，坐在男主人的对面。男宾按右高左低顺序，依次排在男主人两侧；女宾也按右高左低顺序，依次排在女主人两侧。或者主宾面门而坐，主人背对正门坐在主宾的对面，其他客人依主宾位置，按右高左低顺序，在主宾两侧排列。

民间宴请习惯，则按年龄、辈分高低顺序排列，长者、贵客、身份高者坐上首，主人坐下首。而婚宴与寿宴，新人与寿星要坐在上首，贵宾坐在主人两边。也有把夫妻、朋友、同一单位的人、互相认识者安排在一起的，以便于互相交谈。

在招待外宾时，则按国际惯例，以女主人为第一主人。为了使来宾便于找到自己的桌子与席位，除应有人引导以外，可在每张餐桌上放置桌次卡和位次卡，在位次卡上写上就餐者的姓名。

（四）礼貌迎客

宴请活动开始于热情迎客。宴会的成功与否并不完全在于菜肴的名贵与否，而在于主人是否盛情。融洽的气氛、周到细致的组织安排和良好的礼仪，会使客人高兴而来满意而归。在客人到来的过程中，主人夫妇或主管一行人应临门排列成行，组成迎宾线，对到来的客人，不论亲疏主次均应热烈欢迎，热情接待，并设法使客人之间有机会认识和交谈，给人一种热情好客、宾至如归之感。当宾主握手寒暄之后，交由工作人员或家人陪同至休息厅休息；如无休息厅，则可直接引入餐厅，但暂不入座，等待主宾。引入休息厅的客人应由身份相应的人员照应，并安排服务员或家人上茶水饮料。主宾到达后，由主人陪同进入休息厅与其他客人见面，然后进宴会厅，按事前安排的桌次、位次引客入座。

如宴请携带夫人的外宾，主人的夫人应在宴会厅入口处给外宾的夫人挂上胸花，增加宴会的温馨气氛。

正式宴会一般有致辞和祝酒，但时间不尽相同。我国习惯在开宴之前讲话、祝酒、致辞。讲稿可事先交换，由主人一方提供。宾主致辞时，全场人员均应停止一切活动，洗耳静听，并响应致辞人的祝酒，在同桌宾主之间或客人之间相互碰杯。

西方国家的致辞、祝酒，按惯例安排在热菜之后、上甜食之前。自助餐、酒会的致辞时机更灵活一些。

📖 礼仪案例

南茜在一家跨国公司的北京总部做总经理秘书，中午要随总经理和市场总监参加一场工作午餐会，主要研究未来一年市场推广工作的计划。这不是一次很正式的会议，主要是利用午餐时间彼此进行沟通。南茜知道晚上公司要正式宴请国内的大客户张总裁等一行人，以答谢他们一年来给予的支持，她也已经提前安排好了酒店和菜单。午餐是自助餐的形式，与总经理一起吃饭。南茜选择的都是能一口吃下去的食物，放弃了她平时喜爱的大虾等需要动手的美食。她知道自己可能随时要记录总经理的指示，没有时间去补妆，而总经理是法国人，又十分讲究。

下午回到办公室，南茜再次落实了酒店的宴会厅和菜单，为晚上的正式宴请做准备。统计宾主双方共有 8 位，南茜安排了桌卡请柬。她又通过电话联系了对方公关部李经理，详细说明了晚宴的地点和时间，并认真地询问了赴宴人员的饮食习惯。李经理说他们的总经理是山西人，不太喜欢海鲜，非常爱吃面食。南茜听后又给酒店打电话，重新调整了晚宴的菜单。

南茜决定提前半小时到酒店，查看晚宴安排的情况并在现场做些准备工作。到了酒店，南茜找到领班经理，再次讲了重点事项，又和他共同检查了宴会的准备工作。宴会厅分内外两间，外边是会客室，是主人接待客人稍事休息的地方，已经准备好鲜花和茶点；里边是宴会的房间，中餐式宴会的圆桌上已经摆放好各种餐具。

南茜知道对着门口桌子上方的位子是主人位，但为了慎重从事，她还是征求了领班经理的意见，从带来的桌卡中先挑出写着自己公司总经理名字的桌卡放在主人位上，再将对方总经理的桌卡放在主人位子的右边。她想到客户公司的第二把手也很重要，就将其桌卡放在主人位子的左边。南茜又将自己的上级——市场总监的桌卡放在桌子的下首正位上，再将客户公司的两位业务主管的桌卡分放在他的左右两边。为了便于沟通，南茜将自己的位子与公关部李经理的放在了同一方向的位置。

应该说晚宴的一切准备工作就绪。南茜看时间还差一刻钟，就来酒店的大堂内等候。提前 10 分钟看到了总经理一行到了酒店门口，南茜就在送他们到宴会厅时简单地汇报了安排，随即又返身回到了酒店大堂，等待着张总裁一行人的到来。几乎分秒不差，她迎接的客人准时到达。

晚宴按南茜精心安排的情况顺利进行着，宾主双方笑逐颜开，客户不断夸奖菜的味道正合他们的胃口。这时领班经理带领服务员像表演节目一样端上了山西刀削面。客人看到后高兴地说道："你们的工作做得真细致。"南茜的总经理也很高兴地说："这是南茜的功劳。"

三、赴宴礼节

（一）准时出席

接到宴会邀请后应尽早答复对方，以便主人安排。对注有 R.S.V.P（请答复）字样的请柬，无论出席与否均应迅速答复。如不能出席，应尽早向主人解释、道歉。如应邀赴宴，则应按时出席。

一般来说，身份高者可略晚到达，其他客人可比主人约定的时间早两三分钟到达。若是主人的至亲或挚友，可提前更多时间到达，以帮助做些准备工作和接待工作。

赴宴时，为了显示对主人和其他宾客的尊重，务必衣冠整洁、仪表端庄。一些正式的宴会请柬上会特别注明应邀者的着装。

到达赴宴场所，要先向主人表示问候和感谢，然后向其他人点头致意或握手寒暄。若到主人家中赴宴，则应带件小礼品相赠。按西方习惯，可向主人赠送花束。进餐前应自由地与其他客人交谈，以广交朋友。

（二）入席礼节

入席就座要服从主人安排，并对其他宾客表示礼让。一般是主人陪同主宾率先在主桌落座，其他宾客接着按主人的安排在指定的桌次和位次上"对号入座"，而不能"捷足先登"，急于就座。

落座之际，应从座椅的左侧入座。若同座之中有女主人、贵宾、师长，应待贵宾、身份高者、年长者、女士先入座，男士要为身边的女士拉开座椅并协助其入座。入座后要注意端坐挺直，不要两腿摇晃和头枕椅背，也不要左顾右盼和玩弄餐具。应热情有礼地与同桌的人交谈，而不应只同熟人说话。

（三）餐桌礼仪

1. 文雅进餐

出席宴会并不是一件轻松的事情。在觥筹交错之际，我们的吃相和谈吐举止正向人们展示着我们的修养与品格，所以，餐桌礼仪的重中之重是吃相，吃相反映人相。古往今来，餐桌都是社会交际的重要场所，因而餐桌礼仪历来为人们所重视。

知识拓展

取菜文雅，注意礼让，
文明用筷，举箸得当；
闭嘴细嚼，不发声响，
嚼食不语，唇不留痕；
骨与秽物，切莫乱扔，

> 禁烟少酒，注重文明；
> 使用公筷，讲究卫生，
> 席间交谈，增进感情；
> 用餐举止，文质彬彬。

在饭店宴请时，用餐前服务员一般要为每人送上一块热的湿毛巾，供进餐者擦拭双手，但不宜用于擦脸、脖子和手背。擦完之后，应将双手的腕部靠于桌缘，如桌面设有餐巾，当主人示意用餐开始时，方可将餐巾全部打开或打开到对折为止，平摊在自己腿上。中途离座时，应把餐巾放在座椅上，只有进餐结束后方可把餐巾自然地放回桌上。

上菜后，待主人说"请"再动手夹菜。就餐者要使用公筷、公勺等公用餐具分取菜点成品，再用各自餐具进食。西方餐桌礼仪认为，从共用菜盘中直接夹菜入口，是没教养的表现。

取菜要适量，不要显得过于贪婪。夹菜时应从上往下有序地夹，并且就近取菜。若要吃远处的菜，可转动转盘，或请身边的人帮忙。

咀嚼时不要发出声来，也不要一边嚼食一边说话。喝汤时，应用公勺将汤舀入自己的碗内，待稍凉后再喝，汤匙应由身边向外舀出，喝汤不要啜。右手用汤匙时，筷子须整齐轻放在餐桌上或筷夹上。按中国人的习俗，左手拿匙、右手拿筷，"双管齐下"是失礼的。

进餐中，骨头和鱼刺应用筷夹放在垫盘上，吃剩的菜、用过的勺也应放在垫盘内。

就餐的整个过程中，都要注意礼让，注意关照邻座的宾客，不要见到自己喜欢吃的就"埋头大吃"，不理别人。男士不要戴着帽子进餐。

取餐时，一定要坚持使用公筷和公勺，自觉地保持卫生，不要在餐桌上咳嗽、清嗓子、擤鼻涕、打喷嚏，更不得当众随地吐痰。必要时可到卫生间进行处理。

为了保护全体赴宴者的健康，在宴会上用餐应当禁止吸烟。一边喝酒一边吸烟，是极不礼貌的。为了避免酒后失礼，饮酒应适量。

良好的餐桌礼仪不仅要求就餐者注意吃相，还要善于交谈。预备与他人交谈时，应先用餐巾或餐巾纸擦干净嘴角。口中有食物时切忌说话；如果有人跟你说话，应等食物咽下后再回答。交谈时宜选择轻松、愉快的话题并遵守交谈礼仪，不高声大笑，不窃窃私语，不谈论隐私及过于严肃的话题。

餐后不要在众人面前打饱嗝、剔牙、呕吐或松裤带。不要随便离座告退，应在主人示意结束后方可离席。就餐时如果有些礼节性的常识不懂，可以模仿他人的做法。

2. 给客人让菜的礼节

为了表示对客人的尊敬和活跃餐桌上的气氛，主人应主动劝客人用菜。当一道菜端上桌时，主人可简单介绍这道菜的色、香、味等特色，当客人对这道菜表示特别感兴趣时，还可简单介绍其烹调方法，同时应热情招呼客人动箸。

如餐桌上的客人有主次、长幼之别，每道菜上来，主人应先请主宾和长者首先动箸。当客人出现相互谦让、不肯下箸的情况时，主人可站起来，用公筷、公勺为客人分菜。分菜应先分给主宾、长者，后依就座秩序分给他人；分菜要注意适量和客人的口味，如客人婉谢就不必强人所难。

有些菜肴用筷子分不开，可借助刀叉，或请服务员协助，千万不要用手撕拉，那样会有失文雅。

3. 礼貌动箸

（1）轻拿轻放

在餐前摆放筷子时，应事先将手洗净，然后将筷子一双双理顺，轻轻放在每一个人的餐位前，切不可随便扔掷。在等待就餐时切忌用筷子击碗敲桌。

（2）正确摆放

筷子的摆放是很有讲究的。筷子通常应纵放，横放表示进餐完毕。筷子可摆放在餐盘旁边的筷架上，不能搁在盘缘或碗缘上。在摆放筷子时应把它们比齐，不要一横一竖"十字叉"摆放，也不要大、小头颠倒摆放，且筷子的大头应距桌边1～2厘米。在用餐时，如需临时离开，应把筷子轻轻搁在筷架上，切不可插在饭碗里。

知识拓展

用 筷 十 忌

一忌窥视筷，对丰富的菜肴"眼花缭乱"，举筷不定；
二忌挑食筷，在桌上"执箸巡城"，挑菜拣食；
三忌戳叉筷，以筷当叉戳食，"迷箸刨坟"；
四忌撕咬筷，用筷撕拉口中的菜肴，"宛如犬饕"；
五忌指人筷，持筷指着人说话，"颐指气使"；
六忌牙签筷，用筷当牙签剔牙，"龇牙咧嘴"；
七忌传食筷，用自己用过的筷子为他人奉菜，"余唾共享"；
八忌吮吸筷，把筷子的一端含在嘴里，不时咂一咂并发出咝咝声响，"品箸留声"；
九忌流汁筷，夹菜带汤，"泪箸遗珠"；
十忌供礼筷，把筷架在碗上或插在饭碗中，"当众上香"。

4. 文明敬酒

（1）斟酒惯例

向客人斟酒时，应先走到客人右侧再斟酒；除啤酒外，酒瓶的瓶口不应接触杯缘。斟入的量应根据酒的种类而定，一般不超过八成满。斟酒的顺序是先主宾后次宾，先女宾，后男宾。

（2）敬酒方式

敬酒只是表达一种心意，以礼到为止。各自随意，不应劝酒。敬酒的一般程序是主人与主宾起立举杯或碰杯，人多时可举杯示意，不一定碰杯，更不要交叉碰杯。当主人亲临各桌，依次向各位来宾敬酒时，应起身端起酒杯，与主人同时或紧随主人之后举杯，但不一定要碰杯。碰杯在西方最初是为了驱赶邪气，所以西方人不主张碰杯，只把酒杯向对方略举。在主人敬酒之后，客人之间也可互相敬酒。比较正式的宴请，皆有主人和主宾双方的致辞。届时所有宾客应暂停进餐，保持肃静，注意倾听，以示敬意。

（3）干杯用酒

干杯宜选用香槟酒，如自己实在不能喝酒，可备上一杯软饮料作为象征，使举座尽欢。国人有"先干为敬"的习惯，但这种做法不适合涉外宴请，因为把整杯酒一口喝干，会给外宾留下不友好的印象。同样，勉强劝人喝酒也是失礼的。

（4）文明饮酒

坚持文明饮酒，一要戒急，要慢酌细饮，不要端起酒杯一饮而尽；二要戒贪，饮酒要留有余地，适可而止；三要倡导健康、科学、文明、高雅的酒文化，提倡品鉴，杜绝豪饮，反对酗酒；四要尊重习俗，即尊重宗教信仰和风俗习惯，如与伊斯兰教信徒共餐时必须禁酒。

（四）离席与告退

女主人收起餐巾从座位上站起后，客人应随之离席。起立后，应将椅子往后拖，从左侧出来，再把椅子略向台桌下推进一点。此时，男宾应帮助女宾把椅子推回原处。餐巾可放置桌上，不必按原样折放整齐。宴会结束后，可视情况与主人和其他来宾再聚谈一会儿，然后适时告辞。

参加宴请活动，怎样告退也有学问。告退不宜过早或过迟，一般礼貌的做法是，用餐后交谈 20 分钟至半小时即可向主人告辞。如果自己是一般客人，则不要先于主宾告辞，否则，对主人和主宾都有失礼。无论是主宾还是普通客人，如确有急事要提前告退，应悄声向主人说明，表示歉意，并向其他宾客打招呼后再离去。

散席时，通常是男宾先向男主人告别，女宾先向女主人告别（告别时应对主人的热情款待和盛情邀请表示感谢），然后与主人家的其他成员告别，最后与其他宾客互道再见。

课后训练与实践

◆ 第九单元 职场礼仪

🗗 学习目标

1. 理解办公室中的环境礼仪规范。
2. 理解办公室中的人际关系礼仪规范。
3. 掌握在办公室中接打电话的礼仪要点。

第一节 办公室礼仪

▨ 导入案例

走进办公室，小刘脱下外套的时候，发现原先挂外套的那个地方已经被另一件衣服占据了。那是件咖啡色呢子男式长大衣，小刘想不起来谁穿过。

小刘有些不高兴，认为是哪位同事要抢他的"风水宝地"。在思量中，他还是把外套挂了上去，挂在那件陌生大衣的外面。后来小刘才知道那件大衣是从总公司过来的短期出差的同事小王的。

小王后来意识到自己不小心侵犯了别人挂衣的地方，于是以后他总是把自己的衣服挂到小刘的衣服下面，然后仔细地整理一下小刘的衣领，却不在意自己的衣领被压倒。

小刘坐在远处，偷偷地看小王做这些事情，慢慢地就对他改变了看法。

思考：小王的行为说明了什么问题？

办公室是现代社会最为典型的工作场所，办公室礼仪是指人们在办公室这一特定的工作场所应具有的礼仪。对于商务人员来说，办公室是除了家庭以外最重要的场所。在这里，商务人员要面对相对固定的空间和人员；在这里，商务人员要与领导、下属和同事共同处理各种事务，开展各种商务活动。因此，良好的办公室礼仪对于创造优美、和谐、融洽的工作环境，维护公共秩序，提高工作效率，营造文明氛围，改善服务质量极为重要。

一、环境礼仪

办公室是办公的地方，因此布置要整洁安静。整洁安静的工作环境会使商务人员心情愉快，更有效率地工作，还可给来访者以严肃、专业、高效的感觉。

（一）清洁卫生

每天应对办公室进行清扫，保持地面无垃圾，墙壁、桌椅、文件柜无灰尘，墙面上的张贴物、挂件整齐有序；工作期间不在办公室内乱扔垃圾，不随地吐痰。

（二）整齐有序

办公室的家具应摆放整齐、美观，不可过于花哨，否则会给人以眼花缭乱的感觉，影响情绪和工作效率，并且会给来访者留下杂乱无章的印象。因此，办公室的文具用品、资料等应整理归类、摆放有序，以便查找。

（三）气氛安静

很少有人可以在嘈杂的环境中安心工作，因此为了使工作有效率地进行，应在办公室营造安静的气氛，如墙壁使用吸音材料、安装双层玻璃以使办公室不受外界干扰，商务人员不大声喧哗等。

有些商务人员过分注重自我形象，办公桌上摆着化妆品、镜子，还不时照镜子、补妆，在众目睽睽之下不加掩饰实在有伤大雅。

（四）下班前整顿

下班前要做到以下几点：切断该关闭的机器设备的电源；将作业工具放回原位；对作业台或作业区域进行整理、整顿、清洁、清扫；关好水龙头、窗户等；做好交接班工作或交接班交代清楚；对在当天工作中发现的事故隐患做到登记、上报等。

二、交往礼仪

在日常工作中，存在两种人际关系，即同事之间的关系和上下级之间的关系。能否协调处理好人际关系，是商务人员工作能力的重要体现。工作中如能做到同事之间协调共事、上下级之间配合默契，对提高工作效率是非常有利的。

（一）与同事相处

办公室内部成员之间应建立一种健康的同事关系，体现团队的力量，完成共同的任务。为此，同事在交往过程中，应注意以下礼仪。

1. 相互团结、相互关心

同事之间，往往同处一间办公室或一个办公场所，因此只有团结共事、相互关心，对同事的喜怒哀乐作出真诚而适当的反应，尤其是主动关心同事的困难，才能共同创造出良好的工作氛围与和谐的人际关系。

2. 相互信任、相互协作

在日常工作中，每个人都应本着相互信任的态度，遇事同他人商量，虚心听取或参考他人的意见，主动创造同事之间的安全感。在此基础上，清楚地认识到自己是群体中的一员，只有与其他同事密切配合、合作共事，才能实现共同的工作目标。

3. 相互尊重、保持距离

同事关系不同于亲友关系，是以工作为纽带的，一旦失礼，矛盾将难以调和，故同事之间应相互尊重。所谓同事之间相互尊重，就是尊重他人的立场、观点，尊重他人的人格，尊重他人的隐私。

（二）与上级相处

商务人员在实际工作中，都有各自的领导，都须得到领导的认可、信赖，如此才能更好地开展工作。因此，商务人员要善于与上级沟通与交往，掌握与上级相处的礼仪。这些礼仪主要有以下几种。

1. 尊重上级、支持上级

上级的身份使其大多有很强的自尊心，故作为其下属应维护上级的自尊，即使上级有错也不要在公开场合挑战其权威，可私下向其说明。

正确领会上级的意图，是对上级工作的最大支持，下属要充分领会上级在文件、批示或指示中的意图或精神。

2. 服从领导、尽职尽责

上下级关系是一种领导和被领导的关系，上级对下级有指挥权。在工作中，下级应遵守组织原则，服从分配，积极工作，遇事多向上级请示，不要擅自越权。

虽然下级应积极向上级展示自己的才华，但不要给上级留下故意卖弄或喧宾夺主的印象。

3. 维护上级威信、体谅上级

作为下级，应学会站在上级的立场看待问题，设身处地为上级分忧；多了解上级的优点，消除对上级的排斥心理，尽力维护上级的威信。

（三）与下级相处

1. 礼贤下士、尊重下级

上下级之间没有高低贵贱之分，只有分工不同，所以上级不要以"领导"自居，应以平等友好的态度与下级相处。

上级人员要充分注意下级的表现，及时肯定他们的成绩和能力，尊重他们的权利，给他们平等的机会，与下级保持良好的关系，这将大大提高下级的工作积极性。

2. 体谅下级、注意沟通

首先，上级要了解下级的基本情况，甚至应了解其内心世界，做到知人善用。其次，上级要宽容下级，对他们的错误及时指出并纠正，不要一味批评。最后，上级要主动加强与下级的沟通。除重视平时的交流外，上级可定期召开座谈会、设立意见箱等，使沟通制度化。

3. 关心下级、提供帮助

上级要主动为下级创造良好的办公环境，注意通过改进物质条件来调动下级的工作积极性，要经常了解下级的生活和工作情况，尽力帮助其解决遇到的困难。对工作时遇到问题或者刚参加工作的年轻人，要热情而耐心地指导，帮助他们尽快提高工作能力。

三、礼仪禁忌

（一）缺乏公共观念

缺乏公共观念尤其是使用公共设施，如打电话、传真、复印时要注意爱惜公共设施，不要在办公室打私人电话、聊天，以免影响他人工作。

（二）零食、香烟不离口

工作时不要吃零食，尤其在有客户访问和接听电话时，嘴里不可嚼东西。

不应在办公室吸烟，要注意尊重他人，不要污染环境。

（三）形象不得体

坐在办公室里，浓妆艳抹、珠光宝气、香气逼人、暴露过多，或衣着不整、品位低俗，都属禁忌之列。

工作时，语言、举止要得体大方，方言土语、粗俗不雅的词汇应避免。

课后训练与实践

（四）公私不分

公私不分，即把办公室当成自家居室。未经允许随意挪用他人物品，事后又不打招呼的做法，显得缺乏教养。

第二节　通信礼仪

■ 导入案例

重庆一家刚开业的文化用品公司要求员工通过电话塑造公司的形象。

一次，有位记者因拨错电话号码，将电话打到该公司。记者竟不知不觉地为接电话人的客气、热忱所感动、吸引。记者与对方交谈了十来分钟，最后挂上话筒才深感"上当"，但该公司的形象却深深地印在了他的心里。

后来这位记者无意中路过该公司，进去拜访后，他发现该公司的员工素质果然不俗。这使记者深受感动和启发，回去后写了一篇报道发表在报纸上。

报道发表后，这家公司的知名度和美誉度大大提高，生意越做越红火。

思考： 这家公司为什么生意越做越红火？

通信是"只闻其声，不见其人"的间接交流方式，在日常办公中经常用到，因此通信交流的时候也应注意礼仪。

一、电话礼仪

电话交往是通过一方打电话、另一方接电话得以实现的。商务人员掌握电话礼仪可以对外展现自己良好的形象。

（一）打电话礼仪

商务活动中，通过打电话可以将本公司的业务向外推广，并且可以在电话中与客户达成共识，促进交易的达成。因此，掌握打电话的基本礼仪是交易成功的基础。打电话者是这一礼仪的主动方。在商务活动中，打电话者的礼仪主要有以下几点。

1. 准备工作

商务人员拿起话筒前要考虑清楚，斟酌通话内容。在通话之前，商务人员应该做好充分的准备，最好把对方的姓名、电话号码、通话要点等整理好，并列出一张清单。这样做可以有效地避免"现说现想、缺少条理、丢三落四"等问题的发生，从而收到良好的通话效果。总之，简单问题要有腹稿，复杂问题要列提纲。

具体来说，商务人员打电话时应注意：①准备一张在通话中要提及的要点清单；②仔细思考这次通话过程；③打电话前想办法取得相关资料；④集中精神，避免分心；⑤若涉及数据及计算，应将所有参考资料、计算器放在手边。

2. 时间礼仪

一般不宜在用餐时间打电话，早晨 7 时以前、中午休息时间、22 时以后也不宜打电话。给外国人士打电话要了解时差，在预先约定的时间可以打。打商务电话应该以客为尊，让客户产生宾至如归的亲切感。应该在恰当的时段内打电话，10 时和 16 时是公司的"黄金"时段，应该尽量选择在这些时段打电话。特别要注意的是，不要在上班时间打私人电话。

对通话时长的基本要求：以短为佳，宁短勿长。有些公司的通话系统只有一条外线，如果占线时间太久，可能造成对方所有的对外通信被迫中断，甚至耽误其他重要事务的联络工作。因此，商务人员在打电话时要遵守"3 分钟原则"，尽量长话短说。商务人员要注意有意识地将每次通话时长限定在 3 分钟之内，尽量不要超过这一限定。如果一次通话可能超过 5 分钟，就应首先说出你要办的事，并问对方"您现在和我谈话方便吗"，不方便则另约时间。

3. 语言礼仪

电话接通后首先应使用礼貌用语，如"您好，我是××公司的××，请帮忙找××

先生（小姐）接电话，谢谢"。对方答应找人后应手持话筒静候，不能做别的事或聊天。如果对方说找的人不在，也应致谢。电话接通之后，确认通话对象是必不可少的步骤，避免因通话对象弄错而闹出笑话。如果在通话中冒失地将其他人当作通话对象，对方会觉得打电话者缺乏修养。

另外，通话内容一定要简明扼要、突出重点。通话时，最忌吞吞吐吐、含糊不清、东拉西扯。经过简短的寒暄之后，应当直奔主题，力戒讲空话、废话，或无话找话和短话长说。一旦要传达的信息已经说完，就应当果断终止通话。

4. 打错电话礼仪

当出现失误（如拨错号码）时，应赶紧向接听者致歉，而不能直接挂断。

5. 结束礼仪

祝福和感谢是通话即将结束时必需的步骤。在通话即将结束时，用轻柔的声音给予对方简单的祝福，能够给对方留下美好的印象。

（二）接电话礼仪

1. 尽快拿起话筒、自报家门

电话铃声一响，商务人员应马上停下手中的工作去接听电话。一般应在电话铃声响三声之前接起电话，并用礼貌用语问候："您好，这里是××公司，请问您找哪一位？"接电话者有时既要报单位名称，还要报姓名。这样做一是可以节省对方的时间，表达对对方的尊重；二是让对方明白是否打对了电话，对方是否是自己所要找的人。在电话铃声响三声后才接电话，商务人员应第一时间向对方道歉。这就是"铃响不过三声"原则。即使在家里，商务人员也要尽量亲自接听电话，不宜让小孩代接电话。

2. 一般用左手拿话筒

接电话时应左手拿话筒，右手用事先准备好的纸笔将对方提供的信息记录下来。商务人员每天接的电话很多，还要处理其他事务，不可能过目不忘，记录通话信息十分重要。记录后应向对方重复一遍。若帮助同事留言，要注意记录通话内容的重点，包括来电者公司名称、姓名、职称、联系电话、事由、时间等。此外，还应该记录留言者的部门和姓名，以便问题的了解。若是会议通知、邀请，则应致谢。

3. 精力集中

在办公室时，不论发生什么事情，商务人员都应聚精会神地接听电话，不允许心不在焉，或是把话筒放在一边，任其"自言自语"，也不要在接听他人电话时与别人交谈、看文件，或是看电视、听广播、吃东西。

在接听电话时常会遇到手机铃响的情况，如果同时拿起两个电话讲话，很容易造成声音互相交错，结果两边都无法听清楚。因此，遇到这种情况，应该选择先接听比较重要的电话，不要同时接听两个电话，尤其是在办公室要做到"以公为主、以私为辅"。

4. 非受话人礼仪

接电话后如果你不是受话人，应请对方稍等，把话筒轻轻放下，走到受话人身边通知对方。若要找的人不在工位，则应礼貌地说"对不起，请稍等，他马上就来"。还要注意，在代接电话时不要一味地向发话人询问对方与所找的人是什么关系，或打听其他的事情。若发话人需要转达信息，则要记录清楚，并且要及时转达。尽量不要把自己代人转达的内容让第三者代转，这样容易使内容扭曲、失真。注意，代接电话的内容不宜外传。

接听打错了的电话，要耐心地向对方说明，如有可能，应向对方提供帮助，千万不要为此恶语相加。

二、手机使用礼仪

（一）重要原则

手机的使用礼仪也是商务礼仪的重要组成部分。商务人员在使用手机时要注意以下几点。

1. 不炫耀

不要向他人炫耀自己的手机有多么高档。

2. 不停机

为方便他人和自己，应保证手机不停机，也不要不接听电话。

3. 更换电话号码应及时通知客户

如手机更换号码，商务人员要及时通知客户，一般以群发短信的方式为佳，也可打电话通知，避免因更换电话号码而使客户找不到自己，使已经建立起来的合作关系中断。

4. 不妨碍别人

在狭窄的公共场所（如电梯里、楼梯上、路口、人行道等）不要打电话。在要求保持肃静的公共场所（如电影院、美术馆、音乐厅、歌舞厅、餐厅、酒吧等）手机应设置为静音或震动状态，必须通话时应压低声音。在聚会时（如开会、上课等）手机应关机或处于静音状态，而且不要接打电话。遇特殊情况，则要在尽量不干扰他人的情况下出去接听电话。

5. 合理放置

在比较正式的场合，手机在未使用时要放置在合乎礼仪的位置。一般来说，应放置在随身携带的公文包里，避免将手机放置在西装上衣左胸内侧的衣兜里。

（二）使用禁忌

使用手机等移动通信工具，会分散人们对其他事情的注意力。一般来说，在以下场合应当严格禁止使用手机。

1. 驾驶汽车的过程中

在驾驶汽车的过程中，驾驶员不应使用手机通话或查看短消息，以免因注意力不集中而违反交通规则，甚至酿成车祸。

2. 在易燃易爆场所

在加油站、面粉厂、油库及油漆厂等易燃易爆场所，应该禁止使用手机等移动通信工具，以免它们所发出的电火花引发火灾甚至爆炸。

3. 病房之内

在病房等场所应当禁止使用手机等移动通信工具，以免其信号干扰医疗仪器的正常运行而酿成医疗事故，或者影响病人的休息。

4. 飞机飞行期间

根据安全规则，乘客在飞机飞行过程中使用手机、拨打电话或上网，会给航班带来很大的安全隐患。因此，在飞机上必须保证手机处于关机状态或飞行模式。

三、网络礼仪

商务人员利用网络实现了信息共享、通信与交流的快捷，提高了办事效率。在使用网络时必须遵守一定的规则，即网络礼仪。

（一）确保安全

商务人员在使用网络这种极易广泛、迅速传递消息的交际工具时，必须谨言慎行，切不可掉以轻心、泄露机密；不可把单位机密当成自己炫耀的资本加以传播，尽量避免在网络上谈及与自己所知机密相关的话题，更不可借网络这种高效的传播渠道故意泄密。

商务人员要防止"黑客"入侵。"黑客"往往凭借其高超的计算机知识和网络操作技术进入重要机构的服务器，或偷窥机密，或擅改程序，造成网络混乱，并借机牟利。

（二）收发电子邮件

收发电子邮件是商务人员网络办公的常见形式。在收发电子邮件的不同阶段，商务人员都必须遵循一定的规范。

1. 撰写与发送

邮件用语要礼貌规范，以示对对方的尊重。撰写英文邮件时不可全部采用大写字母。在地址栏上准确无误地输入对方的邮箱地址，并简短地写上邮件主题，以使对方对所收到的信息有所了解。

2. 接收与回复

商务人员在接收与回复电子邮件时，应注意以下几点：①应当定期打开收件箱，查看有无新邮件，以免遗漏或耽误重要邮件的阅读和回复。②应当及时回复商务邮件。一般应在收件当天予以回复，以确保信息的及时交流和工作的顺利开展。若涉及较难处理的问题，则可先电告发件人已收到邮件，再择时另发邮件予以具体回复。③若因公出差或其他原因而未能及时打开收件箱查阅和回复邮件，回到公司的应迅速补办具体事宜，并向对方致歉。

3. 查阅资讯

出于工作需要，商务人员往往会上网查阅一些重要的资料。网络上经常出现一些虚假信息和非法内容，商务人员要保持清醒的头脑，增强辨识能力，不要轻信他人所言，更不要人云亦云、以讹传讹。

课后训练与实践

参 考 文 献

艾莉森·吉斯曼，2005．营销客户沟通[M]．李毅，黄昊宇，译．北京：经济管理出版社．

陈良俊，1997．广告媒体研究[M]．北京：中国物价出版社．

杜明汉，2010．商务礼仪：理论、实务、案例、实训[M]．北京：高等教育出版社．

凡禹，2002．沟通技能的训练[M]．北京：北京工业大学出版社．

葛楚华，孙玥，黄碧蓉，2013．礼仪实用教程[M]．北京：北京交通大学出版社．

胡介埙，2011．商务沟通：原理与技巧[M]．大连：东北财经大学出版社．

黄漫宇，2010．商务沟通[M]．2版．北京：机械工业出版社．

姜伟，1993．世界广告战[M]．沈阳：辽宁民族出版社．

李兰英，肖云林，2007．商务礼仪[M]．上海：上海财经大学出版社．

李莉，2006．实用礼仪教程[M]．2版．北京：中国人民大学出版社．

李明，林宁，2012．人际关系与沟通艺术[M]．北京：清华大学出版社．

李谦，2009．现代沟通学[M]．3版．北京：经济科学出版社．

李小丽，张晓，2012．商务礼仪与职业形象[M]．2版．北京：北京交通大学出版社．

吕雁，2002．沟通高手：掌握与人打交道的绝妙方法[M]．北京：华艺出版社．

裴芸，崔建农，2013．管理沟通：理念技能与实践[M]．北京：北京大学出版社．

彭于寿，2011．商务沟通[M]．2版．北京：北京大学出版社．

斯科特·奥伯，2012．商务沟通[M]．钱峰，译．7版．北京：世界图书出版公司．

孙健敏，徐世勇，2006．管理沟通[M]．北京：清华大学出版社．

孙云帆，苏龙高娃，2012．商务礼仪[M]．北京：中国建材工业出版社．

天龙，张晓明，2002．新主管工作手册[M]．北京：中国商业出版社．

王建民，2008．管理沟通实务[M]．2版．北京：中国人民大学出版社．

王健平，2012．沟通达人：好人脉靠嘴说出来[M]．杭州：浙江大学出版社．

许湘岳，蒋璟萍，费秋萍，2012．礼仪训练教材[M]．北京：人民出版社．

闫秀荣，闫国成，2010．商务礼仪[M]．上海：上海财经大学出版社．

杨文丰，2003．现代经济文书写作[M]．北京：中国人民大学出版社．

杨亦，2003．商务礼仪[M]．北京：蓝天出版社．

易久发，白沙，2009．361°沟通：清除组织沟通的5种障碍[M]．北京：电子工业出版社．

于保泉，魏克芹，2014．沟通技巧[M]．北京：北京邮电大学出版社．

张海霞，2006．商务与管理沟通[M]．北京：中国经济出版社．

张华，杨国寿，兰炜，2012．职业形象与商务礼仪训练教程[M]．北京：北京交通大学出版社．

张文光，2009．人际关系与沟通[M]．北京：机械工业出版社．

张岩松，2012．现代商务沟通[M]．北京：清华大学出版社，北京交通大学出版社．

张岩松，唐召英，2011．现代交际礼仪实训教程[M]．北京：清华大学出版社．

庄磊，吴莅芳，郁山英，2014．商务礼仪[M]．西安：西安交通大学出版社．